Hermann Mahnke

Konfirmandenkurs „KOMM UND SIEH!"

Praxisentwürfe und Materialien für den Konfirmandenunterricht

Mit Grafiken von
Hans Georg Anniès

Calwer Verlag Stuttgart

ISBN 3-7668-3497-5

Satz und Layout: Hermann Mahnke
Einbandgestaltung: Karin Sauerbier, profil, Stuttgart
Druck und Verarbeitung: Gutmann + Co., Heilbronn
Die Bibelstellen sind, wenn nicht anders angegeben,
nach der Revidierten Lutherübersetzung von 1984 zitiert.

Inhalt

Begleitbuch „Komm und sieh!"[1]

[1] Hermann Mahnke, Begleitbuch „Komm und sieh!", Calwer Verlag Stuttgart 1997, ISBN 3-7668-3527-0.

Vorwort zum KONFIRMANDENKURS „KOMM UND SIEH!“

Der KONFIRMANDENKURS „KOMM UND SIEH!“ enthält in *Teil I* einen „Leitfaden“, in dem die sachgemäße Durchführung dieses Kurses erläutert wird. In *Teil II* finden sich 42 „Stundenentwürfe“ zu unterschiedlichen Themen, der eigentliche Konfirmandenkurs. In *Teil III* sind die zu den Stundenentwürfen gehörigen „Arbeitsbögen“ für die Konfirmand(inn)en als Kopiervorlagen zusammengestellt. *Teil IV* bietet eine kleine „Sammlung von Liedern“ (Kopiervorlagen), die nicht im Evangelischen Gesangbuch enthalten sind.

Inhaltliche Grundlage des KONFIRMANDENKURSES „KOMM UND SIEH!“ und die den Konfirmandenunterricht begleitende Lektüre für die Konfirmand(inn)en ist das zusammen mit diesem Konfirmandenkurs erschienene BEGLEITBUCH „KOMM UND SIEH!“ (s. "Inhaltsverzeichnis" Anmerkung 1). Er geht auf mein Buch „Christlicher Glaube. Ein Grundkurs“ (Brendow Verlag, Moers 1990) zurück, das seine Wurzeln in meiner Konfirmandenarbeit hat. Ich habe dieses Buch für seine Verwendung im KONFIRMANDENKURS „KOMM UND SIEH!“ stark überarbeitet und sehr abwechslungsreich illustriert. Das BEGLEITBUCH „KOMM UND SIEH!“ stellt eine Art *Glaubens-ABC* dar, das wesentliche Aussagen des christlichen Glaubens und Lebens elementar und leicht verständlich entfaltet.

Dem KONFIRMANDENKURS „KOMM UND SIEH!“ liegen langjährige pädagogische Erfahrungen der Arbeit mit Konfirmand(inn)en, aber auch mit Erwachsenenkursen auf der Gemeindeebene zugrunde: Ich habe den halbjährigen „Biblischen Grundkurs ‚Christlicher Glaube‘“ verfaßt und mehrfach durchgeführt (erschienen als „Arbeitshilfen zum biblischen Grundkurs ‚Christlicher Glaube‘“ im Brendow Verlag, Moers 1993); ferner führte ich mehrere Erwachsenengruppen in eineinhalbjährigen Bibelkursen durch die Bibel und verfaßte den „Neuen Bethel-Bibelkurs“ (erschienen bei der Deutschen Bibelgesellschaft, Stuttgart, Bd. I/AT 1995; Bd. II/NT 1996).

In den letzten Jahren war es besonders die beglückende Zusammenarbeit mit dem in Moritzburg bei Dresden lebenden Künstler Hans Georg Anniès, die zu einer Bereicherung und Weiterentwicklung meiner Konfirmandenarbeit und zum sichtbaren Niederschlag in den hier angebotenen Stundenentwürfen geführt hat. Die praktische Erfahrung im Konfirmandenunterricht zeigt, daß die Grafiken von Hans Georg Anniès ausgesprochene Hilfsmittel im Unterrichtsgeschehen sind, die wichtige Aussagen und Inhalte der Bibel der *Grundlage* unseres Glaubens - anschaulich und begreiflich werden lassen. Zahlreiche Karikaturen und Rätselbilder von Werner Küstenmacher sowie einige Bildfolgen zu biblischen Geschichten von Ekkehard Stier bringen eine humorvolle Note in diesen Konfirmandenkurs.

Der Titel des Kurses - *„KOMM UND SIEH!“* - geht auf Joh 1,46 zurück. Philippus spricht dieses Wort der *Einladung in die Gemeinschaft Jesu* zu Nathanael, nachdem dieser zuvor die Sendung Jesu durch Gott in Frage gestellt hatte: „Was kann aus Nazareth Gutes kommen!?“ Wie der kritische Nathanael zu Jesus kommt, ihn „sieht“ (= erlebt) und zum Glauben an ihn findet (Joh 1,47- 50), so kommen auch die Konfirmand(inn)en die Konfirmandenzeit über zum Konfirmandenunterricht zusammen, um immer wieder von Jesus Christus zu *hören* (biblische Geschichten mit Worten und Taten Jesu), zu *sehen* (Verkündigungsbilder zu Christusgeschichten und -worten von Hans Georg Anniès), zu *sprechen*, sich mit ihm *auseinanderzusetzen* und in alledem *im Glauben zu wachsen und gefestigt zu werden* (confirmare = befestigen).

Der Konfirmandenunterricht ist eine *echte Chance*, den zumeist im Kindesalter getauften jungen Menschen den christlichen Glauben näher zu bringen. Der hier vorgelegte KONFIRMANDENKURS „KOMM UND SIEH!“ ist als Hilfsmittel für Unterrichtende gedacht, die den Konfirmand(inn)en eine *bleibende Glaubensgrundlage* vermitteln möchten, die ihnen „zum Leben“ hilft (vgl. Joh 5,24).

Glaube ist eine *persönliche Beziehung zwischen einem Menschen und Gott.* Wie jede menschliche Beziehung vom *Gespräch* lebt, so auch unsere Glaubensbeziehung zu Gott. Gott spricht mit mir (Bibel/Predigt) - und ich spreche mit Gott (Gebet). Dieses Gespräch der Konfirmand(inn)en mit Gott einzuüben und/ oder zu fördern ist die Absicht des KONFIRMANDENKURSES „KOMM UND SIEH!".

Geht es im Konfirmandenunterricht zunächst einmal um die Glaubensbeziehung der Jugendlichen zu Gott, so hat ein Leben in der Gemeinschaft Gottes doch auch Konsequenzen für das Verhalten in Familie und Beruf, Kirche, Gesellschaft und Staat. Das wird durch den Kursverlauf selber deutlich, der in eine Behandlung der 10 Gebote ausmündet, die im Sinne Jesu als Regeln und Hilfen für unser Leben als Christen *mit Gott und dem Nächsten* in dieser Welt besprochen werden.

Der Pädagogin Margret Weinknecht (Einbeck) danke ich für die kritische Durchsicht der Unterrichtsentwürfe und Arbeitsbögen des KONFIRMANDENKURSES „KOMM UND SIEH!".

Hermann Mahnke

Teil I: Leitfaden für die Durchführung des Konfirmandenkurses „Komm und sieh!“

1. Die Rolle des Begleitbuchs „Komm und sieh!“ im Konfirmandenkurs[1]

a) Das Begleitbuch als inhaltliche Grundlage des Konfirmandenkurses

Der inhaltliche Rahmen des Konfirmandenkurses „Komm und sieh!“ wird durch das leicht verständliche Begleitbuch „Komm und sieh!“ abgesteckt. Die Themenauswahl dieses Glaubens-ABCs ist von Martin Luthers Katechismus mitbestimmt.

Zunächst wird der christliche Glaube als ein gegenseitiges ***Gespräch zwischen Gott und Mensch*** entfaltet: *Gebet - Wort Gottes (Bibel) - Gottesdienst* als besonderer Ort der Pflege dieses Gesprächs (Begleitbuch S.5-27). Mit dem Abschnitt „Glauben heißt Gott vertrauen“ (Begleitbuch S.28-29) wird zum ***apostolischen Glaubensbekenntnis*** übergeleitet (Begleitbuch S.30-31), dessen einzelne Artikel und Aussagen mit Hilfe biblischer Texte ausgelegt und erklärt werden: *1.Artikel:* „Ich glaube an Gott, den Schöpfer“ (Begleitbuch S.32-43). *2.Artikel:* „Ich glaube an Jesus Christus“ (größte Einheit und Mitte des Konfirmandenkurses: Begleitbuch S.44-71). *3.Artikel:* „Ich glaube an den Heiligen Geist ...“ (Begleitbuch S.72-79.90-92). Unter „Vergebung der Sünden“ werden Taufe, Abendmahl und Beichte besprochen (Begleitbuch S.80-89). Mit einer ausführlichen Darstellung der ***Zehn Gebote*** im Sinne von „Leben im Geiste Jesu mit Hilfe der Zehn Gebote“ schließt das Begleitbuch *evangelisch* ab (Begleitbuch S. 93-113). Das *Vaterunser* wird nicht gesondert behandelt, sondern seine einzelnen Bitten werden im Zusammenhang bestimmter Themen (Gebet, Reich Gottes, Auferstehung, Gebote) aufgenommen und bedacht.

b) Bestimmte Abschnitte des Begleitbuchs „Komm und sieh!“ sind von dem/der Unterrichtenden *vor* dem Unterrichtsentwurf und von den Konfirmand(inn)en *nach* der Stunde zu lesen

Eine Unterrichtsstunde im Konfirmandenkurs „Komm und sieh!“ bewegt sich in dem inhaltlichen Rahmen, der durch einen überschaubaren Abschnitt aus dem Begleitbuch zu einem bestimmten Thema abgesteckt wird. Nach jeder Stundenüberschrift wird - *kursiv* gedruckt - stets angegeben, welcher Abschnitt aus dem Begleitbuch „Komm und sieh!“der Stunde zugrundeliegt. Die Stundenentwürfe sind ohne Kenntnis der inhaltlichen Ausführungen des Begleitbuchs *nicht zu verstehen*. Der/die Unterrichtende (im folgenden abgekürzt: U.) muß *zunächst* den entsprechenden Abschnitt im Begleitbuch sorgfältig lesen, *bevor* er/sie sich dem Unterrichtsentwurf zuwendet.

Ferner muß U. berücksichtigen, daß die Konfirmand(inn)en (im folgenden abgekürzt: Konf.) den die Stunde bestimmenden Abschnitt aus dem Begleitbuch zu Hause zur zusammenfassenden und vertiefenden *Nacharbeit* ebenfalls lesen werden. Vielleicht geht diesem und jener Konf. erst beim Lesen zu Hause manches auf, was ihm/ihr in der Stunde nicht klar geworden ist. So ergänzt das Begleitbuch das Unterrichtsgeschehen.

---

[1] S. auch das *Vorwort zum Begleitbuch „Komm und sieh!“* (Begleitbuch S.3). - Bibliografische Angaben zum Begleitbuch finden sich oben am Ende des Inhaltsverzeichnisses in Anmerkung 1.

c) Das Begleitbuch *in* der Unterrichtsstunde

Ansonsten wird das BEGLEITBUCH „KOMM UND SIEH!" von den Konf. im konkreten Verlauf einer Stunde immer wieder einmal benutzt. Die Konf. werden das Begleitbuch ohnehin stets zum Unterricht mitbringen. So kann man während des Unterrichts eine nicht in den *Arbeitsbögen* (s.u. Nr.2c) enthaltene Abbildung betrachten, einen (kürzeren) Text lesen oder auch einmal ein nur dort abgedrucktes Gebet gemeinsam bedenken. Wie die Stundenentwürfe zeigen, wird U. mitunter das Begleitbuch zum Vorlesen einer breiter erzählten biblischen Geschichte oder zum Sprechen eines Gebets heranziehen.

d) Der KONFIRMANDENKURS „KOMM UND SIEH!" enthält mehr Inhalte als die Aufeinanderfolge der im Begleitbuch behandelten Themen

Im KONFIRMANDENKURS „KOMM UND SIEH!" gibt es Stundenentwürfe, die vom Kursverlauf her entworfen sind, ohne daß ihnen bestimmte Abschnitte im BEGLEITBUCH „KOMM UND SIEH!" zugrunde liegen (Stunde 1: Einführungsstunde; Stunde 3: Aufbau des Gottesdienstes und Einüben seiner einzelnen Teile; Stunde 4: Unsere Kirche [= Kirchenbesichtigung]; Stunde 10: Meditation über Ps 23; Stunde 14: Übung „Gott blind vertrauen"; Stunde 20: Besinnung „Heil und Unheil"; Stunden 31 und 32: Gestalterische Bearbeitung und Vorstellung einer Jesusgeschichte). In einem solchen Fall ist die *Aufgabe für Zuhause* (s.u. Nr. 2d) von der Lektüre des Begleitbuchs frei, wenn sie überhaupt gestellt wird.

2. Sachgemäßer Umgang mit den Unterrichtsentwürfen zum KONFIRMANDENKURS „KOMM UND SIEH!"

a) Die besondere Eigenart der schriftlichen Fassung der hier vorliegenden Unterrichtsentwürfe

Die Stundenentwürfe des KONFIRMANDENKURSES „KOMM UND SIEH!" sind biblisch orientierte, von anderen und mir über die Jahre erprobte Unterrichtseinheiten. Gewöhnlich kommt man mit *einer Zeitstunde pro Einheit* aus, doch kann man die einzelnen Lernschritte auch über *eineinhalb Zeitstunden* verteilen, wobei eine Pause inbegriffen sein muß. Auf nähere zeitliche Angaben für die einzelnen Lernschritte wurde verzichtet, da verschiedene Gruppen für bestimmte Aufgaben unterschiedlich lange Zeit benötigen.

Damit das Arbeitsmaterial dieses Kurses nicht zu umfangreich und die einzelnen Stundenentwürfe nicht zu unübersichtlich wurden, bin ich bei der schriftlichen Fixierung dieses mindestens 45 Stunden konkret darstellenden Kurses - Nr.42 enthält Vorschläge für mehrere Stunden - wie folgt verfahren: *Ohne* Anführung von Alternativen, häufig *ohne* nähere Begründungen und gewöhnlich *ohne* die Formulierung von Lernzielen habe ich nur *ausführlich aufgeschrieben, wie ich die jeweiligen Unterrichtseinheiten zu den angegebenen Themen mit meinen Konf. durchgeführt habe und durchführe.*

Es sei noch einmal darauf hingewiesen, daß die Stundenentwürfe mit ihren einzelnen Lernschritten, aber auch viele der während des Unterrichts gestellten Fragen erst vom Hintergrund der Ausführungen des entsprechenden Abschnitts aus dem BEGLEITBUCH „KOMM UND SIEH!" verständlich werden bzw. Antwort finden. Wo im Unterrichtsverlauf Bibeltexte zu Grafiken von Hans Georg Anniès verwendet werden, habe ich manches erläutert oder auch „Sehhilfen" angemerkt. Ansonsten ist ohne nähere Begründung genau aufgeführt, welche Impulse ich gebe, welche Fragen ich zu stellen pflege, welche Hilfsmittel (Texte/Bilder/Musik/Szenen weiterphantasieren usw.) ich einsetze, welches Lied gesungen, welche Aufgaben in der großen Gruppe, in der Kleingruppe, in Zusammenarbeit mit dem Nachbarn/der Nachbarin oder in Einzelarbeit zu erledigen sind. [Innerhalb des Textes der Unterrichtsentwürfe sind „Regieanweisungen", Literaturangaben oder andere Bemerkungen in eckigen Klammern in etwas verminderter Schriftgröße eingefügt.]

Diaapparat und Leinwand, Videorekorder und Videos, Kassettenrekorder und Kassetten, Folien und Tageslichtprojektor (im folgenden abgekürzt: TLP), Kreide für die Tafel (und eine Gitarre) sind bei Bedarf *vor der Stunde* einsatzbereit zu machen, damit keine wertvolle Zeit vergeudet und die Aufmerksamkeit der Konf. nicht unnötig vom Thema abgewendet wird.

Unterrichtsmaterial: Am Ende der Stundenentwürfe ist - mit Ausnahme des ohnehin zu jeder Stunde mitzubringenden Begleitbuchs - stets angegeben, welches „Unterrichtsmaterial" benötigt wird. Diese Übersicht erleichtert U. die praktische Vorbereitung auf die Unterrichtsstunde.

b) Die Stundenentwürfe als Unterrichtsvorschläge

Die ausgeführten Stundenentwürfe sind als *anregende Vorschläge* gedacht. Sie wollen einen *Überblick* über ein Thema vermitteln, der sich aus *vielen Einzelbeobachtungen* - den einzelnen Lernschritten - zusammensetzt. U. wird sich die thematischen Einheiten aufmerksam durchlesen. Manches wird ihn/sie auf Anhieb überzeugen, anderes nicht. Manches wird nach der Beschäftigung mit der entsprechenden Passage im BEGLEITBUCH „KOMM UND SIEH!" verständlicher, anderes klärt sich auch nach praktischer Erprobung.

Vielleicht führt die Auseinandersetzung mit diesem Kursmodell bei manchen Unterrichtenden zur Ausarbeitung eigener Entwürfe, die bestimmte Anregungen aus den hier angebotenen Stundenvorschlägen aufnehmen. Andere Unterrichtende sind froh, mit dem KONFIRMANDENKURS "KOMM UND SIEH!" bis ins Detail bedachte und ausgearbeitete Stundenentwürfe an die Hand zu bekommen. Die straffe Durchführung des Konfirmandenunterrichts (im folgenden abgekürzt: KU) nach den Entwürfen dieses Kurses hat, wie mir berichtet wurde, in „chaotischen" Gruppen Disziplinschwierigkeiten überwinden helfen.

c) Ausgearbeitete Arbeitsbögen als praktische Unterrichtshilfen

Wie auch immer man mit diesem Konfirmandenkurs arbeitet: In jedem Falle liegt sämtliches für die Stunde vorgeschlagene Material (Texte/Bilder/Aufgabenstellungen usw.), sofern es nicht bereits im BEGLEITBUCH „KOMM UND SIEH!" enthalten ist, in den *Arbeitsbögen* (im folgenden abgekürzt: AB) für die Konf. in kopierfähiger Form vor. Die AB sind *genau so* zu kopieren, wie sie hier gedruckt sind (Normalfall: Vor- und Rückseite). Doch ist manches Blatt nur einseitig zu kopieren, weil etwas ausgeschnitten werden muß und anderes dadurch nicht zerstört werden soll. Auch ist - mit Ausnahme der zusammengehörigen AB 37-44 - die *erste Seite eines AB* stets die Vorderseite eines neuen Blatts. Die AB enthalten keine Seitenzahlen, weil sie in sich durchnumeriert sind.

In den Unterrichtsentwürfen ist der zur jeweiligen Stunde gehörige AB stets unterhalb der Stundenüberschrift angegeben. In den Stundenentwürfen ist für U. durch das Zeichen ➲ regelmäßig kenntlich gemacht, daß und welches Material zum aktuellen Lernschritt im AB der jeweiligen Stunde vorhanden ist. Wenn man dieses Zeichen und die zugehörigen Angaben mit einem Textmarker farbig markiert, sieht man auf einen Blick, welche Materialien den Konf. im AB vorliegen. In den Unterrichtsentwürfen erscheint dieses Material gegenüber den Arbeitsbögen häufig in etwas verkleinerter Form.

U. hat grundsätzlich die Möglichkeit, *eigene Arbeitsbögen* für die Konf. zu entwikkeln, in die er/sie neben von ihm/ihr ausgesuchten Materialien Teile aus den hier abgedruckten Arbeitsbögen aufnehmen kann. U. kann aber auch die im Kursmaterial angebotenen Arbeitsbögen in der vorliegenden Form kopieren und an die Gruppe ausgeben, ohne dadurch verpflichtet zu sein, auf *jede* Aufgabe oder auf *jedes* Bild des AB einzugehen. Für die Sammlung der Arbeitsbögen benötigen die Konf. ein einfaches Ringbuch im DIN A 4-Format. Diese *„Arbeitsmappe"* enthält als Teil I die *Arbeitsbögen* und als Teil II eine *Liedersammlung* (s.u. Nr.2f). Mitunter wird - etwa zur abermaligen Betrachtung einer Grafik oder zum wiederholenden Singen eines Liedes - auf frühere Arbeitsbögen oder auf die Liedersammlung zurückgegriffen. Wird U. bei der *ersten* Durchführung des KONFIRMANDENKURSES „KOMM UND SIEH!" die bei der Vorbereitung der einzelnen Stunden erstellten und kopierten Arbeitsbögen und Liederblätter jeweils am Anfang einer Stunde verteilen, so können sie in einem *zweiten* Kurs bereits in größeren Einheiten oder insgesamt kopiert und an die Gruppe als gelochte Loseblattsammlung ausgegeben werden.

d) Aufgaben für Zuhause

Jeder AB schließt - auch das spart Zeit - mit einer klar umrissenen *Aufgabe für Zuhause*, die in direkter Beziehung zum Thema der Unterrichtsstunde steht. Gewöhnlich wird zum Lesen eines Abschnitts aus dem BEGLEITBUCH „KOMM UND SIEH!" aufgefordert, der das Stundenthema behandelt. Bestimmte „Kontrollfragen" überprüfen das Verstehen des Gelesenen. Manche Aufgaben bereiten auch die folgende Stunde etwas vor.

Viele Abschnitte des BEGLEITBUCHS „KOMM UND SIEH!" schließen mit einem zum Inhalt passenden *Rätselbild* von Werner Küstenmacher. Das Lösen dieses Rätsels ist eine *freiwillige Aufgabe* der Konf., der sie gerne nachkommen. Im Stundenentwurf der nächsten Stunde ist die *„Lösung des Rätsels"* unter dem Stichwort *„Besprechen der Aufgabe für Zuhause"* jeweils abgedruckt.

e) Auswendiglernprogramm

Der auswendig zu lernende Stoff ist nur ein *Grundstock*, der nicht verkürzt werden sollte: das Vaterunser, das Glaubensbekenntnis, ein verkürztes Inhaltsverzeichnis zum Alten und Neuen Testament (damit man im KU ohne große Probleme mit der Bibel arbeiten kann), der 23. Psalm, EG 179,1 („Allein Gott in der Höh' sei Ehr'" für den gottesdienstlichen Gebrauch) und die Zehn Gebote. Das Auswendiglernprogramm wird mit Ausnahme der Zehn Gebote im ersten Unterrichtshalbjahr erledigt.

f) Singen im Konfirmandenunterricht

Weil Singen auflockert, werden innerhalb der Stundenentwürfe konkrete Liedhinweise gegeben. Des öfteren finden sich Liedvorschläge, die das Leitthema oder auch Teilaspekte davon musikalisch vertiefen, auch im andachtartigen Schlußteil einer Stunde (s.u.). Grundsätzlich kann *alles* gesungen werden, was zur Sache paßt, was U. beherrscht und was die Gruppe gerne singt.

Im KONFIRMANDENKURS „KOMM UND SIEH!" finden sich als *Angebot* etliche Lieder und Kanons, die der Verfasser in zwölf Jahren aktiver kirchenmusikalischer Arbeit mit einem Jugendchor geschrieben hat und in zahlreichen Gottesdiensten singen ließ. Die schwungvollen, eingängigen Melodien sind leicht erlernbar. Unterrichtende mit Notenkenntnissen werden vielleicht dieses Lied oder jenen Kanon aus der den Arbeitsbögen folgenden *Liedersammlung* (Inhaltsverzeichnis s. dort) in den Unterrichtsverlauf mit hineinnehmen (und möglicherweise auch bei anderer Gelegenheit singen lassen). In der *Liedersammlung* finden sich ferner Lieder, die nicht im Evangelischen Gesangbuch stehen, die aber von Jugendlichen gerne gesungen werden. Alternativ zu den Liedern der *Liedersammlung* sind in den Stundenentwürfen stets auch Lieder aus dem *Evangelischen Gesangbuch* (abgekürzt: EG) angegeben. Die Benutzung des Gesangbuchs braucht sich nicht auf den Gottesdienst zu beschränken.

Daß die Qualität des Gesangs einer gemischten Konfirmandengruppe wegen der zu berücksichtigenden Pubertät der Konfirmanden und der Hemmungen der Konfirmandinnen eher bescheiden ausfällt, sollte die Freude am Singen nicht schmälern.

g) Humorvolles in den Stundenentwürfen

Ernsthafte Arbeit ist nicht gleichbedeutend mit „bierernster" Arbeit. Die Konf. sollen spüren, daß U. ihnen *Lebenswichtiges* vermitteln will und sich darum große Mühe gibt. Dann nehmen auch sie den KU ernst und machen mit. Daß diese ernsthafte Arbeit humorvoll und auch fröhlich geschehen kann, kommt etwa durch die Bildgeschichten von Ekkehard Stier (Stunden 9, 24 und 25), durch die über den Kurs verstreuten (Stunden 11,12,15 und 42) und besonders das BEGLEITBUCH „KOMM UND SIEH!" prägenden Karikaturen und Rätsel von Werner „Tiki" Küstenmacher wie auch durch anderes sichtbar zum Ausdruck. Eine der kirchlichen Arbeit überhaupt förderliche Regel ist diese: Wenn man etwas humorvoll machen, sagen oder darstellen kann, sollte man es auch tun.

h) Anschaulichkeit im Unterrichtsgeschehen

Anschaulichkeit zieht die Aufmerksamkeit der Konf. auf das jeweils verhandelte Thema. Ein Blick in die *Arbeitsbögen* gewährt dem Betrachter einen Eindruck von der Vielfalt, mit der im KONFIRMANDENKURS „KOMM UND SIEH!" Anschaulichkeit vermittelt wird: Da werden recht unterschiedliche *visuelle Hilfsmittel* eingesetzt: Schaubilder (Diagramme - z.B. AB 2), besonders strukturierte Texte (z.B. AB 5), Bilder zu biblischen Geschichten (z.B. AB 6), humorvolle Bildgeschichten zu biblischen Texten (z.B. AB 8), zur Auseinandersetzung auffordernde Geschichten (z.B. AB 13), Abbildungen (z.B. AB 14) und immer wieder zum vertiefenden Nachdenken anregende Grafiken von Hans Georg Anniès (z.B. AB 15, 18 und 22). Da werden die Konf. zu eigener gestalterischer Arbeit angehalten (Stunde 21, 31 und 32). Da spricht der Einsatz von *Musik* das Gehör an (z.B. AB 21 und 23), während der *ganze Mensch* etwa durch Vertrauensübungen in das Unterrichtsgeschehen einbezogen wird (Stunden 13 und 14).

i) Einüben von Glaubenspraxis im Konfirmandenunterricht

Diese anschaulichen Arbeitsformen machen deutlich, daß der KONFIRMANDENKURS „KOMM UND SIEH!" keineswegs einseitig auf kognitive Lernergebnisse abhebt, obwohl auch sie dem eigentlichen Ziel des Kurses durchaus dienlich sind. *Hauptziel* des Kurses ist es, den vorhandenen Glauben der Konf. reifen bzw. neu aufkeimendes Vertrauen zu Gott wachsen zu lassen. Dies ist ein hohes Ziel, und wenn davon auch nur *etwas* verwirklicht wird, dann ist das in unserer gegenwärtigen volkskirchlichen Situation schon *viel*. Vermutlich werden etliche Konf. dem prägenden Vorbild ihrer Eltern und ihrer „kirchlichen Umwelt" gemäß nach der Konfirmation zunächst einmal in Distanz zur Kirche und zum Leben ihrer Gemeinde treten. Für viele geht die Saat des im KU vermittelten Wortes Gottes erst zu einem späteren Zeitpunkt auf. Wer KU erteilt, tut es immer auch *auf Hoffnung hin*.

Im Unterrichtsverlauf sind immer wieder Lernschritte eingebaut, die das *Leben mit Gott* einüben wollen. Zum Beispiel wird in Stunde 12 Nr.5 das regelmäßige Bedenken des Tages vor Gott im Gebet ganz praktisch eingeübt (s. auch die Übung von Stunde 11 Nr.2c), während aus der Besprechung des Themas *Beichte* ganz natürlich eine praktische Handlung erwächst, die den Konf. Beichte und Vergebung erfahrbar werden läßt. Immer wieder kommen *besinnliche und meditative Elemente* vor: Eine große Meditation über den 23. Psalm (Stunde 10), eine Besinnung nach praktischen Übungen zum Thema „Heil und Unheil" (Stunde 20) oder vielfältige kleinere Besinnungen besonders zum Schluß einer Unterrichtsstunde (Stunden 6, 11, 13, 14, 15 usw.). Denn der KU soll den Konf. *zu Herzen gehen* und nicht „zu Kopf steigen". Die andachtartigen Abschlüsse der Unterrichtsstunden leiten vom Unterrichtsgespräch der Gruppe zum Gespräch mit Gott über.

k) Der KONFIRMANDENKURS „KOMM UND SIEH!" als äußerer Rahmen des Konfirmandenunterrichts

Flexible Handhabung des Kursverlaufs: Die hier vorgelegten rund 45 Stundenentwürfe - Nr.42 ist eine über mehrere Stunden gehende Einheit zu den einzelnen Geboten - sind nicht in sturer Aufeinanderfolge Woche für Woche zu unterrichten, sondern sie stellen einen *äußeren Rahmen* dar, der gewährleistet, daß die wichtigsten Themen christlichen Glaubens im KU zur Sprache kommen. Innerhalb dieses Rahmens ist flexibel zu verfahren. Der Kurs ist in 1 ½ bis maximal 1 ¾ Jahren durchzuführen, wobei die Ferien von dieser Zeit abzuziehen sind. Auch ist zu berücksichtigen, daß der KU hin und wieder auch ausfällt (z.B. Urlaub, dienstliche Ortsabwesenheit oder Krankheit von U.).

Daß der KONFIRMANDENKURS „KOMM UND SIEH!" mehr ist als die hier nacheinander dargestellten Unterrichtsvorschläge, sollen die folgenden Hinweise deutlich machen. Hin und wieder ergibt es sich, daß einzelne Punkte eines Stundenentwurfs von der Gruppe so intensiv aufgenommen werden, daß sich ein Weitergehen zum nächsten Lernschritt verbietet. In einer meiner Gruppen führte z.B. die in Stunde 21 Nr.1 vorgesehene Besprechung der selbstgemalten oder mitgebrachten Jesusbilder zu einer eindrücklichen und gefüllten Stunde, so daß der Unterricht erst eine Woche später mit Stunde 21 Nr.2-5 fortgesetzt werden konnte. Der KONFIRMANDENKURS „KOMM UND SIEH!" bietet die Freiheit zu solchen „Exkursen". Allerdings sollte der Kurs mindestens bis Stunde 41 durchgeführt werden, damit die Konf. bis zur Konfirmation einen Überblick über die wichtigsten Themen des christlichen Glaubens gewinnen und sich damit persönlich auseinandersetzen können.

Besondere Konfirmandentage (Aktionen/Besichtigungen) wie auch eingeschobene offene Gesprächs- und/oder Spielstunden können den Kursverlauf auflockernd unterbrechen (z.B. nach Abschluß einer größeren Einheit wie „Bibel" (Stunden 5 bis 9) oder „Vergebung" (Stunden 36 bis 38). Der von den Konf. zu bastelnde „Kalender zum Kirchenjahr" (Anhang zu AB 3) kann, wenn U. es wünscht, ganz unproblematisch zu einem einstündigen Gespräch über das Kirchenjahr und seine Feste führen, wobei die Konf. ihre Kenntnisse zusammentragen, die von U. nötigenfalls ergänzt werden. „Brot für die Welt" bringt regelmäßig Material heraus, das z.B. die letzte Unterrichtsstunde vor der Weihnachtspause thematisch bestimmen kann.

Flexible Handhabung der einzelnen Unterrichtsvorschläge: Nicht nur mit dem gesamten Kursverlauf, sondern auch innerhalb der einzelnen Stundenentwürfe ist flexibel zu verfahren. Bei der Einübung gottesdienstlicher Teile (AB 3 zu Stunde 3) etwa liegt es auf der Hand, daß U. den Arbeitsbogen nach der gottesdienstlichen Praxis seiner/ihrer Gemeinde verändern muß. Nicht immer wird U. die hier vorgeschlagenen einzelnen Lernschritte zu einem Thema überzeugend finden (s.o. Nr.2b). Manches erscheint ihm/ihr zu kurz, manches zu ausführlich, manches scheint zu fehlen, anderes könnte weggelassen werden. Wer der *großen Linie* der Unterrichtsentwürfe des KONFIRMANDENKURSES „KOMM UND SIEH!" folgen kann, wird keine Probleme haben, seine Überzeugungen und seine Individualität in das Kursgeschehen einzubringen.

U. ist kein „ausführendes Organ" dieses Konfirmandenkurses, sondern er/sie soll den KU so gestalten, wie er/sie es *persönlich verantworten* kann. Dann ist U. „echt" und wird mit dem KONFIRMANDENKURS „KOMM UND SIEH!" den Konf. wesentliche Glaubensinhalte vermitteln können.

Hinweis: Es sei noch angemerkt, daß beim Calwer Verlag Stuttgart *Aufkleber* mit der Aufschrift **„Komm und sieh!"** erhältlich sind. Man kann sie den Konf. z.B. im *Konfirmandeneinführungsgottesdienst* oder beim *Vorbereitungstreffen zur Konfirmandenzeit für Eltern und Konf.* (s. S.15 oben) aushändigen. Die Aufkleber können sehr gut z.B. auf dem *Ringbuch* angebracht werden, das für die Arbeitsbögen und die Liederblätter bestimmt ist (s.o. Abschnitt c S.9).

Teil II: Ausgeführte Unterrichtsentwürfe zum Konfirmandenkurs „Komm und sieh!"

1. Einführungsstunde

Arbeitsbogen 1

Hinweis: Der ersten Unterrichtsstunde ist ein **Konfirmandeneinführungsgottesdienst** vorausgegangen, in dem die Konf. namentlich begrüßt wurden. Zu diesem Gottesdienst wurden Eltern und Paten besonders eingeladen. Ferner wurde ein **Vorbereitungstreffen zur Konfirmandenzeit für Eltern und Konf.** durchgeführt (Dauer: 1 bis 1 ½ Stunden in den frühen Abendstunden - Getränke stehen bereit, zur Auflockerung können Lieder gesungen werden). Dieses Treffen kann folgende Elemente enthalten:

- Begrüßung / Vorstellung (Konf. und U.)
- ▪ Einführende Worte über Sinn und Ziel der Konfirmandenzeit (Unterricht *und* Gottesdienst): KU ist Taufunterricht; das Bekenntnis der Konf. im Konfirmationsgottesdienst ist ihr persönlich verantwortetes Taufbekenntnis
  - Fragen von Eltern und Konf. dazu
- Erläuterung des Unterrichtsmaterials und der praktischen Durchführung des KU[1]:
  - Gut lesbare Bibel (z.B. Luther 1984)
  - Begleitbuch „Komm und sieh!"[2] und Konfirmandenmappe = Ringbuch DIN A 4 zur Aufnahme der Arbeitsbögen[3] und der Liedersammlung[4]
  - Evangelisches Gesangbuch
  - Unterrichtsdauer und -beginn / Regelung des Gottesdienstbesuchs / Pflichten (regelmäßige Teilnahme am KU; Aufgabe für Zuhause[5]; Auswendiglernprogramm[6])
  - Konfirmandenfreizeit
  - Fragen von Eltern und Konf. dazu

1. Begrüßung - Feststellung der Anwesenheit

2. Wozu ist der Konfirmandenunterricht da?

Gespräch: In Anknüpfung an die Ausführungen des Vorbereitungstreffens zur Konfirmandenzeit befragt U. die Konf. über den Sinn des KU: KU ist (nachgeholter) Taufunterricht. Das Konfirmationsbekenntnis im Konfirmationsgottesdienst wird das persönliche Bekenntnis der Konf. zu ihrer Taufe und zu Gott sein.

3. Erwartungen und Befürchtungen der Konf. hinsichtlich des KU

- Kleine Zettel in zwei verschiedenen Farben in der Gruppe verteilen.
- Schreibt auf die ...-farbigen Zettel, was Ihr vom KU erwartet (*eine* Erwartung pro Zettel). - Danach Einsammeln der Zettel.
- Antwortet auf den ...-farbigen Zettel auf die Frage: Welche Befürchtungen, Ängste habe ich hinsichtlich des KU? (*eine* Negativerwartung pro Zettel). - Danach Einsammeln der Zettel. ⇨

---

1 S. besonders den *Leitfaden für die Durchführung des Konfirmandenkurses „Komm und sieh!"* Nr.2g-i (S.11-12).

2 S. die Erläuterungen im *Vorwort zum Begleitbuch „Komm und sieh!"* (Begleitbuch S.4) und im *Leitfaden für die Durchführung des Konfirmandenkurses „Komm und sieh!"* Nr.1 (S.7-8).

3 S. *Leitfaden für die Durchführung des Konfirmandenkurses „Komm und sieh!"* Nr.2c (S.9f).

4 S. *Leitfaden für die Durchführung des Konfirmandenkurses „Komm und sieh!"* Nr.2f (S.10f).

5 S. *Leitfaden für die Durchführung des Konfirmandenkurses „Komm und sieh!"* Nr.2d (S.10).

6 S. *Leitfaden für die Durchführung des Konfirmandenkurses „Komm und sieh!"* Nr.2e (S.10).

• Die Aussagen der *Erwartungszettel* werden sortiert. U. kommentiert sie und stellt Schwerpunkte fest. - Mit den *Befürchtungszetteln* entsprechend verfahren.

4. (➲ *Arbeitsbogen 1*) Warum nehme ich am Konfirmandenunterricht teil?

Kreuze die Aussagen an, die für Dich zutreffen. Du kannst auch mehrere Kreuze machen.

- ○ Meine Eltern haben mich geschickt.
- ○ Meine Klassenkameraden gehen auch in den Konfirmandenunterricht.
- ○ Ich möchte gerne mehr über Gott, Christus und die Bibel erfahren.
- ○ Ich freue mich auf die Konfirmationsfeier und die vielen Geschenke.
- ○ Ich bin mir in Glaubensfragen unsicher. Ich hoffe, daß mir der Konfirmandenunterricht zu mehr Klarheit und Gewißheit verhilft.

5. Ausfüllen des ➲ Deckblatts der Arbeitsbögen zum KONFIRMANDENKURS „KOMM UNS SIEH!"

6. Wir stellen uns vor

a) Verteilen von Karten für Namensschilder und von einigen dicken Filzstiften: Die Konf. nennen nacheinander ihre Namen, zählen ihre Hobbys auf und fertigen Namensschilder für sich an.

b) Fragen der Gruppe an U.: Die Konf. erhalten Gelegenheit, U. durch Fragen kennenzulernen. Sie dürfen fragen, was sie wollen [U. muß eventuell zum Fragen ermutigen].

7. Erläuterung der Aufgabe für Zuhause

8. Gemeinsames Vaterunser

9. Einsammeln des Geldes für das Unterrichtsmaterial

➲ Aufgabe für Zuhause:

Interviewe Deine Mutter und (oder) Deinen Vater. Schreibe ihre Antworten stichwortartig hinter die folgenden Fragen:

❶ **In welchem Jahr seid Ihr konfirmiert worden?** Mutter: __________; Vater: _________.

❷ **Habt Ihr an Euren Konfirmandenunterricht gute oder schlechte Erinnerungen?**
Mutter: ________________________________; Vater: ____________________________________.

❸ **Was hat Dir gefallen?** Mutter: ____
Vater: ____

❹ **Was hat Dich gestört, geärgert?** Mutter: _______________________________________
Vater: ____

❺ **Wie sollte der Konfirmandenunterricht *heute* aussehen?**
Mutter: ____
Vater: ____

Unterrichtsmaterial: Arbeitsbogen 1 - zwei verschiedenfarbige Zettelmengen - dicke Stifte - Karton für Namensschilder (Postkartengröße) - Deckblatt der Arbeitsbögen - KU-Anmeldungen (wegen Taufdaten für das Ausfüllen des Deckblatts)

2. Gottesdienst I: Die Bedeutung des Gottesdienstes

Begleitbuch „Komm und sieh!" S. 5–7 / Arbeitsbogen 2 mit Anhang

1. Besprechen der Aufgabe für Zuhause (*AB 1*)

2. Sprechen und Nichtsprechen

a) Vorbemerkung von U.: Die Teilnahme am Gottesdienst ist für viele von Euch etwas Neues. Darum wollen wir uns am Anfang mit dem Gottesdienst beschäftigen, damit Ihr ihn besser versteht und mehr davon habt.

b) Spielszenen: • 6 freiwillige Spieler(innen) auswählen. • Gemeinsames Lesen der nachfolgenden Szenen. • Die Spieler(innen) sollen die vorgelesenen Situationen jeweils zu Ende spielen:

(➲ **1.**) U.: Wir spielen drei unterschiedliche Situationen. Beobachtet, wie sich die Spieler *verhalten* und was sie *sagen*:

① Bärbel und Claudia sind Freundinnen. Sie wollen am Nachmittag, wenn sie die Schularbeiten fertighaben, gemeinsam etwas unternehmen. Sie haben sich um 16 Uhr bei Bärbel verabredet. Pünktlich trifft Claudia bei Bärbel ein ...

Menschen, die einander verstehen, ______________________________.

② Karsten und Sylvia können sich nicht ausstehen. Beide treffen sich zufällig beim Einkaufen am Käsestand im Supermarkt ... [U. kann den Verkäufer spielen.]

Menschen, die nichts miteinander zu tun haben wollen, ______________________

______________________________.

③ Klaus (12 Jahre alt) und Jürgen (11 Jahre alt) sind Geschwister. In der kleinen Wohnung ihrer Eltern haben sie ein gemeinsames Zimmer. Klaus hat auf dem Fußboden des gesamten Zimmers seine Eisenbahn aufgebaut und spielt damit. Jürgen ist ins Zimmer gestürmt und hat dabei mit dem Fuß gegen die Schienenanlage getreten, so daß sie kaputtgegangen ist. Klaus schimpft seinen Bruder aus, ob er nicht besser aufpassen könne. Jürgen fühlt sich nicht schuldig, denn Klaus hat die Eisenbahn auch in der Hälfte des Zimmers aufgebaut, die Jürgen gehört. Beide streiten sich, schreien sich an, und verziehen sich danach ein jeder schmollend in seine Zimmerecke. Die Mutter ruft zum Abendessen. Beide Jungen nehmen schweigend am Abendessen teil. Als sie wieder auf ihr Zimmer gehen, hören sie die Mutter noch rufen: „Nun einigt euch doch wieder!" Jetzt sind sie wieder allein in ihrem Zimmer

Menschen, die sich streiten, ______________________________

____

______________________________.

3. Das gute Verhältnis zwischen zwei Menschen äußert sich im Gespräch

(➲ **2.**) Mit dieser Zeichnung soll das gute Verhältnis zwischen zwei Menschen dargestellt werden. Welche Angaben müssen ergänzt werden, damit das Schaubild jedermann verständlich wird?

Lösung:

4. Ohne Gespräch können Menschen kein gutes Verhältnis zu Gott haben

(➲ 3.) Mit diesem Schaubild soll das gute Verhältnis zwischen Gott und uns Menschen zum Ausdruck gebracht werden. Welche Angaben müssen ergänzt werden, damit das Schaubild verständlich wird?

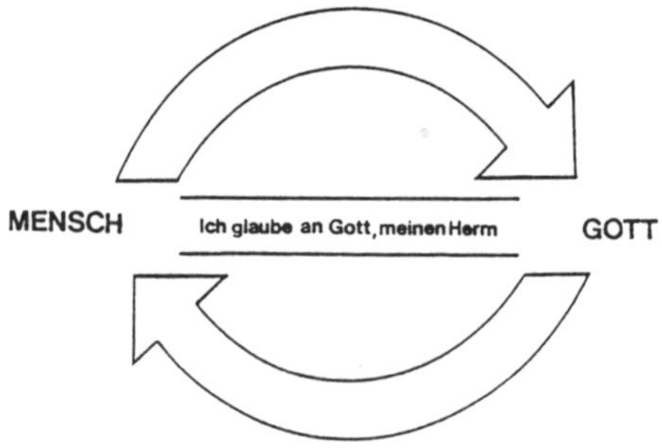

Lösung:

5. (➲ 4.) Der Gottesdienst - ein Ort des Gesprächs

Der Gottesdienst ist ein *besonderer Ort des Gesprächs mit Gott.* Gott spricht mit uns, und wir sprechen mit Gott. • Füllt zunächst die Pfeile im Schaubild aus. • Nehmt dann das (➲) **Gottesdienstblatt** zur Hand und ordnet die einzelnen Teile des Gottesdienstes den beiden Gesichtspunkten des Schaubildes zu (*schriftlich eintragen lassen oben und unten in **AB 2 Nr.4***):

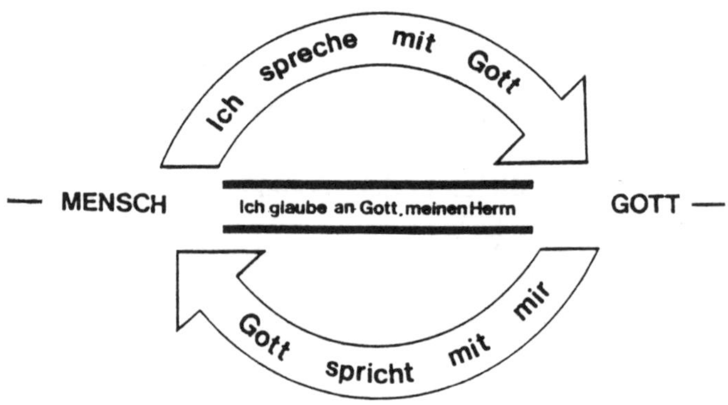

6. Hilfen zum Gottesdienstbesuch

a) Stilles Gebet am Anfang: Wozu? Ein stilles Gebet formulieren lassen.

b) Predigt: Die **Frage vor der Predigt** gemeinsam sprechen lassen: **„Was will Gott mir heute durch diese Predigt sagen?“**

➲ <u>Aufgabe für Zuhause:</u>

1. **a)** Lies aus dem Begleitbuch „Komm und sieh!“ die Seiten 5-7 durch: „Die Bedeutung des Gottesdienstes“.

   b) Beschreibe den Sinn des Schaubilds:

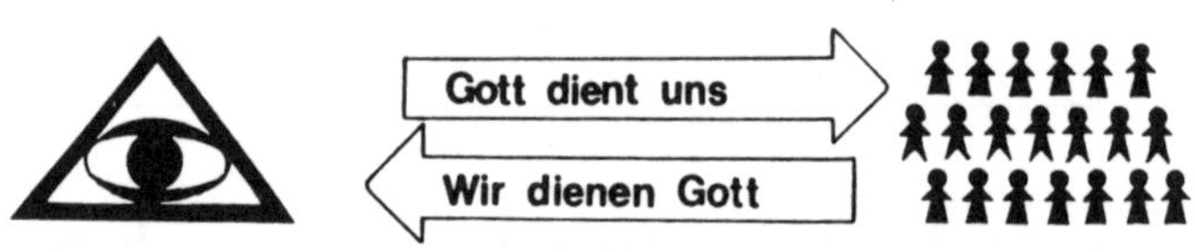

2. Schneide die einzelnen Kästen des Gottesdienstblattes ohne die Umrahmungen aus, so daß nur die Worte übrigbleiben. Stecke sie in einen Briefumschlag und bringe sie - zusammen mit etwas Klebstoff - zur nächsten Stunde mit.

Unterrichtsmaterial: Arbeitsbogen 2 - Gottesdienstblatt

Hinweis: ❶ Das Gottesdienstblatt muß von U. den Gegebenheiten der örtlichen Gemeinde angepaßt werden. ❷ Die Konf. können aufgefordert werden, im nächsten Gottesdienst besonders auf die Reihenfolge der einzelnen gottesdienstlichen Teile zu achten.

3. Gottesdienst II: Aufbau und Einüben der einzelnen Teile

Arbeitsbogen 3 mit Anhang

1. Besprechen der Aufgabe für Zuhause (*AB 2*)

2. Der Aufbau des Gottesdienstes

a) Partnerarbeit: Legt die ausgeschnittenen Kästen des Gottesdienstblattes vor Euch und versucht gemeinsam, sie in die Reihenfolge zu bringen, die unserem normalen Sonntagsgottesdienst zugrundeliegt (evtl. Gesangbuch [Gottesdienstordnung] zu Hilfe nehmen lassen).

b) Besprechung der Ergebnisse im Plenum.

c) Aufkleben der Kästchen in der richtigen Reihenfolge in dem dafür vorgesehenen Raum in ➲ ***AB 3 Nr.1***.

3. Erläuterung und Einübung der einzelnen gottesdienstlichen Teile

An der von den Konf. erarbeiteten Gottesdienstordnung entlanggehen und die einzelnen Elemente des Gottesdienstes besprechen, erläutern und nach Bedarf einüben. Dabei die ➲ ***Verstehenshilfen für den Gottesdienst*** [nur in *AB 3 Nr.2* abgedruckt] jeweils zu Hilfe nehmen.

[Wenn noch Zeit ist, kann der auf einem Extrablatt kopierte ➲ ***Kirchenjahreskalender*** (Anhang zu ***AB 3***) besprochen werden; sonst am Anfang oder im Verlauf der folgenden Stunde.]

➲ Aufgabe für Zuhause:

1. Lerne ein „stilles Gebet“ auswendig, das Du in Zukunft am Beginn des Gottesdienstes sprechen möchtest. Du kannst das nachfolgend abgedruckte Gebet nehmen. Du kannst Dir aber auch ein eigenes Gebet ausdenken und auswendiglernen.

HILF, HERR MEINES LEBENS, DASS ICH NICHT VERGEBENS IN DER KIRCHE BIN. AMEN.

2. Präge Dir die „Frage vor der Predigt“ ein:

Was will Gott mir heute durch diese Predigt sagen?

3. Lerne Lied EG 179,1 auswendig.

4. Martina und Elisabeth haben schon ein Jahr lang Konfirmandenunterricht. Nach einem Gottesdienstbesuch unterhalten sie sich auf dem Nachhauseweg. „Ich finde Gottesdienste toll“, sagt Martina. „Ich nicht“, entgegnet Elisabeth, „es ist immer dasselbe. Finde ich langweilig!“ Martina wird sauer: „Das ist doch Quatsch, was Du sagst, Elisabeth, daß Gottesdienst immer dasselbe ist. Wenn Du genau aufgepaßt hättest, dann wäre Dir schon längst aufgefallen, daß ...“

Wie wird Martina fortfahren? Schreibe Ihre Gedanken in dem folgenden Kasten auf. Wenn Du nicht darauf kommst, dann frage Deine Eltern.

„Wenn Du genau aufgepaßt hättest, dann wäre Dir schon längst aufgefallen, daß ...

5. Bastle einen **Kalender zum Kirchenjahr**. Du findest alles dazu Nötige im Anhang von Arbeitsbogen Nr.3. Bringe ihn zur nächsten Stunde mit.

Unterrichtsmaterial: Arbeitsbogen 3

4. Unsere Kirche

Hinweis: Entweder trifft sich die Gruppe zur Unterrichtszeit an der Kirche, oder U. geht mit den Konf. nach der Besprechung der Hausaufgabe vom Gemeindehaus zur Kirche. Die Stunde sieht eine **ausführliche Kirchenbesichtigung** (mit abschließender Turmbesteigung) vor. Dabei kann man auch auf die unterschiedlichen Perspektiven eingehen: Vom Turm aus betrachtet sind Häuser und Menschen klein, sind sie (weit) entfernt. Im Kirchenraum sind wir uns nahe, haben wir Kontakt miteinander, können wir mit Nachbarn reden, kann der/die Pastor(in) mit der Gemeinde sprechen. Über die Art und Weise der Besichtigung der Kirche entscheidet U. nach den örtlichen Gegebenheiten. Wichtig ist, daß die Konf. überall hingehen und auch vieles anfassen können (sehr reizvoll sind Kanzel und Altar!). Eine Erläuterung der Besonderheiten der Kirche, ihres Namens, ihrer (Bau-)Geschichte (kurz!) und ihrer Kunstgegenstände kann im Zusammenhang mit Nr.2a erfolgen.

1. Abfragen und Besprechen der Hausaufgabe *(AB 3)*

Der von den Konf. gebastelte **Kirchenjahreskalenders** kann als letzter Punkt der Hausaufgabe oder nach Nr.2b dieser Stunde (ausführlich) besprochen werden.

2. Kirchenbesichtigung

a) Zunächst mit den auf den ersten Bänken sitzenden Konfirmanden die folgenden **Fragen** besprechen. Dabei den *Hauptgedanken der vorletzten Stunde* wiederholend mit einbeziehen: Der *Gottesdienst* ist ein *Ort des Gesprächs zwischen Gott und uns Menschen.*

1: Was geschieht am Altar?

2: Wozu dient die Kanzel?

3: Wofür ist das Taufbecken da?

4: Welche Bedeutung hat die Orgel für den Gottesdienst?

5: Was geschieht am Lesepult?

b) Die Konfirmanden sollen sich die **Kirche in Ruhe anschauen**.

c) Turmbesteigung (wo das möglich ist).

3. Aufgabe für zu Hause

mündlich stellen: Lernt das „Vaterunser“ auswendig. Ihr findet es auf dem Deckblatt Eurer Arbeitsbögen.

5. Bibel I: Wie ist die Bibel entstanden?

Begleitbuch „Komm und sieh!" S.8-10 / Arbeitsbogen 4 mit Anhang

1. Abfragen der Hausaufgabe (*Vaterunser*)

2. Betrachten des Schaubilds im Begleitbuch S.8 oben

U. erläutert: Im Gespräch zwischen Gott und uns Menschen spielt die Bibel - Gottes Wort - eine grundlegende Rolle. Darum wollen wir uns in den nächsten Stunden mit diesem wichtigen Buch beschäftigen. Manches wird für Euch neu sein, manches werdet Ihr vielleicht jetzt noch nicht voll verstehen, vielleicht aber später. Das Wort „Bibel" kommt vom griechischen „biblos" und bedeutet: „Buch".

3. Die Bibel - ein besonderes Buch

a) (➲ **1.**) Legt die Bibel und das Begleitbuch „Komm und sieh!" vor Euch. Vergleicht beide Schriften miteinander:

Bibel:	Begleitbuch:
① Verfasser:	① Verfasser:
② Titel:	② Titel:
③ Wann *zum ersten Mal* erschienen?	③ Wann *zum ersten Mal* erschienen?
④ Erscheinungsort:	④ Erscheinungsort:

b) 1: Betrachten der **Bücherregale Altes und Neues Testament** ***(Begleitbuch S.9)***: Die Bibel ist kein Buch, sondern eine ganze Bibliothek, geschrieben in einem Zeitraum von über 1000 Jahren.

2: Die biblischen Bücher vorlesen lassen.

3: (➲ **2.**) ① Wieviele Bücher enthält das Alte Testament?

② Wieviele Bücher enthält das Neue Testament?

③ Schlagt den Anfang des Neuen Testaments auf (Matthäus 1), damit Ihr den unterschiedlichen Umfang des Alten und Neuen Testaments seht.

c) Besprechen des **Schaubilds Altes Testament** ***(Begleitbuch S.8 Mitte)***: Die Konf. sollen versuchen, das Schaubild zu erklären. U. muß helfend eingreifen.

d) In derselben Weise das **Schaubild Neues Testament** ***(Begleitbuch S.9 oben)*** besprechen: U. muß u.a. das Wort „Redenquelle" erläutern.

4. (➲ 3.) Die Ursprachen der Bibel

a) 1: Mit Hilfe der in ***AB 4 Nr.3*** abgedruckten Schriftproben (AT: Ps 103,1-2; NT: Mt 6,9-11) auf die Ursprachen der Bibel zu sprechen kommen.

2: U. verliest die Texte.

3: Die Konf. sollen die beiden Texte in der deutschen Bibel aufschlagen und vorlesen.

b) U. gibt ein hebräisches AT und ein griechisches NT zur Ansicht herum, während er /sie den Raum für die Diaserie (Nr.5) herrichtet.

5. Dias zur Entstehung der Bibel

Mit einigen ausgewählten Dias die Entstehungsgeschichte der Bibel anschaulich machen. Es sollten Bilder gezeigt werden z.B. von Papyrus, Pergament (= speziell für das Schreiben zubereitetes *Leder*), von einer Schriftrolle, einem Codex, von einer von Mönchen geschriebenen Bibel, von einem Blatt einer „Bilderbibel“ (bis ins Mittelalter konnten die wenigsten Menschen lesen und schreiben), von einer Seite aus einer Gutenbergbibel usw. Dabei auch auf die Inhalte der Stunde wiederholend zu sprechen kommen.

Dias und Folien zusammenstellen aus: H.Eggenberger, Die Bibel - überliefert und gelebt, 28 Folien, Zürich 1987; C.Keller, Die Bibel: Seit 3000 Jahren, 50 Dias, Zürich 1986; G.Schulze-Wegener, 6000 Jahre und ein Buch, 47 Dias, Bielefeld 1970; F.Traudisch, So entstand das Alte Testament, 48 Dias, Gelnhausen 1975; F.Traudisch, So entstand das Neue Testament, 56 Dias, Gelnhausen 1975.

➲ Aufgabe für Zuhause:

1. **a)** Lies aus dem Begleitbuch „Komm und sieh!“ die Seiten 8-10 durch: „Die Bibel: eine Bibliothek mit tausendjähriger Entstehungszeit“.

   b) ❶ In welchem Zeitraum wurde das Alte Testament aufgeschrieben?

   ❷ Wie lautet der Name der Schrift, in der bereits *vor* der Abfassung der vier Evangelien Worte Jesu schriftlich festgehalten wurden?

2. Lerne das *verkürzte* **Inhaltsverzeichnis zum Alten Testament** auswendig:

Geschichtsbücher:	Lehrbücher (Dichtung):	Prophetische Bücher:
1. bis 5. Mosebuch Josua Richter 1. und 2. Samuelbuch 1. und 2. Königsbuch Esra Nehemia	Hiob Psalmen Sprüche	Jesaja Jeremia Hesekiel Die 12 kleinen Propheten

3. Bastle beim Lernen von Nr.2 eine **Schriftrolle** mit Hilfe des ***Schriftrollenblatts***:

- Schneide die beiden Streifen aus.
- Klebe sie aneinander.
- Befestige an beiden Seiten zwei kleine Rundhölzer mit etwas Klebstoff. Sie sollten oben *und* unten etwa 1 cm länger sein als die Schriftrolle. Rundhölzer gewinnt man z.B. aus abgeschnittenen und danach geschälten Ästen/Zweigen eines Busches/Baumes.
- Rolle die Schriftrolle von beiden Enden her zur Mitte hin zusammen und streife ein Gummiband darüber.
- Deine Schriftrolle ist fertig. Bringe sie zur nächsten Stunde mit.

Unterrichtsmaterial: Arbeitsbogen 4 - Schriftrollenblatt - Diaapparat und Dias zur Entstehung der Bibel - hebräisches AT - griechisches NT

6. Bibel II: Die Entstehung der Evangelien

Begleitbuch „Komm und sieh!" S.11-13 / Arbeitsbogen 5

1. Besprechen und Abfragen der Hausaufgabe *(AB 4)*

2. Lesen der Geschichte von der Blindenheilung (Mt 20,29-34 / Mk 10,46-52 / Lk 18,35-43)

a) Die Konf. sollen die Bibel aufschlagen und nacheinander die drei Versionen der Geschichte von der Blindenheilung Jesu vorlesen.

b) Gespräch: Ist Euch beim Lesen etwas aufgefallen?

1: Zusammentragen der beobachteten Unterschiede.

2: U.: Wir wollen *jetzt* darauf nicht näher eingehen, sondern kommen später darauf zurück. Die heutige Stunde soll Euch helfen, die Unterschiede zwischen den einzelnen Evangelien besser zu verstehen und richtig einzuordnen. Das, was wir heute besprechen, ist ganz wichtig für alle, die die Evangelien lesen, um Jesus näher kennenzulernen.

3. Zur Entstehungsgeschichte der ersten drei Evangelien

a) Partnerarbeit: Schließt Euch mit Eurem Nachbarn (Nachbarin) zusammen und bearbeitet ➲ ***AB 5 Nr. 1***:

① Schlagt das **Markusevangelium** (vor 70 n. Chr.) auf. Blättert etwas darin.

② Enthält das Markusevangelium lange oder kurze Geschichten von Jesus?

③ Viele oder wenige?

④ Was kann man aus diesen Beobachtungen für die Entstehung des Markusevangeliums ableiten?

⑤ Wie viele Kapitel hat das Markusevangelium?

⑥ Schlagt das **Matthäusevangelium** (um 80 n. Chr.) auf. Blättert etwas darin.

⑦ Bei Markus folgt eine kürzere Geschichte auf die andere. Wie ist es bei Matthäus?

⑧ Wie viele Kapitel hat das Matthäusevangelium?

⑨ Was kann man aus dem unterschiedlichen Umfang von Markus- und Matthäusevangelium schließen?

⑩ • In Matthäus 5,1 beginnt die *Bergpredigt*. Wo endet sie?

• Bei Markus findet sich die Bergpredigt nicht. Was kann man aus dieser Tatsache schließen?

b) Kurze Besprechung der Ergebnisse im Plenum.

c) (Plenum) 1: • Schlagt das **Lukasevangelium** (zwischen 80 und 90 n. Chr.) auf. Blättert etwas darin.

• Unterscheidet sich das Lukasevangelium äußerlich vom Markus- oder Matthäusevangelium?

• Wie viele Kapitel hat das Lukasevangelium?

2: • Wir lesen **Lk 1,1-4**.

• Was sagt uns dieser Text über die Entstehungsgeschichte der Evangelien?

• Behauptet Lukas, daß er ein Augenzeuge Jesu ist?

⇨

d) (➲ 2.) **Die Entstehungsgeschichte der ersten drei Evangelien im Überblick**

Markusevangelium	***Redenquelle***
Matthäusevangelium	***Lukasevangelium***
Sondergut des Mt *(z.B. die Geschichte der drei Weisen aus dem Morgenland)*	***Sondergut des Lk*** *(z.B. das Gleichnis vom barmherzigen Samariter)*

U. faßt mit Hilfe des „synoptischen Schemas" (auf das Wort kann verzichtet werden) das bisher Erarbeitete erläuternd zusammen. Die Konf. sollen dabei nach und nach die Pfeile in die Übersicht (***AB 5 Nr.2***) einzeichnen [vgl. Begleitbuch S.12 unten].

4. Dreimal die gleiche Geschichte - doch dreimal verschieden berichtet (Mt 20,29-34 / Mk 10,46-52 / Lk 18,35-43)

a) Einzelarbeit: Lest noch einmal die drei Berichte von der Blindenheilung durch. In ➲ ***AB 5 Nr.3*** findet Ihr sie nebeneinandergedruckt. Unterstreicht alle Unterschiede, die Ihr bemerkt.

b) (Plenum) 1: Zusammentragen der festgestellten Unterschiede.

2: Welches ist die wesentliche Aussage der Geschichte von der Blindenheilung?

3: Berühren die von Euch wahrgenommenen Unterschiede die Hauptaussage der Geschichte von der Blindenheilung Jesu?

4: Warum geben Mt, Mk und Lk die Geschichte von der Blindenheilung etwas unterschiedlich wieder? Sucht nach Gründen für die Abweichungen.

5. Entdeckungen am Johannesevangelium

a) (Plenum) 1: Schlagt das **Johannesevangelium** (zwischen 90 und 100 n. Chr.) auf und blättert ein wenig darin.

2: Fällt Euch ein sichtbarer Unterschied zu Mt, Mk und Lk auf?

b) U. erläutert: Das Johannesevangelium enthält sehr viel weniger, dafür aber sehr viel längere Geschichten und vor allem auch Reden Jesu. Damit stellt Johannes die *Bedeutung Jesu für uns Menschen* dar, was die anderen drei Evangelien mit ihrer Fülle von kleinen Einzelgeschichten und Worten Jesu tun.

6. Abschluß: Licht für Blinde

- U. bittet die Konf., für einige Zeit die Augen zu schließen und die Hand vor Augen zu halten, bis sie zum Öffnen der Augen aufgefordert werden. U. stellt eine Kerze vor sich auf den Tisch.
- Nach etwas Zeit verliest U. **Mt 20,29-34** (Geschichte von der Blindenheilung), während die Konf. die Augen geschlossen halten.
- Nach der Lesung bittet U. die Gruppe, die Augen wieder zu öffnen und zündet die Kerze an.
- U. verliest **Joh 8,12** (zweimal).
- ***Gebet***, gemeinsam gesprochen (➲ **4.**):

(In Anlehnung an ein Gebet von Dietrich Bonhoeffer:)

Gott, zu dir rufe ich.
In mir ist es dunkel, aber bei dir ist das Licht.
Ich bin einsam, aber du verläßt mich nicht.
Ich bin kleinmütig, aber bei dir ist die Hilfe.
Ich verstehe deine Wege nicht, aber du weißt den Weg für mich.
Gott, zu dir rufe ich.
In mir ist es dunkel, aber bei dir ist das Licht. AMEN.

➲ Aufgabe für Zuhause:

1. **a)** Lies aus dem Begleitbuch „Komm und sieh!“ die Seiten 11-13 durch: „Die Entstehung der Evangelien“.

   b) Für wen schrieb Markus sein Evangelium? Begründe Deine Antwort.

2. Lerne das *verkürzte* **Inhaltsverzeichnis zum Neuen Testament** auswendig:

Geschichtsbücher:	Lehrbücher (Briefe):	Prophetisches Buch:
Matthäusevangelium Markusevangelium Lukasevangelium Johannesevangelium Apostelgeschichte	Römerbrief (Paulus) 1. und 2. Korintherbrief (Paulus) Galaterbrief (Paulus) Philipperbrief (Paulus) 1. Thessalonicherbrief (Paulus) Hebräerbrief 1. Petrusbrief 1. Johannesbrief	Offenbarung des Johannes

Unterrichtsmaterial: Arbeitsbogen 5 - Kerze

7. Bibel III: Wovon berichtet die Bibel? (Altes Testament)

Begleitbuch „Komm und sieh!" S.14-16 / Arbeitsbogen 6

1. Besprechen und Abfragen der Aufgabe für Zuhause (*AB 5*)

***Lösung des Rätsels** (Begleitbuch S.13):* Kornfeld, Brot und Kelch: „Brot des Lebens" - Sonne: „Licht der Welt" - Hirte vor Schafen: „guter Hirte" - Raupe und Schmetterling: „Auferstehung und Leben" - Weg und Taube (Heiliger Geist): „Weg, Wahrheit und Leben" - Weinstock: „rechter Weinstock" - Joh 18,37: „Ich bin ein König. Ich bin dazu geboren und in die Welt gekommen, daß ich die Wahrheit bezeugen soll."

2. (➲ 1.) Alter Bund - Neuer Bund

a) Betrachtet die Zeichnung in ***AB 6 Nr.1***.

b) Gespräch - die Konf. sollen die Antworten in die Leerräume des Arbeitsbogens schreiben:

① Was stellt die Zeichnung dar?

② Was bedeutet „Testament"?

③ Mit welchen Menschen schließt Gott im *Alten Testament* einen Bund?

④ Wer ist der Bundesmittler?

⑤ Von welchem Bund ist im *Neuen Testament* die Rede?

⑥ Wer ist der Bundesmittler?

3. Wovon berichtet das Alte Testament?

Hinweis: In dieser Stunde soll es *nur* darum gehen, einen *großen Überblick über die Geschichte des Volkes Israel* nach dem Aufriß des Alten Testaments zu gewinnen. Viele Konf. werden alttestamentliche *Einzelgeschichten* aus dem Kindergottesdienst und dem schulischen Religionsunterricht kennen, die sie in dieser Stunde einbringen sollen.

Die ➲ *Bilder Nr.1-17* von ***AB 6 Nr.2*** sind zumeist so einfach und klar, daß die Konf. die dazugehörigen Geschichten ohne Schwierigkeiten erkennen und erzählen können. Weil viele biblische Begebenheiten zur Sprache kommen sollen, kann man bei den einzelnen Geschichten jeweils *nur ganz kurz* verweilen. Die *Abfolge* der Bilder hilft der Zuordnung der bekannten alttestamentlichen Erzählungen zur Geschichte des Gottesvolkes.

Über die Königszeit und die Propheten, über Israel im babylonischen Exil sowie über die Rückkehr der Verbannten nach Jerusalem (*Bilder 18-22*) muß U. selbst einiges eingeben. Ansonsten besteht die Aufgabe von U. im wesentlichen darin, *Zusammenhänge* bewußt zu machen und die *Hauptaussage* einer alttestamentlichen Geschichte zu unterstreichen (s. die Ausführungen im Begleitbuch S.14-16).

Die Bilder Nr.1-16 stammen von Jürgen Burghartz (Die Bibel meditieren. Ein Bilderzyklus von J. Burghartz, Verlag Herder, Freiburg 1974). Bei den übrigen Bildern und Darstellungen sind Autoren und/oder Fundort bei Bedarf angegeben.

1: **Schöpfung** (1.Mose 1,14-15)

2: **Garten Eden / Sündenfall** (1.Mose 2-3)

3: **Kain und Abel** (1.Mose 4,1-16)

4: **Sintflutgeschichte** (1.Mose 6-9)

5. **Turmbau zu Babel** (1.Mose 11,1-9)

6: **Abrahamsverheißung** (1.Mose 12,1-7)

- U. muß bei dem Bild möglicherweise etwas nachhelfen: Gott verheißt Abraham ein eigenes Land und zahlreiche Nachkommenschaft. Alle Menschen sollen durch Abraham (⇨ Israel) in den Segen der Gemeinschaft Gottes gelangen.
- Welche Geschichten von Abraham und seiner Frau Sara sind bekannt?

7: **Schaubild Abrahamsverheißung**

- Mit Hilfe dieses Schaubilds die Bestimmung des Volkes Israel herausarbeiten [s. die Anmerkung im Begleitbuch S.15 unten].
- Was weiß die Gruppe von Abrahams Sohn Isaak und seiner Frau Rebekka?
- Welche Geschichten von Jakob und seinen Frauen erinnern die Konf.? - Das Anwachsen der Sippe Jakobs zum Gottesvolk (12 Söhne = 12 Stämme) herausstreichen: Die Verheißung zahlreicher Nachkommenschaft wird Wirklichkeit.

8: **Josefs Träume** (1.Mose 37,1-11)

Die Gruppe soll zusammentragen, was sie vom Schicksal Josefs, seiner Brüder und des alten Jakob weiß.

9: **Sklaverei in Ägypten** (2.Mose 1)

10: **Moses Bewahrung** (2.Mose 2,1-10)

11: **Gott beruft Mose am brennenden Dornbusch, Israel aus der Sklaverei in Ägypten zu führen** (2.Mose 3-4)

12: **Gott rettet Israel am Schilfmeer vor den Ägyptern** (2.Mose 14)

13: **Israel lagert am Berge Sinai** (1.Mose 19)

14: **Gabe der Gebote (Bundesverpflichtungen) am Sinai** (2.Mose 20)

15: **Israel bricht den Bund: Das goldene Kalb** (2.Mose 32)

16: **Mose darf vor seinem Tode das verheißene Land schauen** (5.Mose 34,1-5)

- Was wißt Ihr von der Einnahme des Landes Kanaan durch die Israeliten?
- Die Erfüllung der Landverheißung herausstreichen.

17: **Davidstern mit Krone**

- U. muß die Darstellung erläutern. König Davids Titel war „Messias" = „Gesalbter", denn Israels Könige wurden bei der Krönung mit feinstem Öl gesalbt.
- Zusammentragen lassen, was von David (und Saul) bekannt ist.
- Herausarbeiten: Israel wird ein machtvolles Königreich mit Jerusalem als Hauptstadt. Die Davidzeit war die glanzvollste Epoche in der Geschichte des Gottesvolkes.
- Was wißt Ihr von Davids Sohn Salomo? [Weisheit / Reichtum / Tempelbau]

18: **Der Gott Baal** [aus: Religionsgeschichtliches Textbuch zum AT, hg. von Walter Beyerlin, ATD Ergänzungsreihe 1, Vandenhoeck & Ruprecht, Göttingen 1975, S.230].

U. muß die Zeichnung erklären und erzählen, daß Israel im Lande Kanaan immer wieder von seinem Gott abfiel, indem es den Gott Ba-al, den Landesgott der Kanaanäer, verehrte.

19: **Prophet** (Hans Georg Anniès)

- U. berichtet, daß Gott sein Volk immer wieder durch Propheten in seine Gemeinschaft zurückrief - doch ohne Erfolg. ⇨

- Die Konf. sollen mit Hilfe der Grafik von H. G. Anniès das Wesen des Prophetenamtes erkennen: Der Prophet *hört* auf Gottes Wort und *weist* die Menschen seiner Zeit auf Gottes Wort und Willen hin.

20: **Menschenzüge aus brennender Stadt (Zerstörung Jerusalems)**

U. muß dieses Bild erläutern: Weil das von Gott abgefallene Israel nicht auf Gott hören wollte, konnte es seiner Bestimmung nicht nachkommen, aller Welt zum Segen zu werden (= der Menschheit den Glauben an den *einen* und *wahren* Gott zu bezeugen). Darum hat Gott sein Volk gerichtet (bestraft), indem er die Hauptstadt Jerusalem durch die Babylonier zerstören ließ („brennende Stadt"). Viele Israeliten wurden für lange Zeit nach Babylon verbannt („Menschenzüge").

21: **Kyrossiegel**

U. berichtet von der Ablösung der Herrschaft der Babylonier durch die Perser. Der Perserkönig Kyros erlaubt den verbannten Israeliten die Rückkehr in die Heimat. Jerusalem wird wieder aufgebaut: zunächst der Tempel und später die Stadtmauern (Nehemia).

22: **Davidstern mit Friedenstaube**

- U. schließt ab: Von nun an lebte das Gottesvolk unter *persischer*, danach unter *griechischer* und noch später unter *römischer* Vorherrschaft: Pontius Pilatus war der Statthalter (höchste Beamte) des römischen Kaisers zur Zeit Jesu im *jüdischen* Land (von der Provinz *Juda*; von diesem Namen her wurden die Angehörigen des Gottesvolkes auch *Juden* genannt).

  Den Juden war eine Hoffnung geblieben, die ihnen die Propheten im Auftrag Gottes verheißen hatten: Einst wird Gott einen **Messias** zu seinem Volk senden, der als ein *„König des Friedens"* Davids Thron einnehmen wird. Er wird Frieden zwischen Gott und seinem Volk schaffen: Die Angehörigen des Gottesvolkes werden Gott dann nicht mehr den Rücken kehren, sondern in seiner Gemeinschaft leben. Sie werden sich gerne etwas von Gott sagen lassen. Der Messias soll ferner alle Welt in Gottes Gemeinschaft rufen, damit alle Menschen Bürger von Gottes weltweitem Friedensreich werden.
- Nach diesen Ausführungen fordert U. die Gruppe auf: Versucht, die Zeichnung „Friedenstaube in Davidstern" zu erklären.
- Könnt Ihr sagen, *wie* Gott die Verheißung des „Messias", die Sendung des „Friedenskönigs", erfüllt hat?

➲ Aufgabe für Zuhause:

1. **a)** Lies aus dem Begleitbuch „Komm und sieh!" die Seiten 14-16 durch: „Wovon berichtet das Alte Testament?"

   b) Welchen Auftrag gab Gott seinem Volk Israel?

   c) Immer wieder wandte sich Israel von seinem Gott ab. Durch welche Menschen versuchte Gott, Israel in seine Gemeinschaft zurückzurufen?

2. Wiederhole die verkürzten *Inhaltsverzeichnisse zum Alten und Neuen Testament.* Wir werden in der nächsten Stunde einen kleinen **Bibelaufschlagewettbewerb** durchführen, bei dem Du die Inhaltsverzeichnisse gut im Kopf haben mußt. Der/die Gewinner(in) erhält einen schönen *Preis*!

Unterrichtsmaterial: Arbeitsbogen 6

8. Bibel IV: Wovon berichtet die Bibel? (Neues Testament)

Begleitbuch „Komm und sieh!" S.17-18 / Arbeitsbogen 7

1. Besprechen der Aufgabe für Zuhause (*AB 6*)

***Lösung des Rätsels** (Begleitbuch S.16):* A trifft auf E; B trifft auf D; C und F bleiben allein.

2. Bibelaufschlagewettbewerb

Da das Auswendiglernen der verkürzten Inhaltsverzeichnisse zum AT und NT für die Konf. einige Mühe bedeutet, soll der Bibelaufschlagewettbewerb mit Preisverleihung - eventuell auch gestaffelt: 1. bis 3. Preis - die Arbeit der Konf. *würdigen* und *belohnen*. Entsprechend der Anzahl der Konf. ist das Blatt **Bibelaufschlagewettbewerb** (s. S.33) zu vervielfältigen und zu zerschneiden. Der Bibelaufschlagewettbewerb enthält 8 Fragen, die mit Hilfe der jeweils angegebenen Bibelstellen beantwortet werden sollen. Dafür stehen maximal 15 Minuten zur Verfügung. Weitere 5 Minuten werden zur Überprüfung der Antworten benötigt.

- Verteilen der Zettel. Die Konf. sollen ihre Namen eintragen.
- Einzelarbeit: Beantwortet die Fragen mit Hilfe Eurer Bibel. Wer fertig ist, soll seinen Zettel bei U. abgeben. - U. numeriert die Zettel in der Reihenfolge des Eingangs.
- Kontrolle der Antworten: Alle Zettel werden eingesammelt, vermischt und in der Gruppe verteilt, so daß die Konf. nicht ihre eigenen Antworten überprüfen.
- Ermittlung des Gewinners: Jede richtige Antwort erhält einen Punkt. Haben mehrere Konf. die volle Punktzahl 8 erreicht, entscheidet der Zeitpunkt der Abgabe über den Sieger des Aufschlagewettbewerbs.
- Preisverteilung.
- Einsammeln der Zettel, damit die gleiche Aufgabe auch in der nächsten Konfirmandengruppe gestellt werden kann, ohne daß die Ergebnisse durch Geschwister oder Freunde vorher bekannt sind.

Auflösung des Bibelaufschlagewettbewerbs:

❶ Von wem stammt der 18.Psalm (**Psalm 18,1**)? ***[David]***

❷ Wozu fordert Paulus die Gemeindeglieder in **Philipper 4,4** auf? ***[zur Freude („im Herrn")]***

❸ Wer wurde zu Jesus gebracht (**Markus 10,13**)? ***[Kinder]***

❹ Wem soll Brot zu essen gegeben werden (**Jesaja 58,7**)? ***[dem Hungrigen]***

❺ Welches wichtige Wort begegnet in **1.Korinther 13,13** zweimal? ***[Liebe]***

❻ Wie lauten die letzten Worte Jesu nach **Johannes 19,30**? ***[„Es ist vollbracht."]***

❼ Wer befreite Israel von der Sklaverei in Ägypten (**2.Mose 20,2**)? ***[Gott der Herr]***

❽ Was schaute Johannes (**Offenbarung des Johannes 21,1**)? ***[einen neuen Himmel und eine neue Erde]***

3. Wovon berichtet das Neue Testament?

Hinweis: Ging es in der letzten Stunde darum, einen Überblick über die Geschichte des Volkes Israel zu gewinnen, so soll die heutige Stunde dem *Überblick über die Botschaft des NT* dienen. Nach der Abfolge des NT wird es zuerst um die Geschichte Jesu - sein Reden und Wirken, seine Passion und Erhöhung - gehen (Evangelien). Mit der Apostelgeschichte und den

Briefen kommt eine andere Epoche in den Blick: das weltweite Wirken des erhöhten Christus in seiner Kirche. Die Offenbarung des Johannes spricht schließlich von der einstigen Vollendung des mit dem Kommen Jesu angebrochenen Reiches Gottes (s. im Begleitbuch S.17-18).

Wieder dient anschauliches Material - bei der Behandlung der Evangelien im wesentlichen Grafiken von Hans Georg Anniès - dazu, in den Konf. Erinnerungen an ihnen bekannte Geschichten, Gleichnisse und Begebenheiten wachzurufen, die sie benennen, mitunter auch *kurz* erzählen sollen. Durch die Abfolge der Grafiken und Darstellungen wird die im NT enthaltene geschichtliche Linie vermittelt.

Die Aufgabe von U. besteht darin, *übergeordnete Gedanken* der Bildauswahl bewußt zu machen, *Zusammenhänge aufzuzeigen* und durch Fragen weitere bekannte Geschichten, Gleichnisse etc. aufzurufen. Ab *Nr.18* wird U. selber einiges einbringen müssen, damit der Horizont der Konf. erweitert wird: Das NT spricht nicht nur vom Wirken und Geschick Jesu damals, sondern auch vom Handeln des Erhöhten - in der jungen Kirche, heute und in Ewigkeit.

Die Grafiken von **Hans Georg Anniès** (*Nr.1.3-4.6-16.18*) werden in dieser Stunde nur als Assoziationshilfen verwendet, die die Konf. an ihnen Bekanntes erinnern sollen. Im Verlauf des Konfirmandenkurses werden die Grafiken wieder auftauchen, um dann als *Verkündigungsbilder* zu wirken und gewürdigt zu werden. Erst dann wird den Konf. auch manches klarer werden, was jetzt in dieser Stunde nur *kurz „angetippt"* werden kann. Es soll ja *nur ein Überblick* über wichtige Inhalte des NT gewonnen werden.

1: **„Euch ist heute der Heiland geboren"** (Lk 2,1-20)

Frage im Anschluß an die Bilderklärung: Warum kommt Gott als Mensch zu uns Menschen?

2: **Gott begegnet uns Menschen in Christus**

Mit Hilfe dieses Schaubilds die Bedeutung Jesu für uns vertiefen: Gott *handelt* durch Christus *an* uns Menschen - er *spricht* durch Christus *zu* uns Menschen.

3: **„Lasset die Kinder zu mir kommen"** (Mk 10,13-16)

Sinn: Gott *handelt* an uns Menschen, indem er uns durch Jesus in seine Gemeinschaft einlädt - auch die Kinder, die Jesus segnet.

4: **Gleichnis vom Sämann** (Mk 4,1-9.13-20)

- Sinn: Wie der Sämann in dem Gleichnis, so hat Jesus *im Auftrag Gottes* das Wort Gottes „ausgesät", *von Gott gesprochen und gepredigt.*
- Gespräch: Wie in dem Bild auf Jesus hörende und sich gegen seine Botschaft abschottende Menschen dargestellt werden, so hatte Jesus Freunde und Gegner. Welche?

5: Grafik von Heinrich Schröder: **Gleichnis vom verlorenen Sohn** (Lk 15,11-32)

- Sinn: In Lk 15 geht es um die Barmherzigkeit des *Vaters.* Mit Gleichnissen wie diesem hat der predigende Christus uns Menschen die Angst vor Gott nehmen wollen.
- Frage: Welche Gleichnisse Jesu kennt ihr noch?

6. **Heilung des Gelähmten** (Mk 2,1-12)

- Sinn: Jesus hat nicht nur von der Barmherzigkeit Gottes gesprochen, sondern er hat sie auch weitergegeben, z.B. dadurch, daß er Menschen heilte und ihnen die Sünden vergab. Beide Elemente enthält diese Geschichte.
- Zählt andere Heilungsgeschichten auf.
- Nennt Geschichten, in denen Jesus Menschen die Sünden vergab.

7: **Stillung des Sturms** (Mt 8,23-27)

- Was ist dargestellt? [Übergeordneter Gedanke: Jesus hat manche *Wunder* getan, die uns Menschen darauf hinweisen wollen, daß er mit *Gott* im Bunde steht.]
- Frage: Kennt Ihr noch andere Wundergeschichten?

*[**Bemerkung:** Die **Grafiken 8-15.17** beziehen sich auf das Passions- und Ostergeschehen, auf das im Konfirmandenkurs noch genauer eingegangen wird. Die Konf. sollen mit Hilfe der Bilder die jeweiligen Ereignisse nur erkennen und ganz kurz sagen, worum es dabei geht.]*

8: **Abendmahl** (Mt 26,17-30)

9: **Jesus in Gethsemane** (Mt 26,36-46)

Nach der Identifikation der Grafik Begebenheiten benennen (lassen), die dem Gebet Jesu in Gethsemane folgten:

- Jesus wird gefangengenommen (Mt 26,47-56).
- Jesus wird vom „Hohen Rat" im Palast des Hohenpriesters verhört (Mt 26, 57-68).
- Petrus verleugnet Jesus im Palast des Hohenpriesters (Mt 26,69-75).
- Jesus wird vor Pilatus angeklagt (Todesurteil) (Mt 27,1-2.15-26).

10: **Auspeitschung Jesu** (Mt 27,26)

11: **Verspottung Jesu** (Mt 27,27-30)

12: **Jesus muß sein Kreuz tragen** (Mt 27,31-32)

13: **Kreuzigung** (Mt 27,32-56)

14: **Kreuzabnahme / Grablegung** (Mt 27,57-61)

15: **Der Auferweckte begegnet zwei Jüngern auf dem Wege nach Emmaus** (Lk 24, 13-35)

Fragen nach der Erklärung des Bildes durch die Konf.: • Warum hat Gott Jesus von den Toten auferweckt? • Welche Auferstehungsgeschichten kennt Ihr noch?

16: **Christus der Mittler**

- Die Konf. sollen das Schaubild erklären.
- U. vertieft: *Einmal* hat ein Mensch - Jesus - bis zu seinem Tod vollkommen nach Gottes Willen gelebt (= „ohne Sünde"). Um dieses *Einen* willen vergibt Gott *uns allen* unsere Schuld. Darum dürfen wir ohne Angst in Gottes Gemeinschaft leben - jetzt und in Ewigkeit.

17: **„Gehet hin in alle Welt - ich bin bei euch" (Himmelfahrt)** (Mt 28,16-20 / Apg 1,6-14)

Sinn: Jesus beauftragt seine Jünger - alle Christen - , seine Worte, sein Wirken und seine Bedeutung für uns Menschen *in aller Welt* zu verbreiten. Er selber will im Verborgenen bei uns sein, um uns und unseren Einsatz für ihn zu segnen.

18: **Pfingsten**

- U. erläutert: Christus ist nach seiner Erhöhung zu Gott („sitzend zur Rechten Gottes") nicht mehr sichtbar unter uns Menschen, sondern wie Gott im Verborgenen. Er ist „im Geiste" bei uns, im „Heiligen Geist", wie es das NT sagt. Das Symbol des Heiligen Geistes ist die Taube.
- Frage: An welche Geschichte erinnert Euch diese Darstellung?

19: **Die Kirche setzt Jesu Verkündigung fort**

Die voraufgehende Besprechung der Grafik Nr.17 wird den Konf. helfen, das Schaubild zu erklären. U. muß im Sinne der *Bemerkung* des Begleitbuchs S.76 Mitte etwas nachhelfen. In Anknüpfung an die voraufgehende Stunde sollte zudem deutlich werden, daß in der Kirche die *Abrahamsverheißung* Wirklichkeit wird: Alle Völker sollen durch die Verkündigung der Kirche in Gottes Gemeinschaft eingeladen werden.

20: **Der Wirkungsbereich des Apostels Paulus**

- Der Heidenmissionar Paulus ist ein schönes Beispiel für die völkerübergreifende Verkündigung der Kirche.
  - Die Konf. sollen Länder nennen, in denen Paulus gewirkt hat.
  - Sie sollen Orte auffinden, die sie von Briefen des Paulus her kennen.
  - U. faßt zusammen: An vielen Orten hat Paulus Gemeinden gegründet. Die weltweite Kirche entstand.
- Frage: Warum hat Paulus so viele Briefe geschrieben?

21: **Ewigkeit**

- U. führt aus: Im letzten Buch der Bibel - in der Offenbarung des Johannes - ist davon die Rede, daß Gott einst einen *neuen Himmel und eine neue Erde* schaffen wird, in denen es keine Sünde, keinen Tod, kein Leid und keine Tränen mehr geben wird. Wie Gott Christus von den Toten auferweckte, so will er auch uns zu neuem, unvergänglichen Leben auferwecken. Wir werden dann im jedermann erkennbaren Reich Gottes leben.
- Gespräch: Das Schaubild versucht, dieses zukünftige Leben in Gottes Reich darzustellen.
  - Wodurch zeichnet sich nach diesem Schaubild das Leben im ewigen Gottesreich aus?
  - Worin unterscheidet sich dieses Leben von unserem gegenwärtigen irdischen Leben?

➲ Aufgabe für Zuhause:

1. Male das Meer in der Karte oben (Nr.20) blau an.
2. Lies aus dem Begleitbuch „Komm und sieh!“ die Seiten 17-18 durch: „Wovon berichtet das Neue Testament?“
2. Beantworte dann die Fragen:
   a) Wodurch unterscheidet sich Jesus von uns und allen anderen Menschen?
   b) ❶ Welchen Namen hat der große Heidenapostel (= Heidenmissionar), von dem das Neue Testament berichtet?
   ❷ Wo im Neuen Testament steht etwas *über* das Wirken dieses Apostels, und in welchen Schriften kommt er selber zu Wort?

Unterrichtsmaterial: Arbeitsbogen 7 - kopierte Zettel für Bibelaufschlagewettbewerb

(Anhang zu Stunde 8)

Bibelaufschlagewettbewerb

Name: ______________________________________

❶ Von wem stammt der 18.Psalm (**Psalm 18,1**)?

❷ Wozu fordert Paulus die Gemeindeglieder in **Philipper 4,4** auf?

❸ Wer wurde zu Jesus gebracht (**Markus 10,13**)?

❹ Wem soll Brot zu essen gegeben werden (**Jesaja 58,7**)?

❺ Welches wichtige Wort begegnet in **1.Korinther 13,13** zweimal?

❻ Wie lauten die letzten Worte Jesu nach **Johannes 19,30**?

❼ Wer befreite Israel von der Sklaverei in Ägypten (2.**Mose 20,2**)?

❽ Was schaute Johannes (**Offenbarung des Johannes 21,1**)?

____ *Punkte*

Bibelaufschlagewettbewerb

Name: ______________________________________

❶ Von wem stammt der 18.Psalm (**Psalm 18,1**)?

❷ Wozu fordert Paulus die Gemeindeglieder in **Philipper 4,4** auf?

❸ Wer wurde zu Jesus gebracht (**Markus 10,13**)?

❹ Wem soll Brot zu essen gegeben werden (**Jesaja 58,7**)?

❺ Welches wichtige Wort begegnet in **1.Korinther 13,13** zweimal?

❻ Wie lauten die letzten Worte Jesu nach **Johannes 19,30**?

❼ Wer befreite Israel von der Sklaverei in Ägypten (2.**Mose 20,2**)?

❽ Was schaute Johannes (**Offenbarung des Johannes 21,1**)?

____ *Punkte*

Bibelaufschlagewettbewerb

Name: ______________________________________

❶ Von wem stammt der 18.Psalm (**Psalm 18,1**)?

❷ Wozu fordert Paulus die Gemeindeglieder in **Philipper 4,4** auf?

❸ Wer wurde zu Jesus gebracht (**Markus 10,13**)?

❹ Wem soll Brot zu essen gegeben werden (**Jesaja 58,7**)?

❺ Welches wichtige Wort begegnet in **1.Korinther 13,13** zweimal?

❻ Wie lauten die letzten Worte Jesu nach **Johannes 19,30**?

❼ Wer befreite Israel von der Sklaverei in Ägypten (2.**Mose 20,2**)?

❽ Was schaute Johannes (**Offenbarung des Johannes 21,1**)?

____ *Punkte*

Bibelaufschlagewettbewerb

Name: ______________________________________

❶ Von wem stammt der 18.Psalm (**Psalm 18,1**)?

❷ Wozu fordert Paulus die Gemeindeglieder in **Philipper 4,4** auf?

❸ Wer wurde zu Jesus gebracht (**Markus 10,13**)?

❹ Wem soll Brot zu essen gegeben werden (**Jesaja 58,7**)?

❺ Welches wichtige Wort begegnet in **1.Korinther 13,13** zweimal?

❻ Wie lauten die letzten Worte Jesu nach **Johannes 19,30**?

❼ Wer befreite Israel von der Sklaverei in Ägypten (2.**Mose 20,2**)?

❽ Was schaute Johannes (**Offenbarung des Johannes 21,1**)?

____ *Punkte*

9. Bibel V: Gott spricht zu uns Menschen durch die Bibel

Begleitbuch „Komm und sieh!" S.19-21 / Arbeitsbogen 8

1. Besprechen der Aufgabe für Zuhause (*AB 7*)

***Lösung des Rätsels** (Begleitbuch S.18):* Nicht von Paulus und nicht in der Bibel: „An die Ägypter" - „An die Mailänder" - „An Papst Linus".

2. Erfahrungen mit der Bibel

Gespräch: • Welche Inhalte/Abschnitte/Bücher habt Ihr schon einmal in der Bibel gelesen? • Wie ist es Euch beim Lesen ergangen? • Welche Eindrücke/Inhalte sind hängengeblieben?

3. Wozu wurde die Bibel aufgeschrieben?

a) Gemeinsames Lesen von (➲ **1.**) **Ps 78,1-7**.

b) Partner- oder Kleingruppenarbeit: Bearbeitet gemeinsam ➲ ***AB 8 Nr.2***.

① *Worüber* wollen die biblischen Schreiber berichten?

② *An wen* wendet sich ihr Bericht?

③ *Welches Ziel* hat ihr Bericht?

④ Wie erfahren *wir Menschen heute* etwas von Gott und Christus?

⑤ Unterstreicht die Aussagen im 78. Psalm, die zu der nebenstehenden Zeichnung passen.

c) Vergleich der Ergebnisse im Plenum.

4. Gott will zu allen Menschen sprechen

a) Welchen Auftrag erteilt der auferstandene Christus seinen Jüngern nach **Mt 28, 18-20** (aufschlagen!)?

b) Welches Problem stellt sich ein, wenn die Jünger damals und wir Christen heute *allen* Völkern die Botschaft der Bibel nahebringen wollen?

c) Die Konf. sollen ***S.19 des Begleitbuchs (unten)*** aufschlagen und Lk 24,1-5 in der „Oromo-Schrift" betrachten. U. verliest dazu Lk 24,1-6a.

5. Gott spricht zu uns Menschen - insbesondere durch seinen Sohn Jesus Christus

a) 1: (Wiederholung) Mit Hilfe des Schaubildes (➲ **3.**) noch einmal auf die Bedeutung Jesu Christi als *Botschafter Gottes* zu sprechen kommen, durch den Gott in besonderer Weise zu uns Menschen geredet hat.

2: Gerne hat Jesus in *Gleichnissen* - also in *vergleichender* Weise - von Gott gesprochen. Könnt Ihr Beispiele nennen, womit Jesus Gottes Verhalten uns Menschen gegenüber verglichen hat? [z.B. barmherziger Vater/König/suchender Hirte]

3: Wir wollen uns heute mit *einem* Gleichnis Jesu besonders beschäftigen. Damit Ihr es besser versteht, müßt Ihr wissen, was nach der *Bibel* ein Sünder ist: [U. erläutert - eventuell auch mit anderen Worten und Beispielen - den folgenden Sachverhalt:] Ein *Sünder* ist nach der Bibel ein Mensch, der sein Leben nicht in der Gemeinschaft Gottes lebt. Er verhält sich vielleicht so, weil es in seiner Familie oder in seinem Bekanntenkreis üblich ist. Vielleicht hat er auch nie richtig gehört oder verstanden, daß Gott ihn liebt. Darum bleibt Gott ihm fremd. Entsprechend lebt ein Sünder getrennt, fern von Gott. Er kümmert sich nicht weiter um ihn. Er hat kein Interesse an Gott, an seinem Wort, am Gottesdienst und am Gebet. Er hat kein Gefühl dafür, daß die Gemeinschaft mit Gott für seine Lebensführung hilfreich ist. Manche bestreiten, daß es Gott gibt. Manche wollen von Gott auch nichts wissen. Sie nehmen sich für Gott keine Zeit. Andere Dinge (z.B. Besitz, Arbeit, Hobbys) sind ihnen wichtiger. *Sünde* ist nach der Bibel also ein Leben ohne Gott, die Interesselosigkeit an Gott, der Unglaube, ja die Ablehnung Gottes durch Menschen.

b) Das Gleichnis vom verlorenen Schaf (Lk 15,1-7)

1: Konf. verlesen Lk 15,1-7.

2: Erzählt das Gleichnis mit Hilfe der (➲ **4.**) Bildgeschichte von Ekkehard Stier nach.

3: Beantworten der (➲ **5.**) Fragen zu Lk 15,1-7 im Plenum:

① An wen denkt Jesus, wenn er vom *verlorenen Schaf* und vom *suchenden Hirten* spricht?
- Verlorenes Schaf:
- Suchender Hirte:

② Der Hirte findet das Schaf und bringt es wieder nach Hause zur Herde zurück. Wer ist mit der *Herde* gemeint?

③ Wann ist das Verhältnis von *Hirte und Schaf* (= von *Gott und Mensch*) „in Ordnung"?

④ Das Gleichnis sagt, daß ein von seinem Hirten und der Herde getrenntes Schaf (= ein von Gott und der Kirche getrennt lebender Mensch) „verloren" ist? Könnt Ihr näher beschreiben, warum ein Mensch ohne Gott und die Gemeinschaft der Christen „verloren" ist?

⑤ Der Hirte freut sich über das wiedergefundene Schaf. Gott freut sich, wenn Menschen in seine Gemeinschaft zurückfinden. Könnt Ihr Wege beschreiben, wie Gott *heute* Menschen nachgeht, die ihn aus den Augen verloren haben?

6. Abschluß: Lernen und Singen des Liedes „Es steht in deiner Macht, Gott loszulassen" (Liedersammlung Nr.1) **oder EG 346 oder EG 406** (in Auswahl)

➲ Aufgabe für Zuhause:

1. **a)** Lies aus dem Begleitbuch „Komm und sieh!" die Seiten 19-21 durch: „Gott spricht zu uns Menschen durch die Bibel".

   b) Wozu wurde die Bibel aufgeschrieben?

2. Lerne den 23. Psalm auswendig.

3. Bringe zur nächsten Stunde eine weiche Unterlage (Wolldecke/Isomatte oder dergleichen) mit. Wir benötigen sie für eine Meditation über Psalm 23.

Unterrichtsmaterial:
Arbeitsbogen 8 - Kopie Liedersammlung Nr.1 oder EG

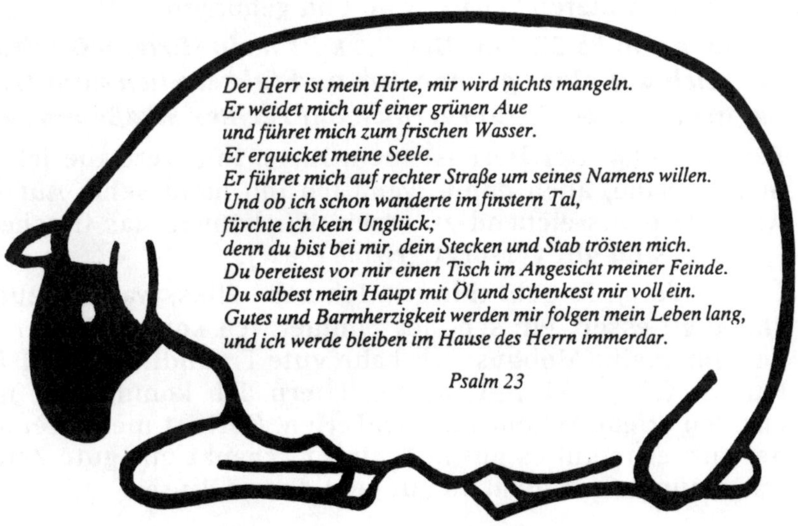

10. Meditation über den 23. Psalm

Hinweis: Vor der Stunde hat U. einen *Kassettenrekorder* bereitgestellt und auf einer *Kassette* ruhige Musik (z.B. Panflöte und Orgel) aufgenommen. Eine *Kerze* und *Streichhölzer* liegen griffbereit.

1. Besprechen und Abfragen der Aufgabe für Zuhause (*AB 8*)

2. Vorbereitung des Raumes zur Meditation

- Die Gruppe wird gebeten, sämtliche Tische und Stühle an die Seite oder in einen Extraraum zu stellen. Die Wolldecken werden auf dem Boden ausgebreitet.
- U. bittet die Gruppe, sich auf die folgende Meditation einzulassen und seinen/ihren Anweisungen zu folgen.
- Die Konf. sollen sich auf den Boden legen, eine bequeme Stellung einnehmen und die Augen schließen.

3. Meditation über den 23. Psalm

a) • U. ermuntert die Konf., still zu werden und die Augen geschlossen zu halten.

- Vorspiel ruhiger Musik, wobei wiederholt der Hinweis ergeht: „Wir werden ganz ruhig und still."
- Lautstärkepegel der Musik zurückdrehen und den 23. Psalm zur „Hintergrundmusik" langsam verlesen:

  Der HERR ist mein Hirte, mir wird nichts mangeln.
  Er weidet mich auf einer grünen Aue und führet mich zum frischen Wasser.
  Er erquicket meine Seele.
  Er führet mich auf rechter Straße um seines Namens willen.
  Und ob ich schon wanderte im finstern Tal, fürchte ich kein Unglück,
  denn du bist bei mir, dein Stecken und Stab trösten mich.
  Du bereitest vor mir einen Tisch im Angesicht meiner Feinde.
  Du salbest mein Haupt mit Öl und schenkest mir voll ein.
  Gutes und Barmherzigkeit werden mir folgen mein Leben lang,
  und ich werde bleiben im Hause des HERRN immerdar.

- Musik ausblenden.

b) • Bild vom Schaf, der Herde und dem Hirten ausmalen: Die Sonne scheint. Ich freue mich über die grünen Wiesen, die Blumen, die Wärme. Das Wasser im Bach plätschert leise. Ich fühle mich in der Nähe meines Hirten und in der Gemeinschaft der anderen Schafe wohl und geborgen.

- *Verlesen* von **Ps 23,1-3**: ***Der HERR ist mein Hirte, mir wird nichts mangeln. Er weidet mich auf einer grünen Aue und führet mich zum frischen Wasser. Er erquicket meine Seele. Er führet mich auf rechter Straße um seines Namens willen.***
- *Beschreibung:* Der Herr ist mein Hirte. Ihm vertraue ich mein Leben an. Er ist in meiner Nähe, auch dann, wenn ich ihn nicht sehe. Auf der grünen Wiese finden wir Schafe ausreichend zu essen. Wir können das frische Wasser des Baches trinken. Wir sind gut versorgt. [kleine Pause]
- *Übertragung:* Es geht mir gut. Ich habe alles, was ich zum Leben brauche, ausreichend zu essen, ein schönes Zimmer. Ich komme in der Schule zurecht. Ich habe Zeit für meine Hobbys. Ich habe gute Freundinnen und Freunde. Ich bin gesund. Ich verstehe mich mit meinen Eltern. Ich komme mit meinen Geschwistern gut aus. Ich erlebe Schönes in den Ferien. Gott ist mein Freund; er ist im Verborgenen bei mir; er meint es gut mit mir. Er schenkt mir gute Zeiten. Davon kann ich zehren, wenn es mir nicht so gut geht. [kleine Pause]

c) • *Verlesen* von **Ps 23,3-4:** ***Und ob ich schon wanderte im finstern Tal, fürchte ich kein Unglück, denn du bist bei mir, dein Stecken und Stab trösten mich.***

- *Beschreibung:* Die Wiesen sind abgegrast und braun. Es hat lange nicht mehr geregnet. Der Bach ist ausgetrocknet. Wir Schafe haben nicht mehr genügend zu essen und zu trinken. Unser Hirte muß neue Futterstellen für uns suchen. Wir folgen ihm. Es geht steinige Wege entlang, durch eine dunkle Schlucht hindurch. Hohe Bäume zur Rechten und zur Linken machen unseren Weg dunkel. Ich habe Angst. Doch ich vertraue auf den Hirten, der uns vorangeht. Manchmal sehe ich ihn nicht, mitunter habe ich auch Angst, den Anschluß zu verlieren und verlorenzugehen. Doch dann tröste ich mich mit dem Gedanken, daß der Hirte mich suchen wird. Und wenn ich irgendwo hineingeraten bin und alleine nicht mehr herauskann, wird er mich mit dem Hirtenstab retten. [kleine Pause]
- *Übertragung:* ***Und ob ich schon wanderte im finstern Tal***: Mein Leben verläuft nicht immer gleichmäßig gut. Es gibt auch problematische Zeiten. Ich muß Durststrecken in meinem Leben durchmachen. Ich habe Angst vor der ungewissen Zukunft, Angst vor der Schule, Angst, die Menschen zu verlieren, die ich sehr gerne mag. Ich habe keine Freunde. Immer gibt es Ärger zu Hause. Ich weiß nicht, welchen Beruf ich ergreifen soll. Ich mache mir Sorgen, ob ich den Ausbildungsplatz erhalte, den ich mir wünsche. Ich habe Mißerfolge in der Schule. Wenn ich an die Umweltprobleme denke, wird mir angst und bange. Es ist jemand gestorben, den ich sehr geliebt habe. Ich habe Zweifel an Gott, den ich nicht sehen kann. Ich bin ständig unzufrieden, ohne genau zu wissen, warum. - Gerade in so schwierigen Zeiten bitte ich Gott um Vertrauen: „Herr, laß mich spüren, daß du bei mir bist, daß du mich durch mein finsteres Tal hindurchführst." Ich bete, ich klage Gott meine Not, ich bespreche meine Sorgen mit ihm. Es ist gut, daß ich im Gebet erfahren darf, daß Gott mir nahe ist. Das macht es mir leichter, mit meinen Schwierigkeiten zu leben und fertigzuwerden. In meinem Leben wird es wieder heller. [kleine Pause]

d) • *Verlesen* von **Ps 23,5:** ***Du bereitest vor mir einen Tisch im Angesicht meiner Feinde. Du salbest mein Haupt mit Öl und schenkest mir voll ein.***

- *Übertragung:* Gott steht zu mir, auch wenn andere Menschen mich nicht leiden mögen, ablehnen oder gar anfeinden. Gott schenkt mir Erlebnisse, die mich aufrichten, wenn ich niedergeschlagen bin: Die Schularbeiten bereiten mir wenig Mühe; eine gute Zensur in der Schule läßt mich aufatmen; meine Freunde verhalten sich mir gegenüber sehr verständnisvoll; tröstende Worte meiner Eltern tun mir wohl. Musik richtet mich wieder auf. Ich habe etwas Schönes gemalt oder gebastelt. Ich freue mich darüber, daß ich manches gut kann. [kleine Pause]

e) • *Verlesen* von **Ps 23,6:** ***Gutes und Barmherzigkeit werden mir folgen mein Leben lang, und ich werde bleiben im Hause des HERRN immerdar.***

- *Übertragung:* In guten wie auch in schweren Zeiten darf ich erfahren: Gott ist immer bei mir. Er kümmert sich um mich. Warum soll ich mich dann von ihm abwenden, ihn links liegen lassen, wie es viele Menschen tun? Welchen Sinn hätte mein Leben ohne Gott? Welche Hoffnung hätte ich ohne Gott in meinem jetzigen Leben und über den Tod hinaus? - Nein, ich will immer bei Gott bleiben, bei meinem Hirten. Dankbar und zufrieden will ich die guten Zeiten meines Lebens aus Gottes Hand nehmen. Und im Vertrauen auf seine verborgene Nähe gehe ich auch durch die schwierigen Zeiten meines Lebens. Denn Gott ist mein Freund. Immer kann ich mich an ihn wenden, jederzeit vor ihm mein Herz ausschütten. Menschen sind nicht immer bei mir, und nicht jedem mag ich mich anvertrauen. Immer aber ist Gott bei mir - und in der Ewigkeit werde ich bei ihm sein.

f) • Vorspiel ruhiger Musik, die zunächst leise ein- , später ausgeblendet wird. Dabei die Kerze - wenn möglich - in die Mitte des Raumes stellen und anzünden.

- Die Konf. *behutsam zurückholen*: Wir verlassen jetzt die grüne Wiese, das finstere Tal, wir kommen wieder nach ... zurück. Wir befinden uns wieder im Unterrichtsraum unseres Gemeindehauses. Wir öffnen die Augen, schweigen aber noch. Wir setzen uns im Kreis um die brennende Kerze herum.
- Nach etwas Zeit: Wer mag, kann darüber berichten, was er soeben erlebt hat.

4. Abschluß

a) Gemeinsames Gebet des 23. Psalms.

b) Wenn es zur Situation in der Gruppe nach der Meditation und dem anschließenden Erfahrungsaustausch paßt: Lernen und singen des Liedes „Jesu, geh voran" (EG 391) oder „Herr, du hältst mein Leben ganz in deiner Hand" (Liedersammlung Nr.2) [vorbereitete Kopien verteilen].

Keine Aufgabe für Zuhause!

Unterrichtsmaterial: Kassettenrekorder - Kassette mit ruhiger Musik - Kerze - Streichhölzer - Kopien Liedersammlung Nr.2 oder EG

11. Gebet I: Wir besprechen unser Leben mit Gott

Begleitbuch „Komm und sieh!" S.22–24 / Arbeitsbogen 9

1. Wir sprechen mit Gott

U. bittet die Konf., ***S.22 des Begleitbuchs*** aufzuschlagen und die Abbildung oben zu betrachten. Wiederholende Erläuterung: Unser Glaube ist ein Gespräch mit Gott. Über das Thema „Gott spricht mit mir" (Gottes Wort) haben wir in den vergangenen Stunden nachgedacht. Jetzt wollen wir uns zwei Stunden lang mit dem Thema „Ich spreche mit Gott" (Gebet) beschäftigen.

2. Unser Verhältnis zum Gebet

Hinweis: Die folgenden Aufgaben wollen die unterschiedlichen Erfahrungen der Konf. mit dem Gebet bzw. ihre unterschiedlichen Beziehungen zum Gebet bewußt machen und zur Sprache bringen.

a) (➲ 1.) Wie denkst Du über das Gebet?

1: Einzelarbeit: Lies die sechs Meinungen über das Beten durch und kreuze dabei an, was Du für richtig und nicht richtig hältst.

Meinungen über das Beten:	***Meine ich auch***	***Meine ich nicht***
❶ Ich bete, um Gott meine Wünsche mitzuteilen.	O	O
❷ Man sollte nur beten, wenn man selber keinen Ausweg mehr findet.	O	O
❸ Beten hat keinen Zweck. Das Gebet kommt nicht aus dem Raum heraus, in dem es gesprochen wird.	O	O
❹ Beim Beten muß man immer die Hände falten.	O	O
❺ Durch das Gebet kann ich in einer schwierigen Situation Kraft erhalten oder Trost, wenn ich traurig bin.	O	O
❻ Wenn ich bete, frage ich manchmal auch, was Gott von mir will.	O	O

2: Feststellung der Meinungen im Plenum – eventuell (kurzes) Gespräch darüber.

b) (➲ 2.) Warum Menschen nicht beten

1: Einzelarbeit: Menschen geben unterschiedliche Gründe an, warum sie nicht beten. Lies die sechs Gründe durch und kreuze dabei an, welche der Gründe Du für überzeugend hältst.

Gründe, warum Menschen nicht beten:	***Überzeugend:***
❶ Sie glauben nicht an Gott. Darum finden sie Beten sinnlos.	O
❷ Beten ist nicht üblich unter ihren Freunden.	O
❸ Sie haben es im Elternhaus nicht gelernt.	O
❹ Sie wissen nicht, wie man betet.	O
❺ Sie haben so viel zu tun, daß sie zum Beten wirklich keine Zeit haben.	O
❻ Sie meinen, in ihrem Leben auch ohne Gott zurechtzukommen.	O

2: Kurze Besprechung der angekreuzten Positionen.

c) Übung: Erinnerung an ein Kindergebet

1: Gespräch: Viele Kinder lernen das Beten dadurch, daß ihre Eltern mit ihnen vor dem Einschlafen beten. Wie war es bei Euch?

2: Einzelarbeit: • U. bittet die Gruppe, ganz ruhig zu werden. Die Konf. sollen die Augen schließen und versuchen, sich an ein Gebet zu erinnern, das sie als (kleine) Kinder gehört oder gelernt haben.

• Sie sollen das Gebet in dem freien Raum von ➲ ***AB 9 Nr.3*** aufschreiben.

• Sie sollen etwas darüber nachdenken, ob sie das Gebet *heute* so sprechen könnten, wie sie es aufgeschrieben haben.

• Sie sollen das Gebet so umformulieren, wie sie es heute beten würden. Wer keine Probleme mit dem Wortlaut seines Gebets hat, braucht auch nichts zu ändern.

3: Plenum: • Wer mag, kann das gelernte Gebet (und seine Neufassung) vorlesen.

• Gespräch: Welche Erwartungen an Gott kommen in den verlesenen Gebeten (und ihren Neufassungen) zum Ausdruck?

3. Beten heißt: Ich bespreche mein Leben mit Gott

a) U. führt ein: Jesus hat seine Jünger ermuntert, **mit Gott** zu **sprechen wie Kinder**, die ihrem Vater vertrauen. Darum beginnt das Gebet, das Jesus seine Jünger lehrte, mit den Worten: „Vater unser im Himmel“. Als Jesus seine Jünger das *Vaterunser* lehrte, sagte er zugleich: „Euer Vater (im Himmel) weiß, was ihr bedürft, ehe ihr ihn bittet“ (Mt 6,8). Jesus hat auf das Beten nicht verzichtet und auch uns - seine Jünger - zum Gebet angehalten. Frage: *Warum sollen wir mit Gott im Gebet sprechen, wenn Gott bereits weiß, was wir auf dem Herzen haben?*

b) 1: Wir lernen und singen das **Spiritual „Kumbajah“** (Liedersammlung Nr.3) in deutscher Fassung.

2: Gespräch: Der Text der einzelnen Liedstrophen ist so allgemein gehalten, daß viele dieses Lied mitsingen können. Versucht, Situationen zu benennen, die zu den Aussagen der einzelnen Liedstrophen passen [Strophe für Strophe durchgehen].

c) 1: U. beschreibt die Situation, die zum **„Gebet einer Mutter im Alltag“** (Begleitbuch S.23 Abschnitt c) führte. Danach Lesen des Gebets im Plenum ***(Begleitbuch S. 23 Mitte)***.

2: Gruppen- oder Partnerarbeit: Versucht gemeinsam, die ➲ Fragen von ***AB 9 Nr.4*** zu beantworten.

① Warum wendet sich die Mutter im Gebet an Gott?

② Was erhofft sie sich vom Beten in diesem Moment?

③ Ist am Wortlaut des Gebets etwas davon zu erkennen, daß das Gebet der Mutter geholfen hat? Wenn ja: an welcher Stelle?

3: Besprechung der Ergebnisse im Plenum.

4. Gott hört auf unser Gebet

a) Gespräch: In Ps 66,20 heißt es: „Gelobt sei Gott, der mein Gebet nicht verwirft noch seine Güte von mir wendet.“ Erhört Gott alle Gebete?

b) 1: Wir lesen die beiden Gebete im ***Begleitbuch S.23 unten***.

2: Gespräch: • Was sagt Ihr zu den Gebeten?

• Wie wird Gott Eurer Meinung nach auf diese Gebete reagieren?

5. Abschluß

a) • Betrachtet das (➲ 5.) Bild von Hans Georg Anniès. Was ist dargestellt?

• Was will dieses Bild im Zusammenhang unserer Beschäftigung mit dem *Gebet* zum Ausdruck bringen?

b) U. fordert die Gruppe auf, das Bild zu betrachten, während er/sie einige Psalmverse verliest:

Ps 91,1-2.9: *Wer unter dem Schirm des Höchsten sitzt und unter dem Schatten des Allmächtigen bleibt, der spricht zu dem HERRN: Meine Zuversicht und meine Burg, mein Gott, auf den ich hoffe. - Der HERR ist deine Zuversicht, der Höchste ist deine Zuflucht.*

Ps 23,1-4: *Der HERR ist mein Hirte, mir wird nichts mangeln. Er weidet mich auf einer grünen Aue und führet mich zum frischen Wasser. Er erquicket meine Seele. Er führet mich auf rechter Straße um seines Namens willen. Und ob ich schon wanderte im finstern Tal, fürchte ich kein Unglück; denn du bist bei mir, dein Stecken und Stab trösten mich.*

Ps 36,8-11: *Wie köstlich ist deine Güte, Gott, daß Menschenkinder unter dem Schatten deiner Flügel Zuflucht haben! Sie werden satt von den reichen Gütern deines Hauses, und du tränkst sie mit Wonne wie mit einem Strom. Denn bei dir ist die Quelle des Lebens, und in deinem Lichte sehen wir das Licht. Breite deine Güte (aus) über die, die dich kennen.*

c) Eventuell noch einmal Singen des Spirituals „Kumbajah" (Liedersammlung Nr.3) - jetzt in englischer Fassung.

d) Gemeinsam gesprochenes Vaterunser.

➲ Aufgabe für Zuhause:

1. Lies aus dem Begleitbuch „Komm und sieh!" die Seiten 22-24 durch: „Wir besprechen unser Leben mit Gott im Gebet".
2.

Diese Darstellungen wollen zwei sehr unterschiedliche Haltungen zum Ausdruck bringen, die ein Mensch Gott gegenüber im Gebet einnehmen kann. Finde sie heraus.

- Haltung von „Pray-o-mat 2000":
- Haltung von Grafik „Hände":

- Welche der beiden Haltungen ist Gott gegenüber angemessen, wenn wir zu ihm beten?

Unterrichtsmaterial: Arbeitsbogen 9 - Lied „Kumbajah"

12. Gebet II: Beten kann man lernen

Begleitbuch „Komm und sieh!" S.25-27 / Arbeitsbogen 10

1. Beten – wie macht man das?

Gespräch: Mit Hilfe der Grafik von Hans Orlowski – ***Begleitbuch S.25 [oben]*** aufschlagen lassen – auf die *äußeren Gebetshaltungen* zu sprechen kommen, die die *innere Haltung* des Betenden Gott gegenüber zum Ausdruck bringen.

2. Schwierigkeiten mit dem Beten

a) U. führt ein: Nadine erfährt im Konfirmandenunterricht zum ersten Mal von der Möglichkeit, daß man alles im Gebet mit Gott bereden kann. In ihrem Elternhaus wird über Glaubensfragen nicht gesprochen. Ihre Eltern haben mit ihr nie gebetet. Nadine versucht eines Tages, mit Gott ins Gespräch zu kommen. Ihr Gebet finden wir im ***Begleitbuch S.25 Mitte***.

b) Die Konf. sollen Nadines Gebet vorlesen.

c) 1: Fragen zum Gebet Nadines: ● Wie findet Ihr dieses Gebet? ● Wie wird Gott Eurer Meinung nach auf dieses Gebet antworten?

2: Schlagt auf **Mt 7,7-8** (vorlesen lassen). – U. ermuntert die Konf. aufgrund der Verheißungen dieses Jesuswortes zum persönlichen Gebet, auch wenn es für manchen ungewohnt ist.

3. „Dein Wille geschehe"

a) Gespräch: Wenn wir das „Vaterunser" sprechen, beten wir immer wieder: *Dein Wille geschehe*. Was meint Ihr: Ist das eine einfache Bitte?

b) 1: ● Betrachtet die (➲ **1.**) Grafik von Hans Georg Anniès. Was ist dargestellt? [Mt 26,36-46]

● Worum hat Jesus im Garten Gethsemane gebetet?

● War es für Jesus leicht, Gottes Willen anzunehmen?

2: ● Könnt Ihr Situationen nennen, in denen es uns Menschen ausgesprochen schwerfällt, Gottes Willen zu bejahen?

● Wie werden wir mit solchen Situationen fertig? [Wie Jesus betend mit Gott ringen.]

4. Vom „Dreiklang des Gebets" [zügig durchgehen!]

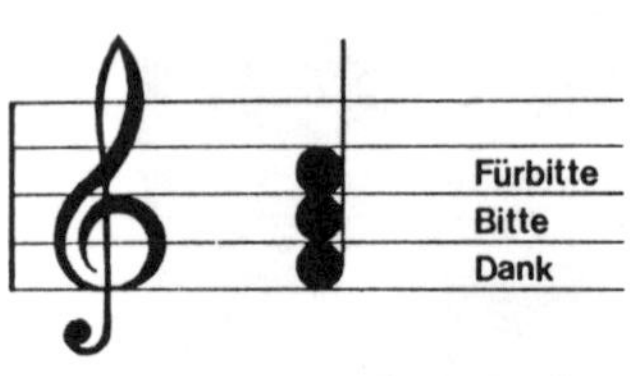

a) Betrachtung der (➲ **2.**) Abbildung „Dreiklang des Gebets". Was will diese Darstellung zum Ausdruck bringen?

b) 1: Was ist ein **Dankgebet**? [Ich danke Gott für ...]

2: Beschreibt Situationen, die Menschen zum Dankgebet bewegen.

3: Auf welche Problematik weisen die (➲ **3.**) Karikaturen von Werner Küstenmacher [nur abgedruckt im Arbeitsbogen] hin?

4: U. macht deutlich, daß das Dankgebet einem Menschen dazu verhilft, immer wieder zu entdecken, wie gut Gott es mit uns meint. Wir nehmen das Schöne in unserem Leben bewußter wahr und werden so dankbare, zufriedene und fröhliche Menschen. Wir sprechen unseren Dank im Dankgebet vor Gott aus.

c) 1: Was ist ein **Bittgebet**? [Ich bitte Gott um etwas für mich.]

2: Nennt Situationen, in denen Menschen sich mit einem Bittgebet an Gott wenden.

3: Besprechung der <u>Aufgabe für Zuhause</u> (⇦ ***AB 9*** *Teil 2)*.

d) 1: Was ist ein **Fürbittgebet**? [Ich bitte Gott für andere Menschen.]

2: Beschreibt Anlässe, die uns dazu führen können, für andere Menschen zu beten.

3: Wir haben eben einige Notsituationen von Menschen gehört. Ist das Fürbittgebet das einzige, das wir für die Menschen tun können, deren Not wir vor Gott gebracht haben?

5. Beten kann man einüben

a) U. führt im Sinne von Begleitbuch S.27 (Abschnitt e) aus, daß es hilfreich ist, den „Dreiklang des Gebets" täglich zu praktizieren, etwa vor dem Einschlafen.

b) (Übung) 1: Wir wollen einmal ganz konkret einen Tag unseres Lebens - den **gestrigen** - durchgehen und ihn dann vom „Dreiklang des Gebets" her bedenken. Nehmt ➲ ***AB 10 Nr.4*** vor. U. erläutert die Aufgabe.

2: Die Konf. bearbeiten ***AB 10 Nr.4*** in Einzelarbeit:

① Vor dem Einschlafen läßt Du den vergangenen Tag noch einmal an Dir vorüberziehen. Was Du im Bett in Gedanken machst, sollst Du jetzt einmal stichwortartig aufschreiben:

❶ ***Was habe ich gestern gemacht?***	
Morgens:	*Mittags:*
Nachmittags:	*Abends:*
❷ ***Ist etwas Besonderes passiert?*** *Wenn ja: was?*	
❸ ***Was habe ich an Schönem erlebt?***	
❹ ***Was war schwierig?***	
❺ • ***Welchen Menschen bin ich begegnet?***	
• ***Was habe ich von ihrem Ergehen mitbekommen?***	

② Nachdem Du zurückgeblickt hast, willst Du diesen Tag im Gebet beschließen. Schreibe stichwortartig auf, worüber Du mit Gott sprechen wirst:

❶ **Wofür kann ich Gott danken?**
❷ **Worüber möchte ich mit Gott reden - wofür ihn bitten?**
❸ **Für wen möchte ich beten?**
❹ **Könnte *ich* für jemanden etwas Gutes tun?**

3: Wer mag, kann seinen Tagesrückblick und seine Gebetsanliegen vorlesen.

6. Abschluß: Lernen und Singen des Dankelieds (EG 334,1-6)

➲ Aufgabe für Zuhause:

1. Lies aus dem Begleitbuch „Komm und sieh!" die Seiten 25-27 durch: „Beten kann man lernen".
2. Beantworte dann die Frage: Welche positive Wirkung hat das tägliche Gespräch mit Gott auf unser Leben?

Unterrichtsmaterial: Arbeitsbogen 10 - EG

13. Glaube I: Glauben heißt Gott vertrauen

Begleitbuch „Komm und sieh!" S.28-29 / Arbeitsbogen 11

1. Besprechen der Aufgabe für Zuhause (*AB 10*)

2. Das Wort „glauben" in unserem Sprachgebrauch

a) 1: (Einzelarbeit) Die Konf. sollen ➲ ***AB 11 Nr.1*** bearbeiten.

① Das Wort „glauben" kann in unserem Sprachgebrauch sehr Unterschiedliches bedeuten: *raten, überzeugt sein, nicht sicher wissen, sich an etwas halten, vermuten, tippen, vertrauen auf, als wahr ansehen, darauf hoffen, meinen, denken, annehmen, schätzen ...*
Schreibe in die Klammer ein anderes, passendes Wort für „glauben".

❶ Ich *glaube* (______________________), daß ich mich verfahren habe.

❷ Der Arzt sagt, daß es keine gefährliche Krankheit ist, und ich *glaube* (___________________________________), daß er die Wahrheit sagt.

❸ Frage: „Können Sie mir sagen, ob diese Straße in die Stadtmitte führt?" Antwort: „Ja, das *glaube* ich (________________________), aber ich wohne erst seit drei Wochen hier."

❹ Jeder Mensch muß etwas haben, woran er glaubt (______________________________), sonst könnte er nicht leben.

② In der Bibel ist viel vom „Glauben" die Rede. Welche der oben angegebenen Worte für „glauben" gibt Deiner Meinung nach zutreffend wieder, was wohl die Bibel unter *(an Gott) glauben* versteht? Schreibe sie hier auf:

2: Austausch der Ergebnisse im Plenum.

3. Glauben heißt nach der Bibel: Gott vertrauen

Wir lesen einige (➲ **2.**) biblische Texte [nur abgedruckt im Arbeitsbogen] und wollen dabei fragen, was *Glaube* in dem jeweiligen Text meint.

4. Glaube und Zweifel

a) 1: Gespräch: Es gibt Menschen, die nicht an Gott glauben, weil sie ihn nicht sehen.

- Was sagt Ihr zu diesem Standpunkt?
- Menschen mit einer solchen Überzeugung „glauben" auch: woran? [z.B.: Sie vertrauen darauf, daß sie mit ihren Sinnen alles wahrnehmen, was es gibt.]
- U. verliest folgende **Geschichte**:

Lars arbeitet aktiv in der Musikgruppe seiner Kirchengemeinde mit. Er hat bereits einige Gottesdienste mitgestaltet. Das macht ihm Spaß. In seiner Klasse wird er von einigen Mitschülern wegen seines Engagements in der Kirche belächelt. - Eines Tages standen Lars und einige Klassenkameraden in der Pause auf dem Schulhof. „Seht Ihr den Vogel da oben?", fragte plötzlich einer von ihnen die Gruppe. „Na klar, wir sind doch nicht blind, Matthias!", antworteten sie. „Hat schon jemand von Euch Gott gesehen?", fragte Matthias weiter, und blickte grinsend in der Runde herum. Als niemand antwortete, sagte er: „Keiner hat Gott gesehen, nicht wahr, also gibt es ihn nicht." Die Gruppe verstand sofort, daß Matthias Lars provozieren wollte. Alle warteten gespannt darauf, wie Lars auf diese Herausforderung reagieren würde. Lars blieb ganz ruhig. Er sah seine Mitschüler an und fragte: „Seht Ihr Matthias?" „Na klar sehen wir ihn", antworteten sie. Lars fragte weiter: „Seht Ihr auch seinen Verstand?" Nachdem niemand antwortete, fuhr Lars fort: „Keiner hat Matthias' Verstand gesehen, nicht wahr, also hat er keinen." Von dem Zeitpunkt an ließ Matthias Lars in Frieden.

b) Gespräch: Wie gelangen wir Menschen zum Glauben?

1: Zum Glauben an Gott kann man sich nicht entschließen. Man kann nicht sagen: „Ich will glauben" - und dann glaubt man. Schlagt das Schaubild im ***Begleitbuch S.28 oben*** auf. Versucht, mit Hilfe dieser Abbildung zu beschreiben, *wie* wir Menschen zum Glauben an Gott gelangen.

2: Gott spricht zu uns nicht direkt, sondern immer durch Menschen, die ihren Glauben bekennen und uns davon mitteilen. Welche Menschen haben in Eurem Leben dazu beigetragen, daß Ihr zum Glauben an Gott gefunden habt?

3: Im Markusevangelium bittet ein Vater Jesus um die Heilung seines epileptischen Kindes. Jesus antwortet ihm: Wenn du glaubst, daß ich dein Kind heilen kann, will ich es tun. Daraufhin ruft der verzweifelte Vater: **„Ich glaube; hilf meinem Unglauben!"** (Mk 9,24). Wie versteht Ihr die Bitte dieses Vaters?

5. Die Wahrheit des christlichen Glaubens können wir nicht beweisen, aber erfahren

a) Betrachtet die (➲) Abbildung in ***AB 11 Nr.3***. Was soll damit zum Ausdruck gebracht werden?

b) 1: (Partnerarbeit) Schließt Euch mit Eurem Nachbarn zusammen und bearbeitet ➲ ***AB 11 Nr.4***:

Im Johannesevangelium sagt Jesus: „Ich bin der *Weg* und die *Wahrheit* und das *Leben*; niemand kommt zum (himmlischen) Vater außer durch mich" (14,6).

❶ Welche Bedeutung hat Jesus nach diesem Bibelwort für uns Menschen?

❷ Können wir beweisen, daß wir nur durch Jesus in die Gemeinschaft des *einen und wahren Gottes* gelangen?

2: Gespräch über die Ergebnisse der Partnerarbeit im Plenum.

3: ● U. verliest die **Geschichte von „Wagemut und Zagegeist"** (von Heinz Gerlach):

> Zwei junge Adler wollten das Fliegen lernen. Der eine hieß Wagemut und der andere Zagegeist. Wagemut breitete seine Schwingen aus, stieß einen Schrei aus und stürzte sich vom Felsen herab. Der Flug war zwar nicht gleichmäßig, doch die Schwingen trugen Wagemut durch die Luft. Zagegeist aber blieb auf der Felskante sitzen. Endlich kam Wagemut zurückgeflogen. Er war außer Puste. Aber er war stolz, daß er es geschafft hatte. „Versuch es!" rief er Zagegeist zu. „Ich kann nicht", antwortete dieser, „ich fürchte mich. Ich kann mich in der Luft nirgends festhalten. Was ist das überhaupt - die Luft? Ich kann sie nicht sehen. Wie soll mich etwas tragen, das ich nicht einmal sehen kann? Den Felsen hier spüre ich unter meinen Krallen, aber die Luft?" - Wagemut antwortete: „Vertraue nur, die Luft wird dich schon tragen." Aber Zagegeist war nicht zu bewegen, sich auf etwas einzulassen, das er nicht sehen konnte. Die Angst nagte an seinem Herzen. Und weil er kein Vertrauen zur tragenden Kraft hatte, lernte er das Fliegen nicht und fand keine Freude an seinem Leben.

● Gespräch: Was will diese Geschichte im Zusammenhang unseres Nachdenkens über den Glauben deutlich machen?

4: **Vertrauensübung:** ● U. führt ein: Glauben - so haben wir gesehen - heißt: Gott vertrauen. Und Vertrauen - so machte die Geschichte von den beiden Adlern deutlich - hat es mit Wagemut zu tun. Auch Gott zu vertrauen ist ein Wagnis. Nur wer dieses Wagnis eingeht, kann auch erfahren, daß Jesu Worte wahr sind, daß der Glaube an Gott eine tragende Kraft ist, daß Gottes verborgene Gemeinschaft uns Menschen im Leben hilft. Vertrauen schließt also *Wagnis* ein. Wir wollen das einmal bewußt erleben, indem wir Vertrauen praktisch üben:

⇨

- 6 bis 8 Konf. bilden einen engen Kreis. Nacheinander begeben sich einige Konf. in den Mittelpunkt dieses Kreises, stellen Beine und Wirbelsäule steif und lassen sich nach vorne, nach hinten oder zur Seite kippen. Sie sollen ihre Arme dabei an den Körper anlegen und darauf vertrauen, daß die Gruppe der sie umgebenden Konf. sie auffängt und nicht fallen läßt.
- Ein kurzes Gespräch über die Erfahrung *gewagten Vertrauens* kann sich anschließen.

6. **Abschluß: Lernen und Singen des Liedes „Mach uns, Herr, bereit, auf dich zu hören“** (Liedersammlung Nr.4) **oder des Liedes „Befiehl du deine Wege“** (EG 361, 1-2.12).

➲ Aufgabe für Zuhause:

1. **a)** Lies aus dem Begleitbuch „Komm und sieh!“ die Seiten 28-29 durch: „Glauben heißt Gott vertrauen“.

   b) Auf welche Weise verhilft Gott uns Menschen dazu, daß wir an ihn glauben?

2: Lerne das **Glaubensbekenntnis** auswendig. Du findest es innen auf dem Deckblatt der Arbeitsbögen.

Unterrichtsmaterial: Arbeitsbogen 11 -
Kopien Liedersammlung Nr.4 oder EG

14. Glaube II: Übung „Gott blind vertrauen“

Arbeitsbogen 12

1. Besprechen der Aufgabe für Zuhause (*AB 11*)

a) Vorlesen von Antworten zu Frage Nr. 1b.

b) Abfragen des Glaubensbekenntnisses.

2. An Gottes Hand

a) U. verliest eine Parabel aus Taizé:

Eines Nachts hatte ein Mensch einen Traum: Er ging mit Gott einen Strand entlang. Am Himmel leuchteten Szenen und Begebenheiten aus seinem Leben auf. Bei jedem Erlebnis aber bemerkte er im Sand **zwei** Paar Fußspuren. Das eine Paar gehörte ihm, das andere zu Gott. Als die letzte Szene aufleuchtete, blickte er zurück. Da sah er, daß während einiger Zeiten seines Lebens am Wege nur **ein** Paar Fußspuren zu finden war, und zwar genau in den Lebensabschnitten, die zu den schwersten und traurigsten seines Lebens gehörten. Da fragte er Gott: „Als ich mich entschied, dir zu folgen, sagtest du mir, du würdest den *ganzen* Weg mitgehen, weil du mich liebtest. Nun aber sehe ich, daß du in der schwersten Zeit meines Lebens nicht bei mir warst.“ Gott lächelte liebevoll und antwortete: „Mein Freund, ich habe dich wirklich lieb und ich habe dich nie verlassen. Während der Zeit von Last und Leid, in der du *meine* Fußspuren nicht zu sehen glaubtest, da habe ich dich getragen.“

b) Gespräch: Was sagt Euch diese Geschichte?

3. Übung: Gott blind vertrauen

- U. führt ein: Die Geschichte von den Spuren im Sand wollte uns deutlich machen, daß Gott *im Verborgenen* mit uns durch unser Leben geht. Wir *sehen ihn nicht*, doch ist er bei uns und geleitet uns durch unser Leben. Der Glaubende wagt es, Gottes Nähe *blind* zu vertrauen. Wir alle wollen jetzt einmal Erfahrungen mit diesem Wagnis blinden Vertrauens machen.
- Erläuterung der Übung:
  - Der Hälfte der Konf. sollen gleich die Augen mit (bereitliegenden) Tüchern verbunden werden. Die andere Hälfte der Konf. soll die „Blinden“ 10 Minuten lang durch die Straßen führen und darauf achten, daß die Geführten nirgends anstoßen. Auch durch schwierige Strecken sollen sie die „Blinden“ sicher geleiten.
  - Nach 10 Minuten erfolgt ein Rollenwechsel: Die Blindenführer werden zu Geführten, während die bisher Geführten die nunmehr „Blinden“ als Blindenführer 10 Minuten lang sicher durch Straßen und Wege geleiten sollen. Danach finden sich alle wieder am Gemeindehaus ein.

  [Wenn es von der Anzahl der Konf. her möglich ist, sollte U. sich an dieser Übung beteiligen.]
- Die Gruppe versammelt sich zum Gespräch über die eben gemachten Erfahrungen blinden Vertrauens im Unterrichtsraum.

4. Abschluß

a) Die Konf. sollen ***AB 12*** aufschlagen.

1: • Betrachtet in Ruhe die (➲) Grafik von Hans Georg Anniès vorne auf ***AB 12***.
- Was ist dargestellt?
- Woran soll Euch diese Grafik erinnern?

2: U. schließt die Betrachtung und das Gespräch mit einigen Psalmversen ab:

Ps 73,23-24.28: *Dennoch bleibe ich stets an dir (mein Gott); denn du hältst mich bei meiner rechten Hand, du leitest mich nach deinem Rat und nimmst mich am Ende mit Ehren an ... Das ist meine Freude, daß ich mich zu Gott halte und meine Zuversicht setze auf Gott den HERRN.*

Ps 139,1-6: *HERR, du erforschest mich und kennest mich. Ich sitze oder stehe auf, so weißt du es; du verstehst meine Gedanken von ferne. Ich gehe oder liege, so bist du um mich und siehst alle meine Wege ... Von allen Seiten umgibst du mich und hältst deine Hand über mir. Diese Erkenntnis ist mir zu wunderbar und zu hoch, ich kann sie nicht begreifen.*

Ps 27,7-11a: *HERR, höre meine Stimme, wenn ich rufe; sei mir gnädig und erhöre mich! Mein Herz hält dir vor dein Wort: „Ihr sollt mein Antlitz suchen." Darum suche ich auch, HERR, dein Antlitz ... Denn du bist meine Hilfe; verlaß mich nicht und tu die Hand nicht von mir ab, Gott, mein Heil! Denn mein Vater und meine Mutter verlassen mich, aber der HERR nimmt mich auf. HERR, weise mir deinen Weg und leite mich auf ebener Bahn.*

b) Nochmaliges Singen des in der letzten Stunde eingeübten Liedes „Mach uns, Herr, bereit, auf dich zu hören" (Liedersammlung Nr.4) oder eines anderen *Vertrauensliedes.*

➲ Aufgabe für Zuhause:

① Bastle eine Pyramide: Gestalte zuerst die Felder mit den drei Symbolen verschiedenfarbig. Schneide die Skizze dann zunächst grob aus und klebe sie auf eine dünne Pappe oder ein festes Stück Papier. Schneide die Skizze danach sauber aus. Ziehe die Linien zur Unterseite und zu den schraffierten Flächen behutsam mit einem Messer oder einer Schere nach und knicke sie dann so, daß die 3 Dreiecke eine Pyramide bilden. Klebe die Pyramide mit den schraffierten Flächen zusammen.

② Was könnte mit dieser Pyramide gemeint sein?

③ Bringe Deine Pyramide zur nächsten Stunde in einer kleinen Schachtel mit.

[*Hinweise:* • Die Pyramide im Arbeitsbogen ist größer als das hier abgebildete Muster.
• Arbeitsbogen 12/2 darf nicht als Rückseite auf Arbeitsbogen 12/1 kopiert werden, damit die Grafik von H.G. Anniès nicht zerschnitten wird!]

Unterrichtsmaterial: Arbeitsbogen 12 - Tücher zum Verbinden der Augen

15. Glaube III: Glaubensbekenntnis und persönlicher Glaube

Begleitbuch „Komm und sieh!" S.30-31 / Arbeitsbogen 13

Hinweis: Diese Stunde hat zwei Schwerpunkte: 1: Die Konf. sollen an die Lehre von der Dreieinigkeit Gottes herangeführt werden. 2: Sie sollen sich mit den einzelnen Aussagen des apostolischen Glaubensbekenntnisses persönlich auseinandersetzen. Damit dafür genügend Zeit bleibt, müssen die Lernschritte Nr.1-4 zügig durchgeführt werden.

1. Hausaufgabe (*AB 12*):

Die Konf. werden gebeten, die zu Hause gebastelten Pyramiden vor sich auf den Tisch zu stellen. Es soll später darauf eingegangen werden.

2. Den christlichen Glauben aussprechen: das Glaubensbekenntnis

a) Betrachtet die ➲ Abbildung in ***AB 13 Nr.1***. Ihr kennt sie schon. Was will sie zum Ausdruck bringen?

b) In Anknüpfung an die Antworten der Konf. führt U. aus:

Unsere Eltern oder andere Christen haben mit uns gebetet und uns von Gott und Christus erzählt. Dadurch hat Gott uns Glauben geschenkt. Jetzt ist es an uns, unseren Glauben zu bekennen und ihn an andere Menschen weiterzugeben. Das **Glaubensbekenntnis** will uns dabei helfen, unseren Glauben in Worte zu fassen. Seit etwa 1800 Jahren dient das Glaubensbekenntnis, das wir auch in jedem Gottesdienst sprechen, den Christen dazu, den christlichen Glauben auszusprechen.

In diesem Glaubensbekenntnis sind *Kernsätze christlichen Glaubens* auf der Grundlage biblischer Aussagen *in wenigen Sätzen* bekenntnishaft zusammengestellt. Das Glaubensbekenntnis spielte in der Kirche von Anfang an eine zentrale Rolle bei der Taufe. Wer zum christlichen Glauben übertrat, wurde vor seiner Taufe nach seinem Bekenntnis gefragt und antwortete dann mit dem „Glaubensbekenntnis". Danach wurde er getauft und so in die Gemeinschaft der sich zu Gott und Christus bekennenden Menschen - der Kirche - aufgenommen.

Im Neuen Testament finden wir bereits kurze Bekenntnisformulierungen, die dann - etwas erweitert - zu dem Glaubensbekenntnis führten, das wir Christen noch heute sprechen. Das wollen wir uns jetzt einmal näher anschauen:

c) Gespräch: Vergleicht die beiden (➲ **2.**) Bibelworte **Mt 28,19** und **2.Kor 13,13** mit dem **apostolischen**, d.h. auf die Lehre der 12 Jünger und Apostel zurückgehenden **Glaubensbekenntnis** [nur abgedruckt im Arbeitsbogen].

3. Das Bekenntnis zum dreieinigen Gott

a) Bearbeitung von ➲ ***AB 13 Nr.3*** im Plenum: Das Glaubensbekenntnis besteht aus drei Abschnitten, die man auch „Artikel" nennt.

- Vollendung der Sätze, die unterhalb des Glaubensbekenntnisses stehen (***Nr.3*** ①).
- Bearbeitung von ***Nr.3*** ② und ③. ⇨

1. Artikel:	Ich glaube an Gott, den Vater, den Allmächtigen, den Schöpfer des Himmels und der Erde.
2. Artikel:	Und an Jesus Christus, seinen eingeborenen Sohn, unseren Herrn, empfangen durch den Heiligen Geist, geboren von der Jungfrau Maria ...
3. Artikel:	Ich glaube an den Heiligen Geist, die heilige christliche Kirche, Gemeinschaft der Heiligen, Vergebung der Sünden ...

① ❶ Mit dem 1. Artikel bekennen wir uns zu ______________________________.
❷ Mit dem 2. Artikel bekennen wir uns zu ______________________________.
❸ Mit dem 3. Artikel bekennen wir uns zu ______________________________.

② Ordnet die neben dem Glaubensbekenntnis befindlichen Symbole den drei Artikeln des Glaubensbekenntnisses zu:

❶  : ___. Artikel.	❷  : ___. Artikel.	❸  : ___. Artikel.

③ Zeichnet Pfeile ein, die von den einzelnen Symbolen neben dem Glaubensbekenntnis zu „ihrem" Artikel führen.

b) 1: U. erklärt: Im Verlauf des Konfirmandenunterrichts werden wir uns mit den einzelnen Sätzen des Glaubensbekenntnisses genauer beschäftigen. Darum macht es nichts, wenn Ihr gegenwärtig manche oder viele Aussagen des Glaubensbekenntnisses noch nicht versteht.

Heute wollen wir nur auf ein Problem noch näher eingehen, das besonders Nichtchristen den Christen vorhalten. Sie behaupten: „Ihr Christen glaubt nicht an **einen** Gott, sondern an **drei** Götter."

Eine schwierige Frage: Stimmt das, glauben wir an drei Götter?

2: • U. führt aus: Wir Christen glauben nicht an drei Götter, sondern an den **dreieinigen Gott**. Was das bedeutet, kann uns die *Pyramide* klarmachen, die vor Euch steht. Versucht, die Dreieinigkeit Gottes mit Hilfe dieser Pyramide zu beschreiben.

• U. faßt zusammen und verdeutlicht, während die Konf. die unterstrichenen Worte in ➲ ***AB 13 Nr.4*** eintragen sollen: Die Pyramide führt uns die **Einheit Gottes** vor Augen, zugleich zeigt sie uns bildhaft die **drei Seiten Gottes**, wie nämlich wir Menschen Gott erfahren. Was ich jetzt nur kurz antippe, werdet Ihr - wie schon gesagt - im Laufe des Konfirmandenunterrichts noch besser verstehen lernen:

Wir erfahren Gott als *unseren und der Welt Schöpfer.*

Wir erfahren Gott als *unseren Erlöser*, der uns *durch seinen Sohn Jesus Christus* seine Liebe schenkt.

Wir erfahren Gottes Geist als *einen geistigen Einfluß, durch den Gott in uns Menschen Glauben schafft* und so die Verbindung von sich zu uns herstellt.

3: U. fährt fort: ● Nehmen wir noch einen anderen Vergleich hinzu. Betrachtet dabei die ➲ Zeichnung von ***AB 13 Nr.5*** ①:

①

Wir befinden uns in einem Raum mit drei Fenstern. Wir schauen von einem bestimmten Punkt dieses Raumes aus nach draußen. Durch jedes Fenster sehen wir etwas anderes, und doch schauen wir auf dieselbe Landschaft. So verhilft uns auch die Lehre von der Dreieinigkeit Gottes zu jeweils verschiedenen Ansichten Gottes. Sie sind zwar unterschiedlich wie der Blick aus dem jeweiligen Fenster. Und doch schauen wir eine Einheit, wie es *eine* Landschaft ist, die wir durch die drei Fenster sehen.

● Betrachtet nun die ➲ Zeichnung von ***AB 13 Nr.5*** ②, eine Karikatur von Werner Küstenmacher: Der Vergleich mit der Pyramide, besonders der Vergleich mit den drei Fenstern macht uns deutlich, daß die Lehre von der Dreieinigkeit Gottes das Wesen Gottes nur *unvollkommen*, gewissermaßen „auszugsweise" beschreiben kann. Denn die Landschaft ist mehr als das, was man durch das Fenster sieht. Und so ist auch Gott mehr, als die Lehre von der Dreieinigkeit Gottes beschreiben kann. Sie stellt einen menschlichen *Versuch* dar, sich dem für uns Menschen unbegreiflichen Gott mit dem Verstand zu nähern. Sie will unsere menschliche Erfahrung Gottes beschreiben. Die Karikatur macht deutlich, daß es leichter ist, Gott zu **erfahren** als den christlichen Glauben zu **erklären**.

4: Lernen und Singen des Liedes „Ich glaube an Gott, den Vater" (Liedersammlung Nr.5) oder „Vater unser im Himmel" (EG 562,1-3).

5. Persönlicher Glaube und Apostolisches Glaubensbekenntnis

a) Lest noch einmal den (➲ **2.**) 2. Artikel des Glaubensbekenntnisses durch. Da fehlt etwas. Findet Ihr es heraus? [Wirken und Botschaft Jesu]

b) 1: U. führt ein: Wir haben über das Glaubensbekenntnis noch nicht weiter nachgedacht. Versucht einmal, **ganz unbekümmert und ehrlich** zu den einzelnen Aussagen des Glaubensbekenntnisses Stellung zu beziehen. Bearbeitet ➲ ***AB 13 Nr.6***.

2: Einzelarbeit an ***AB 13 Nr.6*** [nur abgedruckt im Arbeitsbogen]:

3: ● Ausführliche Feststellung der Ergebnisse der Einzelarbeit.

● U. hebt dabei (ohne Wertung!) hervor, ▪ wo die Gruppe mehrheitlich mit den Aussagen des Glaubensbekenntnisses einverstanden ist,

▪ welche Aussagen sie für nebensächlich hält,

▪ wo eine Tendenz des Widerspruchs gegen Aussagen des Glaubensbekenntnisses erkennbar wird,

▪ welche Aussagen von der Mehrheit der Konf. gar nicht verstanden werden.

4: Die Ergebnisse von b3 können sichwortartig auf dem Tageslichtprojektor oder an der Tafel festgehalten werden. - U. weist im Anschluß daran noch einmal darauf hin, daß über die einzelnen Aussagen des Glaubensbekenntnisses im gesamten künftigen Konfirmandenunterricht genauer gesprochen werden wird. Am Ende der Konfirmandenzeit werden die Konf. vieles - vermutlich nicht alles - besser verstehen, was ihnen zum gegenwärtigen Zeitpunkt noch unverständlich, anstößig oder merkwürdig erscheint.

6. Abschluß

- U. fordert die Gruppe auf, sich zu entspannen und auf eine kurze Geschichte zu hören:

> Ein moderner Mensch verirrte sich in einer Wüste. Tage- und nächtelang irrte er umher. Ständig überlegte er: ‚Wie lange braucht man, um zu verhungern und zu verdursten?' Die unbarmherzige Sonnenglut hatte ihn ausgedörrt. Er fieberte. Wenn er erschöpft ein paar Stunden schlief, träumte er von Wasser, von Orangen und Datteln. Dann erwachte er zu schlimmerer Qual und taumelte weiter.
>
> Da sah er in einiger Entfernung eine Oase. ‚Aha, eine Fata Morgana', dachte er, ‚eine Luftspiegelung, die mich narrt und zur Verzweiflung treiben wird, denn in Wirklichkeit ist gar nichts da.' Er näherte sich der Oase, aber sie verschwand nicht. Sie wurde im Gegenteil immer deutlicher. Er sah Dattelpalmen, Gras und Felsen, aus denen eine Quelle entsprang.
>
> ‚Es kann natürlich auch eine Hungerphantasie sein, die mir mein halb wahnsinniges Hirn vorgaukelt', dachte er, ‚solche Phantasien entstehen ja in meinem Zustand. Natürlich - jetzt höre ich sogar das Wasser sprudeln. Eine Gehörhalluzination. Wie grausam die Natur ist!' Bei diesem Gedanken brach er zusammen. Er starb mit einem lautlosen Fluch auf die Sinnlosigkeit des Lebens.
>
> Eine Stunde später fanden ihn zwei Beduinen. „Kannst du so etwas verstehen?" sagte der eine zum andern. „Die Datteln wachsen ihm ja beinahe in den Mund - er hätte nur die Hand auszustrecken brauchen. Und dicht neben der Quelle liegt er, mitten in der schönsten Oase - verhungert und verdurstet. Wie ist das nur möglich!" „Er war ein moderner Mensch", antwortete der andere Beduine, „er hat nicht daran geglaubt."
>
> Wie nahe ist Gott doch auch dem Menschen unserer Tage - und der „moderne" Mensch merkt es nicht!

- (➲ 8.) **Gebet:** Wir beten gemeinsam mit Worten des Apostels Paulus:

**„O welch eine Tiefe des Reichtums, ...
der Weisheit und der Erkenntnis Gottes!
Wie unbegreiflich sind seine Gerichte
und unerforschlich seine Wege!
(Welcher Mensch) hat den Sinn des
Herrn erkannt,
oder wer ist sein Ratgeber gewesen?
Denn von ihm und durch ihn und zu ihm
sind alle Dinge.
Ihm sei Ehre in Ewigkeit! Amen."**

➲ **Aufgabe für Zuhause:** 1. Lies aus dem Begleitbuch „Komm und sieh!" die Seiten 30-31durch: „Glaubensbekenntnis und persönlicher Glaube".

2. Beschäftige Dich noch einmal mit der Geschichte: „In der Wüste". Du findest sie auf der letzten Seite dieses Arbeitsbogens. Beantworte danach die Frage: *Welche Botschaft enthält diese Geschichte für uns?* Schreibe Deine Antwort hier auf:

3. Vorbereitung für die nächste Stunde: Lies die Schöpfungsgeschichten vom Anfang der Bibel durch: **1.Mose 1,1 - 2,4a** (1. Schöpfungsgeschichte); **1.Mose 2,4b-9 und 2,15-25** (2. Schöpfungsgeschichte).

4. Bringe zur nächsten Stunde ein Bild (aus der Zeitung, einer Illustrierten / ein Foto, auf das Du verzichten kannst) mit, mit dem Du eine Aussage zum Thema „Schöpfung" machen kannst.

Unterrichtsmaterial:
Arbeitsbogen 13 -
Kopien Liedersammlung Nr.5 oder EG

16. Schöpfung I: Biblische Schöpfungsberichte und Naturwissenschaft

Begleitbuch „Komm und sieh!" S.32-34 / Arbeitsbogen 14

1. Besprechen der Aufgabe für Zuhause (*AB 13*)

***Lösung des Rätsels** (Begleitbuch S.31):* Es gehören zusammen: **1.** Lampenschirm + Glühbirne + Fassung - **2.** Fenster + Fensterrahmen + Gardinen - **3.** Waschbecken + Wasserhahn + Abfluß - **4.** Telefon + Hörer + Wählscheibe - **5.** Blumentopf + Blumen + Erde.

2. Kollage zum Thema „Schöpfung"

Die Konf. waren gebeten worden, ein Bild (Zeitung/Illustrierte/Foto) mitzubringen, mit dessen Hilfe sie eine Aussage zum Thema „Schöpfung" anschaulich machen können.
U. hat vor der Stunde ein großes Stück Packpapier (o. dgl.) an der Wand befestigt, auf das zuvor ein großer Kreis (= die Erde) gemalt wurde.

U. fordert nun die Konf. auf, ihre mitgebrachten Bilder in den Kreis zu kleben und jeweils zu erläutern, was sie sich bei der Auswahl ihres Bildes gedacht haben.

[Die Kollage bleibt so lange im Unterrichtsraum hängen, bis sie im Zusammenhang mit der Besprechung der Sündenfallgeschichte zerrissen wird: „Es geht ein Riß durch die Schöpfung" (s. ***Stunde 19 Nr.4e***). Auf die unterschiedlichen Aussagen der Kollage kann man im Verlauf dieser und der nächsten Stunden möglicherweise immer wieder zurückgreifen.]

3. Entstehung der Welt und Weltbilder

a) Austausch: Was wißt Ihr über die Entstehung von Erde und Welt?

b) 1: Beschreibt mit Hilfe der Darstellungen von ***AB 14 Nr.1***, wie sich die Sicht der Menschen von der Welt im Lauf der Zeit gewandelt hat.

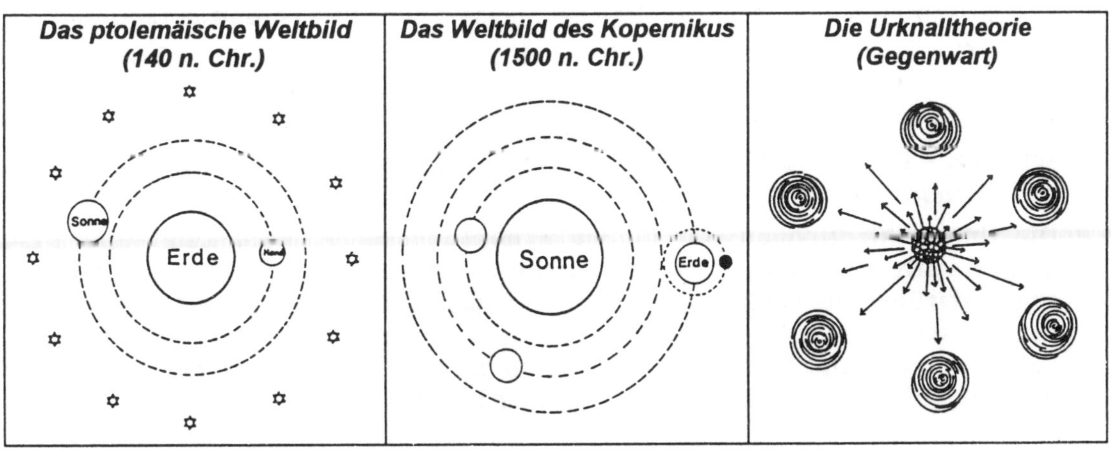

2: Übung: (➲ **2.**) Vervollständigt die Sätze:

① Wenn ich telefonieren muß und die ***Nummer*** nicht weiß, dann schaue ich in ______________________________________.

② Wenn ich naturwissenschaftlich interessiert bin und ***Genaueres über die Weltentstehung*** erfahren möchte, dann schaue ich in ______________________________.

③ Wenn ich die ***Melodie*** eines Liedes herausfinden will, dann schaue ich in ____.

④ Wenn mich die Frage nach dem ***Sinn des Lebens*** beschäftigt und ich wissen möchte, ***wozu*** Erde und Menschen da sind, dann schaue ich in ______________________________.

3: U. macht nach dieser Übung deutlich, daß die **Bibel** *kein naturwissenschaftliches Werk* ist, das uns Aussagen über die Weltentstehung machen will. Die Bibel hat eine *andere* Zielsetzung: Sie will uns Menschen sagen, **wer** alles geschaffen hat. Und sie will uns zeigen, **wozu** wir Menschen da sind. Wir wollen uns das an den beiden Schöpfungsgeschichten klarmachen:

4. Vergleich der biblischen Schöpfungsgeschichten miteinander

a) 1: U. beauftragt die Gruppe: Wir wollen jetzt miteinander die beiden Schöpfungsgeschichten vom Anfang der Bibel durchlesen. Achtet beim Lesen auf Unterschiede und Gemeinsamkeiten der beiden Geschichten, vor allem auf Aussagen darüber, wann jeweils der Mensch geschaffen wurde.

2: Wir lesen **1.Mose 2,4b-9 und 2,15-25**. Betrachtet zuvor die Abbildung im ***Begleitbuch S.33 (dritter Absatz).***

3: Wir lesen **1.Mose 1,1 - 2,4a**. Betrachtet zuvor die Abbildung im ***Begleitbuch S.33 (vierter Absatz).***

b) 1: Gemeinsames Erarbeiten der ➲ Fragen von ***AB 14 Nr.3***. Die Konf. sollen Unterschiede und Gemeinsamkeiten in den Freiraum unter den Fragen eintragen:

① Welche Unterschiede zwischen beiden Schöpfungsgeschichten habt Ihr bemerkt?

② Welche Gemeinsamkeiten verbinden beide Geschichten?

③ Welche Stellung innerhalb der Geschöpfe hat der Mensch:
1.Mose 2,4b-25 (Paradiesgarten):
1.Mose 1,1 - 2,4a (Schöpfung in 7 Tagen):

④ Warum haben die Überlieferer der biblischen Geschichten beide so unterschiedlichen Schöpfungsdarstellungen nebeneinandergestellt bzw. nebeneinander stehenlassen?

2: U. faßt zusammen bzw. ergänzt die Ergebnisse der Arbeit an den Fragen ① bis ④.

- Beide Geschichten bekennen **Gott** als den *Schöpfer*. - Die Überschriften 1.Mose 2,4b und 1.Mose 1,1 vorlesen lassen.
- Nach beiden Geschichten hat der **Mensch** den *höchsten Rang* innerhalb der Geschöpfe. - Diesen Tatbestand noch einmal an den beiden Abbildungen auf ***S.33 des Begleitbuchs*** veranschaulichen.
- Die Unterschiedlichkeit der beiden Schöpfungsgeschichten zeigt uns, daß es den Israeliten, die uns diese Geschichten überlieferten, *nicht* darum ging, Aussagen darüber zu machen, *wie* die Welt entstanden ist. Sondern beide Schöpfungsgeschichten sagen gemeinsam etwas darüber aus, **wer** alles geschaffen hat, und **wozu** der Mensch da ist. Mit dem Sinn des menschlichen Lebens werden wir uns in der nächsten Stunde näher beschäftigen.

5. Naturwissenschaftliche Welterkenntnis und biblischer Schöpfungsglaube

a) 1: U. führt ein: Die Erkenntnis, daß die Erde eine *Kugel* ist, ist für uns inzwischen eine Selbstverständlichkeit. Über einen langen Zeitraum war das anders. Viele Völker beschrieben die Erde nach dem, was sie *erlebten* und *sahen*. Man erlebt die Erde als eine *Scheibe*, wasserumspült, und den Himmel wie eine große *Glocke* darüber. Wenn wir am Meeresstrand stehen und beschreiben sollten, wie wir die Erde *erleben*, würden wir es ähnlich tun. Diese *Weltsicht des Auges* steht auch hinter den biblischen Schöpfungsgeschichten. Betrachtet die ➲ Abbildung in ***AB 14 Nr.4***.

⇨

2: Beschreibt das *Weltbild des Auges* mit Hilfe der Abbildung. - U. muß nötigenfalls erläuternd eingreifen.

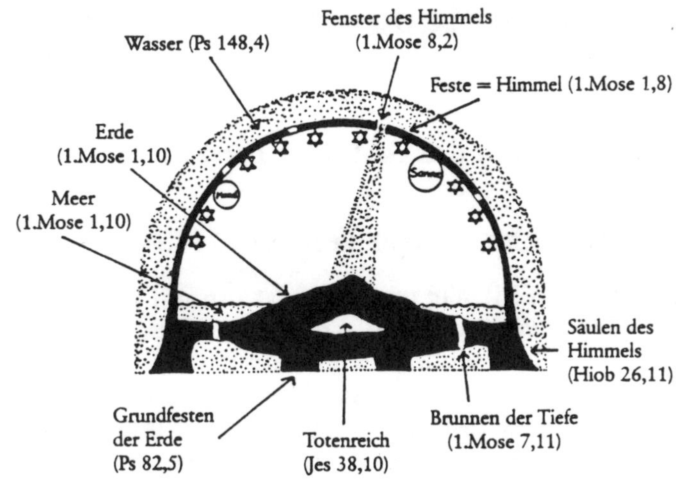

3: • Einzelarbeit: Findet mit Hilfe der Abbildung *„Weltbild des Auges"* die Verse in der ➲ *ersten Schöpfungsgeschichte* heraus, die von diesem Weltbild geprägt sind. Unterstreicht sie. **1.Mose 1,1-19** ist für diese Aufgabe in ***AB 14 Nr.5*** abgedruckt.

• Vorlesen und Besprechen der unterstrichenen Wendungen in der Gruppe.

b) 1: U. schließt die Stunde ab: Die biblischen Schöpfungsgeschichten haben Gott den Schöpfer mit Hilfe ihrer Weltsicht bekannt. Die Schöpfungsgeschichten sind also *Glaubensbekenntnisse*, wie auch unser apostolisches Glaubensbekenntnis den Glauben an Gott den Schöpfer ganz kurz zum Ausdruck bringt: **Ich glaube an Gott, den Vater, den Allmächtigen, den Schöpfer des Himmels und der Erde.**

Man kann Gott auch mit Hilfe von Aussagen moderner naturwissenschaftlicher Erkenntnisse bekennen. Ich verlese Euch zum Schluß ein Bekenntnis zu Gott dem Schöpfer, das katholische Ingenieure verfaßt haben.

2: Vorlesen dieses Bekenntnisses (Begleitbuch S.34 unten).

3: Gemeinsames Sprechen des Glaubensbekenntnisses.

➲ Aufgabe für Zuhause:

1. **a)** Lies aus dem Begleitbuch „Komm und sieh!" die Seiten 32-34 durch: „Biblische Schöpfungsberichte und Naturwissenschaft".

   b) Auf welche Fragen antworten die biblischen Schöpfungsgeschichten?

   c) An welcher Fragestellung sind sie nicht interessiert?

2. Der erste Artikel des Glaubensbekenntnisses lautet: *Ich glaube an Gott, den Vater, den Allmächtigen, den Schöpfer des Himmels und der Erde.* - Der Konfirmand Thorsten liest den Anfang der Erklärung **Martin Luthers** zu diesem ersten Abschnitt des Glaubensbekenntnisses: „Was bedeutet das? *Ich glaube, daß mich Gott geschaffen hat* zusammen mit allen Geschöpfen, mir Leib und Seele, Augen und Ohren und alle Glieder, Vernunft und alle Sinne gegeben hat und noch erhält ..."

   Thorsten überlegt: Haben nicht meine Eltern mich gezeugt? Hat mich nicht meine Mutter geboren? Wieso kann Luther dann sagen: *Ich glaube, daß mich **Gott** geschaffen hat*?

   Was würdest Du Thorsten auf seine Fragen antworten?

Unterrichtsmaterial: Packpapier mit daraufgemaltem großen Kreis - Klebstoff (Tesafilm) - Arbeitsbogen 14

17. Schöpfung II: Der Mensch in Gottes Schöpfung

Begleitbuch „Komm und sieh!" S.35-37 / Arbeitsbogen 15

1. Besprechen der Aufgabe für Zuhause (*AB 14*)

2. „Und siehe, es war sehr gut" (1.Mose 1,31)

a) U. führt ein: Wir wollen jetzt einmal nicht an die vielen Probleme unseres Lebens auf dieser Welt denken - darüber sprechen wir genauer in der nächsten Stunde - , sondern wir wollen uns mit dem Urteil *Gottes* über seine Schöpfung beschäftigen. Am Ende der ersten Schöpfungsgeschichte heißt es: „Und Gott sah an alles, was er gemacht hatte, und siehe, es war sehr gut" (1.Mose 1,31).
Könnt Ihr beschreiben, wo und wie wir Menschen Gottes *gute* Schöpfung heute erfahren können? [Eventuell auch auf die Kollage zum Thema „Schöpfung" zurückgreifen.]

b) U. erläutert: „Gut" meint in der Schöpfungsgeschichte auch: „Es funktioniert", „es ist alles in Ordnung", „es hat alles seine Ordnung". - Welche Ordnungen und Gesetze im Weltall und auf Erden kennt Ihr, durch die Gott das Leben auf Erden erhält?

c) Schlagt auf ➲ ***AB 15 Nr.1***.

1: Was will dieses Bild zum Ausdruck bringen? [„Gott hält die Welt in seiner Hand".]

2: Dreht das Bild auf den Kopf. Was sagt es jetzt aus? [„Läßt Gott die Welt fallen?"]

3: Dreht das Bild wieder zurück. Betrachtet es noch einmal, wenn ich jetzt vorlese, was Gott am Ende der Sintflutgeschichte verspricht: „Solange die Erde steht, soll nicht aufhören Saat und Ernte, Frost und Hitze, Sommer und Winter, Tag und Nacht" (1.Mose 8,22).

d) Lernen und Singen (zunächst auf Deutsch) des Spirituals „He's got the whole world in his hands" (Liedersammlung Nr.6) oder des Liedes „Lobe den Herren" (EG 317, 1-4).

4. (➲ 2.) Der Mensch: Mitarbeiter in Gottes Schöpfung (1.Mose 1,28 und 2.Mose 2,15)

a) 1: Wir lesen ➲ **1.Mose 1,28** (U. erläutert: „untertan" = dienstbar): „Und Gott segnete sie und sprach zu ihnen: Seid fruchtbar und mehret euch und füllet die Erde und machet sie euch untertan und herrschet über die Fische im Meer und über die Vögel unter dem Himmel und über das Vieh und über alles Getier, das auf Erden kriecht."

2: Welche *Aufgabe* in seiner Schöpfung hat Gott uns Menschen nach diesem Bibelvers gegeben? (Antworten in den ➲ Kasten links [s.u.] eintragen lassen.)

3: Gott hat uns Menschen mit besonderen Fähigkeiten ausgestattet, unsere Aufgaben in seiner Schöpfung wahrzunehmen. Welche *Gaben und Fähigkeiten* könnt Ihr nennen, die uns Menschen in die Lage versetzen, unserem Schöpfungsauftrag nachzukommen? (Antworten in den ➲ Kasten rechts [s.u.] eintragen lassen - U. ergänzt nötigenfalls im Sinne von Begleitbuch S.35f).

Aufgabe	***Begabung/Fähigkeiten***

4: Haben wir Menschen unsere Aufgabe, uns die Erde „untertan" (= dienstbar) zu machen und über die Tiere zu „herrschen", Eurer Meinung nach *verantwortungsvoll* wahrgenommen?

b) 1: Wir lesen ➲ **1.Mose 2,15**: „Und Gott der HERR nahm den Menschen und setzte ihn in den Garten Eden, daß er ihn *bebaute und bewahrte.*"

2: Welche wichtige Aussage über den Schöpfungsauftrag des Menschen macht dieser Vers aus der zweiten Schöpfungsgeschichte?

4. Der Mensch: Gottes Gesprächspartner

a) • U. leitet über: Der Mensch ist nach beiden Schöpfungsberichten Gottes Mitarbeiter in der Schöpfung; doch soll er nicht verantwortungslos mit der Schöpfung umgehen, sondern sie in Verantwortung vor Gott bebauen und bewahren.

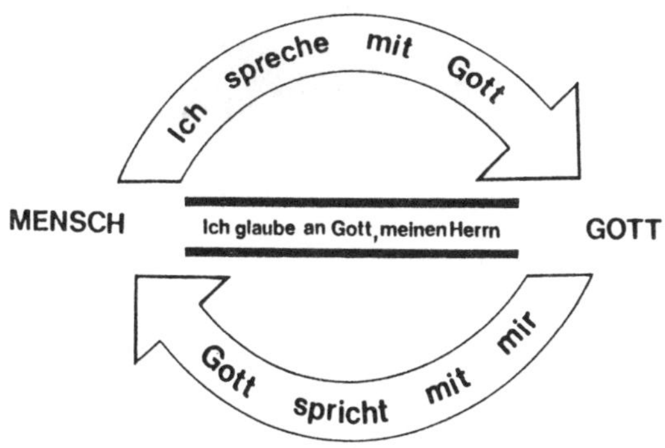

• U. erläutert mit Hilfe der ➲ Abbildung von ***AB 15 Nr.3***, daß wir Menschen unsere Ver*antwort*ung vor Gott im *Gespräch* mit Gott wahrnehmen (Wort und Antwort). Gott hat uns durch sein Wort und seine Gebote etwas zu sagen. Wir Menschen antworten ihm mit unseren Fragen, Gebeten und mit unserem Verhalten.

b) 1: U. fährt fort: Ganz Ähnliches meint die Bibel, wenn sie vom Menschen als dem *Ebenbild Gottes* spricht, wie es **1.Mose 1,27** heißt: „Und Gott schuf den Menschen zu seinem Bilde, zum Bilde Gottes schuf er ihn." - Auch wenn Vergleiche hinken, machen sie doch Wichtiges klar. Vergleichen wir das *Ebenbild* mit einem *Spiegelbild.* Stellt Euch vor, daß Ihr vor einem Spiegel steht und Euer Spiegelbild betrachtet. Ihr seht es so lange, wie Ihr dem Spiegel *gegenübersteht.* Wenn Ihr dem Spiegel den Rücken kehrt, seht Ihr Euch nicht mehr von Angesicht zu Angesicht.

2: Demonstration mit Erläuterung: U. bittet zwei Konf., zu ihm zu kommen.

• Sie sollen zunächst einander zugewandt stehen: Jetzt ist direkter Kontakt, ein Gespräch von Angesicht zu Angesicht möglich.

• Danach soll *einer* dem anderen den Rücken zukehren: Jetzt ist kein direkter Kontakt, kein Gespräch von Angesicht zu Angesicht mehr möglich.

• Der mit dem Rücken zum Mitkonf. stehende Konf. soll sich wieder umdrehen, so daß beide einander erneut gegenüberstehen: Gott will nicht, daß wir Menschen uns von ihm abwenden, sondern daß wir uns ihm zuwenden, daß wir ihm gegenüberstehen, daß wir mit ihm sprechen, daß wir ihm *antwort*en mit unserem Leben (= ver*antwort*lich leben). Das ist gemeint, wenn die Bibel sagt, daß der Mensch zu Gottes *Ebenbild* erschaffen wurde. Wir können dafür auch sagen: Der Mensch soll **Gottes Gegenüber, Gottes Gesprächspartner** sein.

3: Erklärt das ➲ Schaubild in ***AB 15 Nr.5***:

5. Abschluß

a) Der Künstler Hans Georg Anniès hat den Vers **1.Mose 1,27** in eine Grafik umgesetzt: „Gott schuf den Menschen zu seinem Bilde".

- Betrachtet die (➲ 5.) Grafik von H.G. Anniès.
- Welche Aussage geht von ihr aus? [Der Baum oder Atompilz in der Hand des Menschen weist auf die Freiheit des Menschen zum *Guten* wie zum *Bösen* hin.]

b) Nochmaliges Singen des Spirituals „He's got the whole world in his hands" (jetzt auf *Englisch*) oder des Liedes „Lobe den Herren".

➲ Aufgabe für Zuhause:

1. **a)** Lies aus dem Begleitbuch „Komm und sieh!" die Seiten 35-37 durch: „Der Mensch in Gottes Schöpfung".

   b) Der Mensch ist von Gott mit einem schöpferischen Geist befähigt worden. Nenne stichwortartig Beispiele für seine schöpferischen Fähigkeiten:

   c) Was ist mit der biblischen Aussage: *„Und Gott schuf den Menschen nach seinem Bilde"* gemeint?

2. Lies als Vorbereitung für die nächste Stunde 1.Mose 3,1-24 durch.

3. Schneide die unten abgebildeten Figuren und Zeichen aus. Bringe sie zur nächsten Stunde in einem Briefumschlag mit. Du mußt nicht ganz genau ausschneiden.

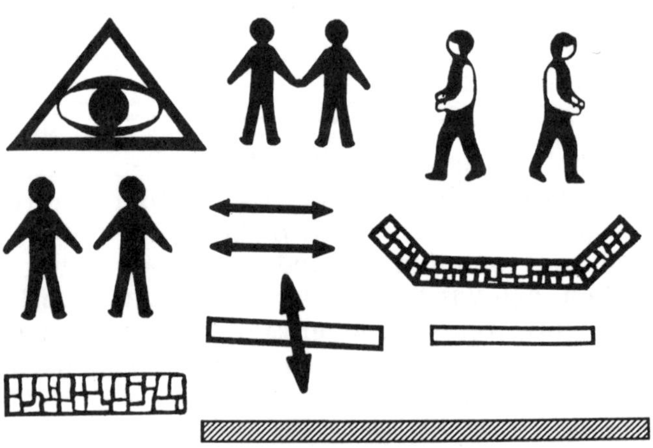

[*Hinweis:* • Auf die Rückseite von Arbeitsbogen 15/3 darf nichts kopiert werden, da der untere Teil von AB 15/3 zerschnitten wird!

• Die nebenstehenden Figuren und Zeichen sind im AB wesentlich größer.]

Unterrichtsmaterial: Arbeitsbogen 15 - Kopien Liedersammlung Nr.6 oder EG

18. Schöpfung III: Die Menschen lehnen sich gegen Gott auf (die Geschichte vom Sündenfall)

Begleitbuch „Komm und sieh!" S.38-40 / Arbeitsbogen 16

1. Besprechen der Aufgabe für Zuhause (*AB 15*)

***Lösung des Rätsels** (Begleitbuch S.37):* Dank für die Erde.

2. Adam und Eva: Menschen wie wir

a) Gespräch: Schlagt ***S.38 des Begleitbuchs*** auf und betrachtet das Foto. • Was ist dargestellt? • Was will die Geschichte vom Sündenfall uns sagen?

b) 1: U. geht von den Äußerungen der Konf. zur Geschichte vom Sündenfall aus und erläutert mit Hilfe von ➲ ***AB 16 Nr.1***:

• „Adam" und „Eva" sind keine Eigennamen, sondern mit dem Menschenpaar vom Anfang der Bibel wird uns dargestellt, was für uns Menschen *typisch* ist.

• „Adam" kommt vom hebräischen Wort „adamah" (= Erde). Mit dem Wort „adam" wird der Mensch also als ein Wesen charakterisiert, dessen Leben an diese Erde gebunden ist (= der „Irdische"). Entsprechend heißt es 1.Mose 3,19 [vorlesen lassen] als Gotteswort zu Adam: „Denn du bist Erde (adamah) und sollst zu Erde werden."

• „Eva" kommt vom hebräischen „chawwa", das dem hebräischen Wort für „Leben" sehr ähnelt. Durch die Kinder gebärende Frau wird das menschliche *Leben* also weitergegeben. Entsprechend deutet 1.Mose 3,20 [vorlesen lassen] den Namen „Eva" als „Mutter des Lebens": „Und Adam nannte seine Frau ‚Eva'; denn sie wurde die Mutter aller, die da leben."

2: Überleitung: • Weil mit Adam und Eva *nicht* die *ersten* Menschen dargestellt werden sollen, *sondern* in erster Linie zwei *typische* Menschen, darum gilt das, was die Sündenfallgeschichte von diesem Menschenpaar berichtet, für uns alle. Wir wollen uns jetzt einmal durch diese Geschichte hindurcharbeiten und dabei prüfen, ob es stimmt, was die Sündenfallgeschichte über uns Menschen aussagt.

• Die Konf. sollen ➲ ***AB 16 Nr.2*** vornehmen und die zu Hause ausgeschnittenen Figuren und Zeichen vor sich auf den Tisch legen.

[***Hinweis:*** U. führt im folgenden durch die Sündenfallgeschichte, läßt die einzelnen Abschnitte vorlesen, stellt Fragen zum besseren Verständnis und läßt jeweils mit den ausgeschnittenen Figuren Diagramme im Sinne von Begleitbuch S.39-40 erstellen. Die ausgeschnittenen Figuren und Zeichen entsprechen allerdings nicht in allen Einzelheiten den Diagrammen des Begleitbuchs, sondern sie sind sinngemäß zu verwenden. Die Ausschneidenotwendigkeit bedingte in einigen Fällen z.B. Vergrößerungen.]

3. Gott schenkt den Menschen Freiheit in Verantwortung (1.Mose 2,16-17) [➲ 2. ①]

a) **1.Mose 2,16-17** vorlesen lassen.

b) Was wollen diese Verse zum Ausdruck bringen?

c) Wie findet Ihr es, daß Gott den Menschen die Freiheit einräumt, sein Gebot auch zu übertreten?

d) U. gestaltet das nebenstehende Diagramm mit den von ihm/ihr *recht genau* ausgeschnittenen Einzelteilen auf dem Tageslichtprojektor (TLP) und bittet die Konf., mit ihren Figuren und Zeichen ebenso zu verfahren. Die Konf. sollen das Diagramm erklären.

4. Die Menschen werden versucht, Gottes Gebot zu übertreten (1.Mose 3,1-5) [➲ 2. ②]

a) **1.Mose 3,1-5** vorlesen lassen.

b) Was wollen diese Verse aussagen? - *Herausarbeiten:* Die „Schlange" sät *Mißtrauen* der Menschen gegen Gott. Das ist die *Wurzel der Sünde* = der Entfremdung der Menschen von Gott. - Als *Information* eingeben: „Gut und böse" heißt im Alten Testament soviel wie „alles". "Wissen, was gut und böse ist" = „alles wissen" = „allmächtig sein" = „wie Gott selber sein".

c) • „Sein wie Gott": Was mag damit gemeint sein? • Was kann uns Menschen reizen, wie Gott selber zu sein?

d) Gestaltet mit Hilfe Eurer Figuren und Zeichen ein Schaubild mit dem Thema: „Die Menschen wollen sein wie Gott". Nötigenfalls muß U. etwas nachhelfen. [Im folgenden gestaltet U. seine/ihre Diagramme als letzte(r) auf dem TLP.]

5. Die Menschen erliegen der Versuchung (1.Mose 3,6) [➲ 2. ③]

a) **1.Mose 3,6** vorlesen lassen.

b) Was sagt dieser Vers inhaltlich aus?

c) 1.Mose 3,6 macht deutlich, daß es für die Menschen ausgesprochen verlockend ist, wie Gott zu sein = von Gott unabhängig zu sein. Könnt Ihr Verhaltensweisen benennen, wie Menschen es heute anstellen, von Gott unabhängig zu sein?

6. Konsequenz der Gebotsübertretung I: Die Menschen gehen voreinander „in Deckung" (1.Mose 3,7) [➲ 2. ④]

a) **1.Mose 3,7** vorlesen lassen.

b) Was bringt dieser Vers zum Ausdruck?

c) Stellt die eingetretene Entfremdung der Menschen voneinander mit Hilfe Eurer ausgeschnittenen Figuren dar.

d) Könnt Ihr Beispiele nennen, wie Menschen es versuchen und schaffen, sich voreinander „keine Blöße zu geben"?

7. Konsequenz der Gebotsübertretung II: Die Menschen gehen vor Gott „in Deckung" (1.Mose 3,8) [➲ 2. ⑤]

a) **1.Mose 3,8** vorlesen lassen.

b) Was sagt dieser Vers aus?

c) Die Menschen verstecken sich vor Gott, weil sie sich schuldig fühlen und darum Angst vor ihm haben. Angst vor Gott: Kennt Ihr das auch?

d) Nennt Beispiele, wie Menschen heute vor Gott „in Deckung gehen".

e) Bringt die eingetretene Entfremdung der Menschen von Gott mit Hilfe Eurer Figuren und Zeichen zum Ausdruck.

8. Gott fordert die Menschen auf, sich vor ihm zu verantworten (1.Mose 3,9-13) [➲ 2. ⑥]

a) 1.Mose 3,9-13 vorlesen lassen.

b) 1: Wie stehen die Menschen zu ihrer Verantwortung?
2: Was sagen diese Verse über das Verhältnis der Menschen zueinander aus?
3: Was sagen diese Verse über das Verhältnis der Menschen zu Gott aus?

c) Wie verhalten wir Menschen uns heute, wenn wir schuldig geworden sind und man uns deswegen zur Rede stellt?

d) Verändert Eure letzte Darstellung so, daß sichtbar wird, daß Gott den Abstand der Menschen von sich überwindet.

9. Konsequenz der Gebotsübertretung III: Die Menschen können nicht mehr in Gottes direkter Gemeinschaft leben (1.Mose 3,22-24) [➲ 2. ⑦]

a) 1.Mose 3,22-24 vorlesen lassen.

b) Was wollen diese Verse zum Ausdruck bringen? - *Herausarbeiten:* Der Ausschluß aus Gottes direkter Gemeinschaft (= aus dem Garten Eden) ist die *Konsequenz* der gestörten Gemeinschaft zwischen Mensch und Mensch und Mensch und Gott. So wie der Mensch jetzt ist, soll er nicht ewig leben: „daß er nur nicht ... von dem Baum des Lebens ... esse und lebe ewiglich".

c) Gestaltet die Verbannung aus der Nähe Gottes mit Hilfe Eurer Zeichen und Figuren.

d) Entspricht diese Aussage der alten Geschichte, daß wir Menschen nicht in Gottes direkter Gemeinschaft leben können, auch unserer Erfahrung?

e) Aus der direkten Gemeinschaft mit Gott ausgeschlossen zu sein, bedeutet aber nicht, daß wir Menschen mit Gott überhaupt keine Gemeinschaft mehr haben können. Wie ist es Gott und uns Menschen „nach dem Fall" (= trotz der eingetretenen Entfremdung) möglich, miteinander Kontakt zu haben und zu halten?

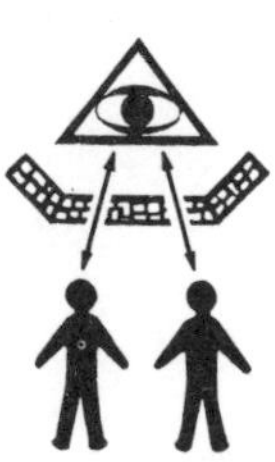

f) Bearbeitet Eure letzte Darstellung mit den Euch zur Verfügung stehenden Zeichen so, daß der weiterbestehende Kontakt zwischen Gott und uns Menschen zum Ausdruck kommt.

10. Gnade vor Recht (1.Mose 2,16-17; 3,22-23) [➲ 2. ⑧]

a) 1.Mose 2,16-17 und danach **1.Mose 3,22-23** vorlesen lassen.

b) Vergleicht die Aussagen dieser Verse miteinander. Fällt Euch etwas auf? - *Herausarbeiten:* Der 1.Mose 1,27 in Aussicht gestellte Tod tritt nicht - wie angekündigt - sofort ein, sondern er wird in „Sterblichkeit" abgemildert.

11. Abschluß: Lernen und Singen des Kanons „Kehrt um, so werdet ihr leben" (Liedersammlung Nr.7) **oder des Liedes „Fürchte dich nicht"** (EG 595,1-3).

Der Kanon braucht nicht mehrstimmig gesungen zu werden. Es genügt, wenn er einstimmig als „Song" dieser nicht einfachen Stunde einen musikalisch lockeren und inhaltlich positiven Abschluß gibt.

➲ Aufgabe für Zuhause:

1. Lies aus dem Begleitbuch „Komm und sieh!" die Seiten 38-40 durch: „Die Menschen lehnen sich gegen Gott auf (die Geschichte vom Sündenfall)".
2. Beantworte dann die Fragen:
   a) Warum übertreten die Menschen nach der Sündenfallgeschichte Gottes Gebot?
   b) Gott schenkt uns Menschen Freiheit zum Guten wie zum Bösen. Findest Du es gut, daß Gott uns soviel Freiheit schenkt? Kreuze Deine Meinung an:
   O Ja O Nein
   c) Ein betrunkener Autofahrer überfährt ein kleines Kind. Die Eltern fragen verzweifelt: „Wie konnte Gott das zulassen?"
   Wie würdest Du auf ihre Frage antworten?
3. Lies als Vorbereitung für die nächste Stunde 1.Mose 4,1-16 durch.
4. Bringe den Briefumschlag mit den ausgeschnittenen Figuren und Zeichen zur nächsten Stunde wieder mit.

Unterrichtsmaterial: Die ausgeschnittenen Figuren und Zeichen von AB 15 - TLP - Arbeitsbogen 16 - Kopien Liedersammlung Nr.7 oder EG

19. Schöpfung IV: Die Folgen der Entfremdung der Menschen von Gott und ihre Überwindung

Begleitbuch „Komm und sieh!“ S.41–43 / Arbeitsbogen 17

1. Besprechen der Aufgabe für Zuhause (*AB 16*)

2. Das Leben der Menschen ist der Vergänglichkeit unterworfen (1.Mose 3,22)

a) U. schlägt noch einmal eine Brücke zur voraufgegangenen Stunde: Das Mißtrauen der Menschen gegen Gott führte zur Gebotsübertretung. Die Konf. sollen noch einmal die *Folgen* des „Sündenfalls“ benennen.

b) **1.Mose 3,22** vorlesen lassen (➲ ***AB 17 Nr.1*** ①).

c) Könnt Ihr *Zeichen der Vergänglichkeit* benennen, die uns bereits im Leben auf unseren Tod aufmerksam machen?

3. Das gute Verhältnis der Menschen untereinander zerbricht (1.Mose 4,1–16)

a) Welche Aussagen der Sündenfallgeschichte machten uns deutlich, daß das gute Verhältnis der Menschen miteinander Schaden erlitten hat?

b) 1: Betrachtet das ➲ Bild in ***AB 17 Nr.1*** ②. • Was ist dargestellt? • Worum geht es in dieser Geschichte vom Anfang des Alten Testaments?

2: Welche wichtige Aussage fügt diese Geschichte der Sündenfallgeschichte hinzu?

3: Von den Äußerungen der Konf. ausgehend macht U. unter Zuhilfenahme der *Information* in ***AB 17 Nr.1*** ② deutlich, daß auch mit „Kain“ und „Abel“ *Typisches* über uns Menschen ausgesagt werden soll: Es gibt „Gewaltmenschen“ und „Opfer“, Durchsetzungsbereite und Schwache. Der Haß der Menschen gegeneinander kann sich bis zum Brudermord steigern, der schlimmsten Form des Mordes überhaupt.

c) Nehmt aus Euren Briefumschlägen die ausgeschnittenen Figuren und Zeichen heraus und stellt mit ihnen die Hauptaussage von 1.Mose 4, 1–16 (Haß zwischen den Menschen) anschaulich dar.

d) • Gehen Menschen so miteinander um, wie es 1.Mose 4,1–16 darstellt? • Nennt Beispiele, die Eure Meinung belegen.

4. Das gute Verhältnis der Menschen zur Umwelt zerbricht (1.Mose 3,15–19)

a) ➲ **1.Mose 3,15–19** vorlesen lassen (***AB 17 Nr.1*** ③).

b) Wie wird nach diesen Worten das menschliche Leben außerhalb der direkten Gemeinschaft mit Gott (= außerhalb des Gartens Eden) beschrieben?

c) Das Leben in der Gottesferne ist nach 1.Mose 3,17 ein *mühseliges* Leben. Nennt weitere, in der Bibel nicht genannte *Mühsale*, die unser Leben auf Erden erschweren oder manchmal sogar unmöglich machen.

d) Betrachtet die ➲ Zeichnung in ***AB 17 Nr.2***. An welche Problematik erinnert sie Euch?

e) 1: U. zerreißt die Kollage zum Thema „Schöpfung" und hängt die verbleibenden beiden Bildteile so auf, daß der Riß dazwischen gut sichtbar ist [s. Stunde 16 Nr.2].

2: Die Konf. sollen diese „Zeichenhandlung" deuten.

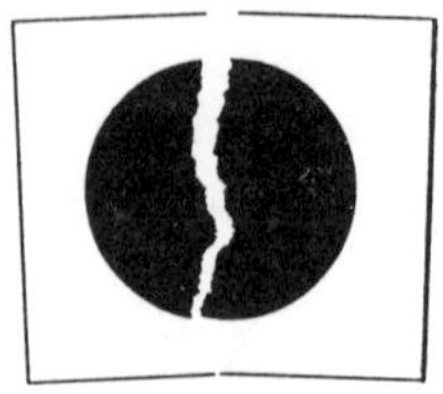

5. Zusammenfassung

a) Kleingruppen sollen die Aufgabe von ***AB 17 Nr.3*** schriftlich bearbeiten:

Nennt noch einmal Konsequenzen, die der *Sündenfall* - die aus dem Mißtrauen gegen Gott geborene Gebotsübertretung - zur Folge hat:

❶ *Folgen für das Verhältnis **Mensch — Gott:***	
❷ *Folgen für das Verhältnis **Mensch — Mensch:***	
❸ *Folgen für das Verhältnis **Mensch — Umwelt:***	

b) Besprechung der Ergebnisse im Plenum.

6. Ausblick: Gott will das Unheil dieser Welt überwinden

a) 1: U. führt ein: Ich verlese Euch jetzt einen Text aus dem Prophetenbuch Jesaja. Er spricht von der heilvollen Zukunft Gottes mit einer von Gott getrennt lebenden Menschheit. Ihr werdet nicht jede Aussage des Textes verstehen, doch darauf kommt es nicht an. Findet die *Hauptaussage* dieses prophetischen Textes heraus.

2: U. liest **Jesaja 11,1-2.5-10** vor. [Das „Paradies" soll erneuert (V.6-8) und die Sünde (= Gottesferne) überwunden werden (V.9). Haß und Ungerechtigkeit zwischen den Menschen sollen ein Ende nehmen (V.3-4). Alle Völker (V.10) sollen in den Genuß der Herrschaft des Messias kommen (V.1-2).]

3: Gespräch über die Hauptaussage dieses Textes: Das „Paradies" = das heile Verhältnis des Menschen zu Gott soll erneuert werden.

b) Gespräch: Ein prophetischer Text wie Jesaja 11 macht uns deutlich: Gott will die Sünde - die Entfremdung des Menschen von ihm - überwinden, heilen. Findet mit Hilfe der (**➲ 4.**) Grafik von Hans Georg Anniès heraus, ● *wie* Gott unser menschliches Mißtrauen ihm gegenüber überwindet, ● *wie* er uns Menschen in seine Gemeinschaft bewegt.

[Gott sendet den Messias als *Mensch* zu uns Menschen, um mit uns menschlich zu reden.

Die Haltung des Christuskindes erinnert bereits an das Kreuz Christi: Er wird für unsere Sünde (= Gottesferne) sterben.]

c) **Ein Mensch, der von Gott nichts wissen wollte, kehrt in Gottes Gemeinschaft zurück:**

- Woran erinnert Euch die (➲ 5.) Grafik von Heinrich Schröder?
- Das Gleichnis **Lk 15,11-24** vorlesen lassen.
- Worum geht es in dem „Gleichnis vom verlorenen Sohn"? - Zusatzfragen, die die *Hauptaussage* herauszufinden helfen:
  - Wer ist mit dem barmherzigen Vater gemeint?
  - Wer ist mit dem verlorenen und zum Vater zurückgekehrten Sohn gemeint?
- Was wollte Jesus erreichen, als er den Menschen dieses Gleichnis erzählte? [Unser Vertrauen in Gottes Freizügigkeit, Barmherzigkeit und Liebe stärken.]
- Entdeckt Ihr eine Beziehung zwischen diesem Gleichnis und der Geschichte vom Sündenfall? [Aus Unheil wird Heil - aus Tod wird (ewiges) Leben - aus Gottesferne wird Gemeinschaft mit Gott.]

7. **Abschluß: Singen des Liedes „Es steht in deiner Macht, Gott loszulassen"** (Liedersammlung Nr.1) **oder EG 346 oder EG 406** (in Auswahl)

Die Lieder sind bereits aus Stunde 9 bekannt. - Wenn noch Zeit ist, ein kurzes Gespräch darüber anschließen, warum wir *dieses* Lied als Abschluß der Beschäftigung mit der Sündenfallgeschichte gesungen haben.

➲ Aufgabe für Zuhause:

1. **a)** Lies aus dem Begleitbuch „Komm und sieh!" die Seiten 41-43 durch: „Die Folgen der Entfremdung der Menschen von Gott und ihre Überwindung".

   b) Warum unterwirft Gott das Leben der Menschen der Vergänglichkeit?

   c) Welches Bibelwort ermahnt uns zum Umweltschutz?

2. Die folgenden Sätze enthalten richtige oder falsche Angaben. Streiche die Sätze durch, die Deiner Meinung nach fehlerhafte Aussagen enthalten:

   ① Die zweite Schöpfungsgeschichte und die Geschichte vom Sündenfall wollen über die *ersten* Menschen berichten, die Adam und Eva hießen.

   ② Die Geschichte vom Sündenfall sagt, daß wir Menschen gerne von Gott unabhängig sein wollen.

   ③ Der Mann gibt der Schlange die Schuld daran, daß er das Gebot übertrat.

   ④ Das Verhältnis zwischen Gott und Mensch wird durch die Sünde (= Übertretung des Gebotes Gottes) gestört.

   ⑤ Nach der Verbannung aus dem Garten Eden schließen sich die Menschen eng zusammen, damit nicht auch noch ihr Verhältnis untereinander Schaden leidet.

   ⑥ Abel erschlägt Kain.

   ⑦ Trotz des gestörten Verhältnisses von Mensch und Gott bleibt der Schöpfungsauftrag des Menschen unverändert bestehen: die Erde zu füllen, dienstbar zu machen und zu pflegen.

   ⑧ Die Schöpfungsgeschichten der Bibel sagen uns genau, *wie* die Welt entstanden ist.

   ⑨ Bei der Frucht, die Adam und Eva aßen, handelte es sich um einen Apfel.

   ⑩ Es ist die Aufgabe Jesu Christi, die Kluft zwischen uns Menschen und Gott zu überbrücken.

Unterrichtsmaterial: Arbeitsbogen 17 - Liedersammlung Nr.1 oder EG

20. Schöpfung V: Besinnung „Heil und Unheil“

1. Besprechen der Aufgabe für Zuhause (*AB 17*)

2. Heil und Unheil in unserer unmittelbaren Umgebung wahrnehmen

a) • Die Konf. sollen 25 Minuten in Gruppen, zu zweit oder auch allein spazierengehen. Sie sollen dabei darauf achten, wo ihnen unterwegs etwas von Gottes *guter Schöpfung* deutlich wird. Sie sollen aber auch darauf achten, wo etwas von dem *Unheil* zu bemerken ist, das wir Menschen unserer Umwelt oder auch anderen Menschen antun.

• *Aufgabe:* Die Konf. sollen etwas mitbringen, womit sie beispielhaft und konkret Gottes gute Schöpfung oder auch das von uns Menschen ausgehende Unheil darstellen können.

b) Während der Abwesenheit der Konf. richtet U. den Raum für eine Besinnung her. Tische werden an die Seite geräumt und die Stühle zu einem ovalen Stuhlkreis gestellt. Auf die Stühle werden Liederblätter oder das Gesangbuch (s.u.) gelegt. Auf einem der Tische müssen Filzstifte und Papier (Postkartengröße) bereitliegen. Eine Musikanlage wird spielbereit gemacht. Drei Kerzen und Streichhölzer liegen griffbereit. In der Mitte des Stuhlkreises werden zwei Schilder mit einigem Abstand voneinander an die Erde gelegt. Auf dem einen Schild steht geschrieben: „Und siehe, es war sehr gut!“, auf dem anderen: „Herr, erbarme dich!“. Die Schilder befinden sich im Anhang zu dieser Stunde. Man kann sie vergrößernd kopieren.

Und siehe, es war sehr gut!

HERR, ERBARME DICH!

c) • Wer von den Konf. in den Unterrichtsraum zurückkehrt, soll das, was er von seinem Spaziergang mitgebracht hat, den beiden Schildern zuordnen und es um sie herum auf den Boden legen.

• Wem auf dem Spaziergang etwas Wichtiges zum Thema „gute Schöpfung“ oder „Unheil“ eingefallen ist, ohne daß er etwas Entsprechendes fand oder mitbringen konnte (z.B. „gute Luft“ oder „Abgase“), der soll diese Sache möglichst kurz mit dem Filzstift auf einen der bereitliegenden Zettel schreiben. Danach soll er seine(n) Zettel dem dazu passenden Schild zuordnen.

3. Besinnung und Gebet über Heil und Unheil in dieser Welt

a) Vorspiel ruhiger Musik - dabei sollen die Konf. die mitgebrachten Gegenstände und beschriebenen Zettel in Ruhe betrachten.

b) Besinnung Heil: • U. zündet eine Kerze an und stellt sie neben das Schild „Und siehe, es war sehr gut!“

• Es folgt ein Gespräch über die Gegenstände und Zettelaufschriften um dieses Schild herum. Die *Gruppe* soll herausfinden, warum die einzelnen „Mitbringsel“ und Zettel um dieses Schild herum gruppiert wurden und was sich die Sammler oder Schreiber wohl dabei gedacht haben.

• Erst danach sollen die Sammler und Schreiber die Mutmaßungen der Gruppe bestätigen oder korrigieren.

• Lernen und singen des Kanons „Du ließt das Brot uns wachsen“ (Liedersammlung Nr.8) oder des Kanons „Danket, danket dem Herrn“ (EG 336). Ein Kanon wird in einer Konfirmandengruppe vermutlich nur als einstimmiger „Song“ gesungen werden können.

c) **Besinnung Unheil:** • U. zündet zwei Kerzen an und stellt sie neben das Schild „Herr, erbarme dich!“ U. erläutert dabei: Die Finsternis braucht *mehr* Licht.

• Gespräch über die „Mitbringsel“ und Zettelaufschriften wie bei dem anderen Schild.

• Anschließend Bestätigung oder Korrektur der Deutungen durch die Sammler und Schreiber.

• *Gebet:* ▪ Die von den Konf. mitgebrachten Gegenstände und Zettelaufschriften benennen konkrete Probleme und Nöte, die jetzt in einem gemeinsamen Gebet vor Gott gebracht werden sollen. U. greift einzelne Probleme auf, formuliert sie als Bitte und schließt jeweils mit den Worten ab: *„Wir bitten“*. Jedesmal soll die Gruppe dann fortfahren: *„Herr, erbarme dich!“*

▪ Das gemeinsam gesprochene *Vaterunser* mit seinen hoffnungsvollen Bitten beschließt das Beten.

4. **Abschluß: Singen des Spirituals „He's got the whole world in his hands“** (Liedersammlung Nr.6) **oder des Liedes „Lobe den Herren“** (EG 317,1-4)

Diese bereits bekannten Lieder [s. Stunde 17 Nr.3] sollen das Vertrauen der Konf. in Gott, den *Schöpfer und Erhalter seiner Schöpfung* bestärken. Wird das Spiritual auf Englisch gesungen, sollte U. zuvor noch einmal den deutschen Text vorlesen.

Aufgabe für Zuhause *mündlich stellen:*

1. Male ein Bild von Jesus, wie Du ihn Dir vorstellst. Denke beim Malen darüber nach, was Jesus *Dir bedeutet* - vielleicht kannst Du die Bedeutung Jesu für Dich auch mit Deinem Bild zum Ausdruck bringen.
2. Bringe - wenn Du hast - zur nächsten Stunde Bilder mit, auf denen Jesus dargestellt ist. Betrachte die Bilder eine Weile und stelle fest, welche *Dir besonders gut oder auch gar nicht gefallen*. Mache diese Bilder - z.B. durch einen in das Buch gelegten Zettel - kenntlich.

Hinweis: Wird ein Liedblatt kopiert, kann die **Aufgabe für Zuhause** dort mit aufgenommen werden.

Unterrichtsmaterial: Schild mit Aufschrift „Und siehe, es war sehr gut!“ - Schild mit Aufschrift „Herr, erbarme dich!“ - 3 Kerzen und Streichhölzer - Filzstife und reichlich Zettel in Postkartengröße - Kassettenrekorder und Kassette mit ruhiger Musik - Liedersammlung Nr.6 und Nr.8 oder EG

Und siehe, es war sehr gut!

HERR, ERBARME DICH!

21. Jesus I: Gott kommt als Mensch zu seinen Menschenkindern

Begleitbuch „Komm und sieh!" S.44-46 / Arbeitsbogen 18

1. „Was Jesus für mich ist" (*Aufgabe für Zuhause*)

a) Die Konf. sollen ihre selbstgemalten Bilder vor sich legen und erläutern. Wenn möglich, sollen sie dabei auch zum Ausdruck bringen, welche Bedeutung Jesus für sie persönlich hat.

b) Die Konf. sollen die mitgebrachten Jesusbilder zeigen und dabei äußern, was ihnen an diesem(n) Bild(ern) gefällt.

c) Hinter den Bildern und Erläuterungen der Konf. stehen bestimmte Anschauungen von und Erwartungen an Jesus Christus. U. macht sie zusammenfassend noch einmal bewußt.

2. „Wie kann Gott das zulassen!?"

a) 1: Betrachtet die Schlagzeilen auf ***S.44 des Begleitbuchs***.

2: Könnt Ihr Schlagzeilen aus der Gegenwart nennen, die etwas vom Unheil dieser Welt zum Ausdruck bringen?

b) 1: • Was empfindet Ihr, wenn Ihr solche Schlagzeilen lest?

• Welche Fragen drängen sich Euch beim Lesen solcher Schlagzeilen auf?

2: [Wenn es nicht aus der Gruppe kommt:] Wie kann Gott das (Unheil) zulassen?

c) Impuls: Viele Menschen sagen: „Wenn es Gott gäbe, dann würde er etwas gegen das Leid, die Ungerechtigkeit, die Not und das Hungerelend in dieser Welt tun." Sie erwarten also, daß *Gott* gegen das Böse in dieser Welt aktiv angeht.

1: Was meint Ihr: Wie stellen sich diese Menschen Gottes Eingreifen gegen das Unheil in dieser Welt und die Bosheit von Menschen vor? [Zur Konkretion auffordern: vgl. Begleitbuch S.44 zweiter Absatz].

2: • Welches Bild von Gott steht bei den Menschen im Hintergrund, die solche Erwartungen an ihn haben?

• Wie denken sie von sich selber?

3. „Welt ging verloren, Christ ward geboren"

a) U. führt ein: Es gibt Menschen, die erwarten, daß Gott wie ein *Rächer* oder *Weltpolizist* eingreift, um böse Menschen an ihrem unheilvollen Tun zu hindern. Was sagt Eurer Meinung nach die *Bibel* darüber aus, *wie* Gott das Unheil dieser Welt überwinden will? Was *tut* Gott zur Rettung seiner Menschheit und der Welt?

b) 1: Verlesung der (➲ **1.**) Strophen 1 und 2 des bekannten Weihnachtsliedes „O du fröhliche" (***AB 18***).

1: O du fröhliche, o du selige, gnadenbringende Weihnachtszeit!
Welt ging verloren, Christ ward geboren,
freue, freue dich, o Christenheit!

2: O du fröhliche, o du selige, gnadenbringende Weihnachtszeit!
Christ ist erschienen, uns zu versühnen,
freue, freue dich, o Christenheit!

2: Partnerarbeit mit dem/der Nachbar(i)n: (➲ **1.**) Beantwortet mit Hilfe dieser Liedstrophen die Frage: Was tut Gott zur Überwindung des Unheils in dieser Welt?

3: Besprechung der Ergebnisse in der Gesamtgruppe.

c) 1: Wir lesen (➲ 2.) **Joh 3,17**: „Denn Gott hat seinen Sohn nicht in die Welt gesandt, daß er die Welt richte, sondern daß die Welt durch ihn gerettet werde."

2: Welche Aufgabe hat Gott Jesus nach diesem Bibelwort gegeben? [Die Verbindung zu *Nr.2c* herstellen!]

3: Könnt Ihr Euch vorstellen, *wie* Gott uns Menschen durch Jesus rettet?

4. „Christ ist erschienen, uns zu versühnen"

a) Die Konf. sollen die (➲ 3.) **Kreidezeichnung von Hans Georg Anniès zu Mt 2,1-12** (Die Weisen aus dem Morgenland) betrachten und beschreiben, was sie erkennen.

b) Verlesung von **Mt 2,1-12** durch die Konf.

c) 1: Betrachtet noch einmal das Bild von H. G. Anniès. Könnt Ihr Einzelheiten der biblischen Geschichte in dem Bild wiedererkennen? - Vielleicht kann U. hier und dort vertiefen:

Herodes sitzt mit sorgenvollem Gesicht auf seinem Thron, in der Rechten ein Schwert haltend, mit dem er seine Macht (Position ganz oben) verteidigen zu müssen (können) glaubt.

Hohepriester und Schriftgelehrte schauen mit ernsten, keineswegs erfreuten Gesichtern in die Schriftrolle. Sollte der vom Propheten Micha angekündigte Messiaskönig geboren worden sein? Stehen Unruhen im Volk bevor? Fremde Herren haben von seiner Geburt *vor ihnen* erfahren. Sollten sie - die Heiden - diesem Geschehen näher sein als die Angehörigen des Gottesvolkes (der Kirche)?

Breite Straße zum Kind von Bethlehem: Wie der Schweif eines Kometen sieht die im Originalbild in Rot und Gold gehaltene Straße aus, die zum Kind nach Bethlehem führt, aber über die Geburtsszene hinausgeht. Herodes, Hohepriester und Schriftgelehrte könnten diese Straße durch die offene Tür betreten, aber sie verharren in der dunklen Abgeschlossenheit des Königsschlosses, im Kreis der Finsternis (= eingekreist, eingeigelt; Joh 1,9-11).

Die Weisen aus dem Morgenland schauen aufgeregt, erfreut aus. Sie haben Gaben für das Kind in Händen. Der Weise am rechten Bildrand weist vom Fuß bis zur Hand auf das Kind hin, wie überhaupt die Bewegung von den Augen des linken Weisen über die Augen des mittleren und die Hand des rechten hin zur Geburtsszene oben geht. Diese *Weisen „weisen"* uns den Weg zum Kind von Bethlehem.

Geburtsszene: Im Inneren einer schützenden Ummantelung (= Schutz Gottes) halten Maria und Josef ihre Arme schützend um das Kind, das der hellste Punkt des Bildes ist („Licht der Welt": Joh 8,12). Das Kind hat die Arme - uns einladend - ausgebreitet (Mt 11,28-30). Gottes Schutz wird das Kind vor den Nachstellungen des Herodes bewahren. Doch Gott erspart seinem zur Versöhnung von Mensch und Gott in die Welt gesandten Sohn später Leiden und Kreuz nicht. Mit der Geburt Jesu hat ein gottgewollter Weg zur Rettung der Menschheit begonnen, der über die Geburtsszene hinausführt auf das Kreuz zu. Er ist bereits in dieses Bild in Form des in Kreuzform dargestellten Sternes von Bethlehem mit hineingenommen.

2: Gespräch: ● Die Geschichte von den Weisen aus dem Morgenland erzählt von zwei unterschiedlichen Reaktionen auf das Kommen Jesu. Benennt sie.

● Warum freuen sich die Weisen über die Geburt Jesu?

5. Abschluß: Lernen und Singen des Kanons „Was Jesus für mich ist" (Liedersammlung Nr.9 [einstimmig singen]) **oder des Liedes „Ich möcht', daß einer mit mir geht"** (EG 209,1-4)

➲ Aufgabe für Zuhause:

1. **a)** Lies aus dem Begleitbuch „Komm und sieh!" die Seiten 44-46 durch: „Gott kommt als Mensch zu seinen Menschenkindern".

   b) Welche Propheten haben das Kommen des Messiaskönigs oder Friedefürsten angekündigt?

2. Beantworte mit Hilfe der angegebenen Bibelstellen die folgenden Fragen:

   ① **Lukas 2,1-14:** ● Wo wurde Jesus geboren?
   ● Wie hieß der römische Kaiser, der damals regierte?

   ② **Lukas 4,16:** In welchem Ort ist Jesus aufgewachsen?

   ③ **Johannes 4,9:** Zu welchem Volk gehörte Jesus?

   ④ **Markus 6,3:** ● Wieviele Geschwister hatte Jesus mindestens?
   ● Welchen Beruf hat Jesus erlernt?

   ⑤ **Markus 1,14-21:** Wo ist Jesus zuerst öffentlich aufgetreten?

   ⑥ **Markus 14,22-42:** Was geschah am Abend vor Jesu Verhaftung?

   ⑦ **Markus 15,22:** Wie heißt die Richtstätte bei Jerusalem, wo Jesus gekreuzigt wurde?

   ⑧ **Lukas 24,13-35:** Was erlebten die Jünger nach dem Tod Jesu?

Unterrichtsmaterial: Arbeitsbogen 18 -
Liedersammlung Nr.9 oder EG

22. Jesus II: Das Leben in Palästina zur Zeit Jesu

Begleitbuch „Komm und sieh!" S.47-49

1. Besprechung der Aufgabe für Zuhause (*AB 18*)

***Lösung des Rätsels** (Begleitbuch S.46):* ① „Krippe mit Tieren": Pinguin, Känguruh, Koalabär, Eisbär und Walroß sind hier fehl am Platz. ② „Krippe mit Menschen aus der Bibel": Nicht in die Weihnachtsgeschichte gehören Mose, Petrus und Pontius Pilatus.

2. Das Leben in Nazareth

Abschnitt a: „Das Leben in Nazareth" (***Begleitbuch S.47f***) wird gemeinsam gelesen; seine Inhalte werden auf diese Weise zur Kenntnis genommen.

3. Zur Zeit Jesu stand das jüdische Volk unter römischer Vorherrschaft

a) Betrachtung der Karte „Römisches Weltreich" (***Begleitbuch S.48***): Palästina ist nur ein ganz kleiner Teil dieses riesigen Reichs.

b) 1: Gemeinsames Lesen von Abschnitt b: „Zur Zeit Jesu stand das jüdische Volk unter römischer Vorherrschaft" (***Begleitbuch S.48f***).

2: Danach stellt U. mit Hilfe einiger Fragen fest, ob die Hauptgedanken dieser auch für die kommenden Stunden wichtigen Informationen verstanden wurden:

- Wer hatte die Macht im jüdischen Lande zur Zeit Jesu?
- ▪ Warum litten die Juden unter der römischen Vorherrschaft? ▪ Worunter litten sie besonders?
- Die Juden hofften darauf, daß Gott sie von der heidnischen Vorherrschaft der Römer befreien würde. Wie stellten sie sich Gottes Hilfe vor?

4. Anschauung vom Heiligen Land gewinnen

Hinweis: Einige Dias vom Heiligen Land sollen den Konf. etwas Anschauung zu den Informationen dieser Stunde vermitteln. Die folgende Diaserie ist dem vielerorts vorhandenen „Bildwerk zur Bibel" von Jörg Zink (Burckhardthaus-Laetare-Verlag/Christophorus-Verlag) entnommen. Die fette römische Zahl gibt den Band, die arabische die Dianummer in dem betreffenden Band an. Die Bildauswahl berücksichtigt die Tatsache, daß im Verlauf des Konfirmandenunterrichts noch weitere Dias aus dem „Bildwerk zur Bibel" zu Orten des Wirkens Jesu gezeigt werden. - Beim Vorführen der Dias kann U. immer wieder einmal unterbrechen und die Konf. fragen, ob ihnen zu den jeweiligen Bildern bestimmte Geschichten und Begebenheiten von Jesus einfallen.[1]

1. (**III** 352) **Standbild des Kaisers Augustus in Orange**

In der alten Römerstadt Orange in Südfrankreich steht diese Statue des Kaisers Augustus, in dessen Regierungszeit Jesus geboren wurde.

2. (**V** 601) **Aquädukt bei Cäsarea**

König Herodes ließ für die Römer die Hafenstadt Cäsarea am Mittelmeer erbauen. Damit die Römer im heißen Israel angenehm leben konnten, wurden Badeanlagen errichtet, die mit dem Wasser des 20 Kilometer entfernten Karmel-Gebirges gespeist wurden. Auf dem Bild sehen wir einen Teil der 20 Kilometer langen Wasserleitung für die Römer in Cäsarea.

---

1 Wenn Zinks „Bildwerk zur Bibel" U. nicht zugänglich ist, kann sie/er auch aus anderen Quellen schöpfen, z.B.: Diaserie für den biblischen Unterricht „Neue Schulbibel" (Verlag Kaufmann/Kösel). - Folienwerk: U.Jaeschke/R.v.Olenhausen, Medienbaustein Religion 1 Kontext Jesu: Israel 1 und 2 (je 25 Folien), Karlsruhe 1990 (Medienwerkstatt Görlitzer Verlag).

3. (V 600) **Pilatusstein aus Cäsarea**

In dem Namen „Cäsarea“ ist das Wort „Cäsar“ = „Kaiser“ enthalten. „Cäsarea“ bedeutet also „Kaiserstadt“. Mit diesem Namen sollte der römische Kaiser geehrt werden. Der Kaiser regierte die unterworfenen Völker durch Statthalter. Von 26-36 n. Chr. übte *Pontius Pilatus* dieses Amt in Cäsarea aus. Auf dem Bild sehen wir einen Stein, aus dessen Inschrift zu ersehen ist, daß „Pontius Pilatus“ diesen Stein dem Kaiser seiner Zeit - „Tiberius“ - gewidmet hat.

4. (III 327) **Tempel und Burg Antonia (Modell)**

Üblicherweise hielten sich die römischen Statthalter in Cäsarea auf. Nur bei höheren Festen wie z.B. dem Passafest (= dem jüdischen Osterfest) begab sich der römische Statthalter nach Jerusalem. Dann wohnte er in der Burg Antonia (der Viertürmebau in der rechten Bildhälfte), die Herodes direkt neben dem Tempel (linke Bildhälfte) erbauen ließ, damit die Römer im Falle von Unruhen innerhalb des riesigen Tempelbereichs sofort eingreifen konnten.

5. (III 325) **Jerusalemer Tempel (Modell)**

Wir sehen hier vor uns das Modell des Jerusalemer Tempels, den König Herodes hatte erbauen lassen. Den säulenumstandenen großen Platz vor der inneren Tempelmauer durften auch Heiden besuchen. Den mauerumschlossenen inneren Tempelbereich durften nur die Angehörigen des Gottesvolkes betreten. Jesus hat den Tempel des öfteren mit seinen Jüngern aufgesucht.

6. (III 350) **Felsendom über Klagemauer**

Im Jahre 70 n. Chr. erhoben sich die Juden gegen die römische Vorherrschaft. Sie wurden jedoch besiegt. Der Tempel wurde vollständig zerstört und dem Erdboden gleichgemacht. Heute erhebt sich an seiner Stelle ein riesiger Kuppelbau, der berühmte „Felsendom“, ein islamisches Heiligtum (obere Bildhälfte). Vom Tempel des Herodes ist noch die Westmauer erhalten, die die künstlich aufgeschüttete Plattform stützt, auf der der Tempel stand. Man nennt sie auch „Klagemauer“ (untere Bildhälfte rechts), denn seit über 1 ½ Jahrtausenden kommen hier Juden zum Gebet zusammen. Man erkennt auf dem Bild, daß die Mauer aus riesigen, mehrere Meter breiten und etwa 1 ½ Meter hohen Steinquadern errichtet wurde - eine gewaltige Bauleistung.

7. (V 618) **Römische Straße zwischen Antiochien und Aleppo**

Die Römer durchzogen ihr Reich mit einem dichten Straßennetz, auf dem sich ihre Soldaten und Militärtransporte schnell bewegen konnten, wenn es erforderlich war.

8. (IV 441) **Höhlen im Taubental**

Im Westen des Sees Genezareth liegt das Taubental, das seinen Namen von den unzähligen Tauben hat, die in den Höhlen der steilen Felswände nisten, die man im Bilde sieht. In diesen Höhlen fanden immer wieder auch jüdische Widerstandskämpfer Unterschlupf, die gegen die Römer aus dem Hinterhalt kämpften und z.B. kleinere Abteilungen von Soldaten überfielen.

9. (IV 406) **See Genezareth mit Taubental**

Auf dem Bild sehen wir rechts oben den Einschnitt des Taubentals. Durch dieses Tal gelangen mitunter Fallwinde auf den See Genezareth, die das Wasser des Sees zu gewaltigen Wellenbergen aufwühlen und die kleinen Schiffe der ansässigen Fischer in Seenot bringen können. Ungefähr in der Bildmitte oben am Ufer des Sees Genezareth lag die Stadt Magdala, aus der Maria kam, eine Jüngerin Jesu.

10. (IV 439) **Ebene Ginosar am See Genezareth**

Ein anderer Blick auf den See Genezareth. Im Hintergrund erheben sich die obergaliläischen Berge (bis zu 1200 Meter).

11. (IV 449) **Alter Hafen von Kapernaum**
Am See Genezareth liegt die Stadt Kapernaum. Hier hat Jesus lange Zeit gewirkt.

12. (IV 450) **Synagoge von Kapernaum**
Hier sehen wir die Ruinen einer prachtvollen Synagoge, die aus der Zeit um 350 n. Chr. stammt. Doch steht sie auf dem Boden jener Synagoge, in der einst Jesus predigte und Menschen heilte. Sie wurde von den Römern zerstört.

13. (IV 416) **Fischerboot aus dem Jahre 1898**
Dieses Bild ist 100 Jahre alt und zeigt ein Fischerboot vom See Genezareth, wie es ähnlich auch zur Zeit Jesu verwendet wurde. Jesus hat die Fischer Simon Petrus und Andreas - zwei Brüder - in Kapernaum zu seinen Jüngern berufen. Auch einen Zöllner, der für die Römer die Steuern eintrieb, hat Jesus in Kapernaum zu seinem Jünger gemacht. Die Jünger zogen mit Jesus durch das Land, erlebten sein Wirken aus nächster Nähe mit und lernten von ihm.

14. (III 373) **Nazareth heute**
Was vor 2000 Jahren ein unbedeutendes Dorf war, das ist heute die große arabische Stadt Nazareth, die vom Nazareth der Zeit Jesu fast nichts mehr erkennen läßt.

15. (III 377) **Wohnhöhle in Nazareth**
Die Menschen Nazareths haben damals teilweise in Wohnhöhlen gewohnt, die im Sommer Schutz vor der Sonne und im Winter Schutz vor der Kälte boten. Die Öffnung im Fußboden führt in einen tiefer gelegenen Raum, in dem z.B. Vorräte gelagert werden konnten.

16. (III 375) **Lehmhäuser bei Nazareth**
So ähnlich wie die Lehmhäuser dieses in der Nähe von Nazareth gelegenen Dorfes dürften auch die Häuser in Nazareth ausgesehen haben, die teilweise auch über den Wohnhöhlen errichtet wurden. Die Höhlen dienten dann als Kellergeschoß.

17. (III 378) **Junge Frau mit Kind**
Jesus wird in der Bibel „Jesus von Nazareth" genannt, weil er in Nazareth aufgewachsen ist. Der Evangelist Lukas schreibt: „Das Kind aber wuchs auf und wurde stark, es nahm zu an Weisheit und Gnade bei Gott und den Menschen" (2,52).

18. (III 402) **Jordan**
Etwa im Alter von 30 Jahren trat Jesus an die Öffentlichkeit. Demütig stellte er sich in die Reihe der Sünder, die sich im Jordan von Johannes dem Täufer taufen ließen. So wird gleich zu Beginn seines Wirkens deutlich: Er - der Sündlose - nimmt unsre Sünde auf sich. Darum sagt Johannes der Täufer bei seinem Erscheinen: „Siehe, das ist Gottes Lamm, das der Welt Sünde trägt" (Joh 1,29).

5. Jesus tritt an die Öffentlichkeit

a) Die Konf. sollen den ersten Absatz von Abschnitt c: „Jesus tritt an die Öffentlichkeit" (***Begleitbuch S.49***) vorlesen.

b) Gemeinsames Anschauen der Karte „Palästina zur Zeit Jesu" (***Begleitbuch S.47***). - *Alternative:* U. legt Folie III: „Palästina zur Zeit des Neuen Testaments"[2] auf den TLP. - U. geht die einzelnen Angaben der Karte unter besonderer Berücksichtigung wichtiger Stätten des Wirkens Jesu mit den Konf. durch und erläutert sie. Bei Verwendung der *Folie* ist es möglich, auch das „Jerusalem zur Zeit Jesu" gesondert zu betrachten.

---

2 Aus: „Biblische Landkarten. 4 Farbfolien" mit einem Begleitheft von Wolfgang Zwickel, Calwer/Kösel Verlag 1996, ISBN 3-7668-3422-3.

6. Abschluß

- U. hängt mehrere Bilder von Jesus auf, in denen Jesus sehr unterschiedlich dargestellt ist. - *Alternative:* Aufhängung des Plakats „Christus hat viele Gesichter"[3].
- U. weist darauf hin, daß es kein Bild von Jesus gibt, und daß auch die Evangelien nicht beschreiben, wie Jesus ausgesehen hat. Darum stellt ihn jeder so dar, wie er ihn sich vorstellt (eventuell an die Jesusbilder der Konf. von der letzten Stunde erinnern).
- Den letzten Absatz von Abschnitt c: „Jesus tritt an die Öffentlichkeit" (***Begleitbuch S.49***) vorlesen lassen.
- Keine Hausaufgabe!

Unterrichtsmaterial: Dias/Folien zum Heiligen Land - Vorführgerät(e) - Bilder von Jesus

[3] Zu beziehen bei: Vereinigte Evangelische Mission. Medienstelle, PF 201963, 42219 Wuppertal.

23. Jesus III: Jesus lädt uns Menschen in Gottes Reich ein

Begleitbuch „Komm und sieh!" S.50-52 / Arbeitsbogen 19

Hinweis: In dieser Stunde soll nur ein *Überblick* über Jesu Verkündigung des Reiches Gottes gewonnen werden. Darum nicht bei einzelnen Schritten hängenbleiben.

***Lösung des Rätsels** (Begleitbuch S.49):* Der kleine Jesus legt den staunenden Schriftgelehrten die Heilige Schrift aus (Bild rechts: Jesus zeigt mit dem Finger auf den Text einer Schriftrolle).

1. „Dein Reich komme"

U. führt ein: Im *Vaterunser* beten wir immer wieder darum, daß Gott seine verborgene Herrschaft offenbar macht: „Dein Reich komme". Im Reich Gottes regiert Gott, da hat Gott das Sagen, da herrscht er über die Bürger seines Reiches, da halten sie freiwillig seine Gebote, da geschieht Gottes Wille.

Wie stellt Ihr Euch das Leben in Gottes Reich vor? Nehmt ➲ ***AB 19 Nr.1*** zur Hand und schreibt stichwortartig um die Gotteskrone herum auf, wie es Eurer Meinung nach im Reich Gottes zugeht, wenn also Gott der Herr und Gott *aller* Menschen ist.

2. „Das Reich Gottes ist mitten unter euch"

a) Hinführung: Jesus ist nach seiner Taufe mit der (➲ **2.**) Botschaft aufgetreten [vorlesen lassen]: *Die Zeit ist erfüllt und das Reich Gottes ist herbeigekommen. Kehrt um und glaubt an das Evangelium* [= *an diese gute Nachricht*] (**Mk 1,15**).

Die Menschen damals glaubten dieser Botschaft nicht so ohne weiteres. Sie meinten, daß man es auch äußerlich erkennen müsse, wenn Gottes Herrschaft begonnen hat. Daß etwa die heidnischen Römer das heilige Land verließen, damit Gott allein über sein Volk Israel regieren könnte. Über die Frage des Anbruchs des Reiches Gottes diskutierten einige Pharisäer mit Jesus:

b) 1: Wir lesen (➲ **3.**) **Lk 17,20-21**: *Als er aber von den Pharisäern gefragt wurde: „Wann kommt das Reich Gottes?", antwortete er ihnen und sprach: „Das Reich Gottes kommt nicht so, daß man's beobachten kann; man wird auch nicht sagen: Siehe, hier ist es! oder: Da ist es! Denn siehe, das Reich Gottes ist mitten unter euch."*

2: Gespräch: Was sagt Jesus über das Reich Gottes nach diesem Text?

3: U. setzt die Ergebnisse des Gesprächs in Beziehung zu Nr.1: „Wie stellt Ihr Euch das Leben in Gottes Reich vor?": Was einst vollkommene Wirklichkeit sein wird, das hat mit dem Auftreten Jesu begonnen.

c) Die Abbildungen der unteren Seitenhälfte von ***S.50 des Begleitbuchs*** wollen zum Ausdruck bringen, welche Wirkungen es auf uns Menschen hat, wenn Jesus uns zu Bürgern des Reiches Gottes macht. Erklärt diese Schaubilder.

d) Singen des Liedes „Dein ist das Reich, mach es offenbar" (Liedersammlung Nr.10) oder des Liedes „Komm, sag es allen weiter" (EG 225,1).

3. Menschen werden Bürger des Reiches Gottes

a) Einleitung: Das Leben in Gottes Reich und das irdische Leben unterscheiden sich so stark, daß Jesus nur *in vergleichender Weise* von Gottes Reich gesprochen hat. Mit Vergleichsgeschichten - *Gleichnissen* - wollte er seinen Jüngern und auch den Menschen damals klarmachen, wie es in Gottes Reich zugeht. Mit zwei Gleichnissen, über die wir jetzt sprechen wollen, macht Jesus anschaulich, wie Menschen in Gottes Gemeinschaft finden und Bürger des Reiches Gottes werden.

b) 1: Wir lesen ➲ **Mt 13,45-46** (***AB 19 Nr.4a***): *Mit dem Himmelreich (= Reich Gottes) verhält es sich wie mit einem Kaufmann, der gute Perlen suchte, und als er **eine** kostbare Perle fand, ging er hin und verkaufte alles, was er hatte, und kaufte sie.*

2: Gemeinsames Beantworten der (➲) Fragen zum Gleichnis (***AB 19 Nr.4a***):

① Wer ist mit dem suchenden Kaufmann gemeint?

② Was bedeutet die Aussage, daß der Kaufmann **eine** kostbare Perle fand?

③ Wie ist die Aussage zu verstehen, daß der Kaufmann alles hingibt, um die **eine** Perle zu erwerben?

c) 1: Wir lesen ➲ **Mt 13,44** (***AB 19 Nr.4b***): *Mit dem Himmelreich (= Reich Gottes) verhält es sich wie mit einem Schatz, verborgen in einem Acker, den ein Mensch fand und verbarg; und in seiner Freude ging er hin und verkaufte alles, was er hatte, und kaufte den Acker.*

2: Gemeinsames Beantworten der ➲ Fragen zum Gleichnis (***AB 19 Nr.4b***):

① Wer ist mit dem Landarbeiter gemeint?

② Was bedeutet die Aussage, daß der Landarbeiter einen kostbaren Schatz fand?

③ Wie ist die Aussage zu verstehen, daß der Landarbeiter alles hingibt, um den Acker mit dem Schatz zu erwerben?

d) (➲ 4c.) Vergleicht beide Gleichnisse miteinander:

① Welche Züge haben beide Gleichnisse gemeinsam?

② Welche Unterschiede bemerkt Ihr?

e) In ***AB 19 Nr.4d*** findet Ihr ➲ zwei Abbildungen. Betrachtet sie und ordnet sie je einem der Gleichnisse zu:

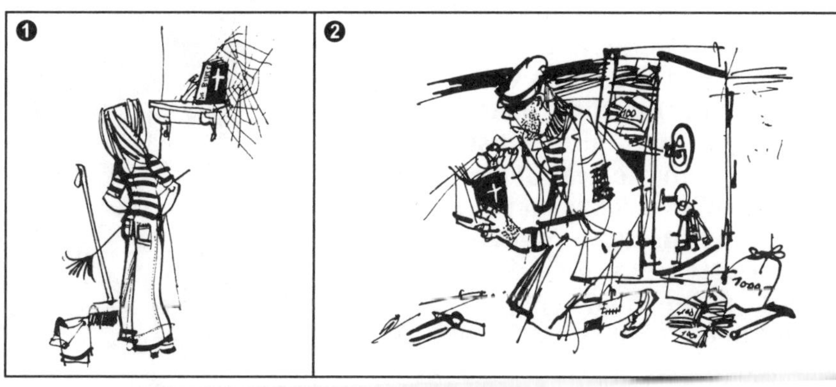

4. Jesus lädt uns Menschen im Auftrag Gottes in Gottes Reich ein

a) U. informiert: Das Leben im Reich Gottes ist etwas so unbeschreiblich Schönes, daß Jesus und die Bibel es immer wieder mit einem besonderen Festmahl vergleichen. Um das **Gleichnis vom großen Abendmahl** zu verstehen, das wir gleich besprechen wollen, muß man folgendes wissen: Zur Zeit Jesu wurde in Israel zu einem Fest *zweimal* eingeladen. Zunächst kam ein Knecht und lud einen Menschen ohne nähere Terminangabe zu seinem Fest(mahl) ein. Wenn der Eingeladene die Einladung annahm, mußte er damit rechnen, daß der Knecht irgendwann in der nächsten Zeit wiederkam, um den genauen, kurz bevorstehenden Zeitpunkt des Festes bekanntzugeben. Das geschah mit den Worten: „Kommt (jetzt), denn es ist alles bereit!"

b) 1: Die Konf. sollen **Lk 14,15-24** vorlesen.

2: Beantworten der (➲ 5.) Fragen zum Gleichnis vom großen Abendmahl (Lukas 14, 15-24) [je nach Zeitlage im Plenum, in Kleingruppen oder als Partnerarbeit]:

① Wer ist mit dem Mann gemeint, der ein großes Festmahl veranstaltet?

② Was meint die Einladung zum Festmahl? ⇨

③ Wie deutet Ihr den Knecht, der die Einladung überbringt?

④ In dem Gleichnis gibt es Menschen, die die Einladung zum Festmahl annehmen, die sich aber entschuldigen, nicht kommen zu können, als das Festmahl beginnen soll. Sodann werden Menschen geschildert, die die Einladung annehmen und zum Festmahl kommen.

- Vergleicht beide Menschengruppen miteinander und findet heraus, warum sie sich so unterschiedlich verhalten.
- Was will dieser Zug des Gleichnisses zum Ausdruck bringen?

[2a: Bei Partner- oder Kleingruppenarbeit: Besprechung der Ergebnisse im Plenum.]

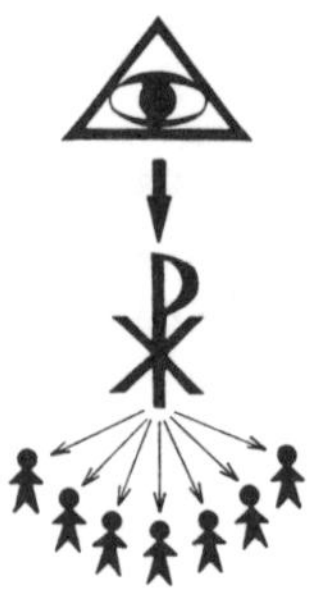

3: Gespräch: ● Wie verhalten sich die Menschen heute gegenüber der Einladung Gottes in seine Gemeinschaft?

● In dem Gleichnis begegnen wir Menschen, die Gottes Gemeinschaft nicht nötig zu haben meinen. Andere wiederum kommen gerne zu ihm, weil sie wissen, daß sie ohne Gott arm dran sind. Zu welcher der beiden in dem Gleichnis genannten Gruppen würdet Ihr Euch zählen?

c) Deutet die [nebenstehende] ➲ Abbildung in ***AB 19 Nr.6***.

5. Abschluß: „Selig sind, die das Wort Gottes hören und bewahren“ (Lk 11,28)

a) U. führt ein: Jesus hat uns Menschen insbesondere durch seine Worte, Gleichnisse und Predigten in Gottes Gemeinschaft eingeladen. Wie das Gleichnis vom großen Abendmahl deutlich machte, haben längst nicht alle Menschen die Einladung in Gottes Gemeinschaft angenommen. Jesus hat - so sagt das **Gleichnis vom Sämann** - das Wort Gottes wie eine Saat ausgestreut. Seine Saat ging in unterschiedlicher Weise auf, weil die Menschen seine Worte in unterschiedlicher Weise aufgenommen haben.

Die Konf. sollen die (➲ 7.) Grafik von Hans Georg Anniès betrachten, während U. das Gleichnis vom Sämann vorliest.

b) Vorlesen des Gleichnisses vom Sämann mit Deutung (**Mk 4,1-9. 13-20**).

c) Versucht, die Grafik von Hans Georg Anniès zum Gleichnis vom Sämann zu beschreiben und zu erklären.

[Jesus zeigt uns das Gleichnis wie ein Bild, das er in der linken Hand hält. Die rechte Hand streut den Samen des Wortes Gottes aus, das Kreise zieht. Die vier Menschen unten verschließen sich seinem Wort, während die vier Menschengruppen Ohren „zu hören“ haben.]

d) Wenn noch Zeit ist: Singen des [von Stunde 13 her bekannten] Liedes „Mach uns, Herr, bereit, auf dich zu hören" (Liedersammlung Nr.4) oder Wiederholung des in dieser Stunde (s.o. Nr.2d) gelernten Liedes „Komm, sag es allen weiter" (EG 225,1).

e) Gemeinsames *Vaterunser.*

➲ Aufgabe für Zuhause:

1. **a)** Lies aus dem Begleitbuch „Komm und sieh!" die Seiten 50-52 durch: „Jesus lädt uns Menschen in Gottes Reich ein".

   b) Beantworte dann die Frage: Du lädtst Deine(n) Freund(in) ein, mit Dir gemeinsam zum Gottesdienst zu gehen. Dein(e) Freund(in) antwortet: „Ach, geh doch allein, ich kann nicht mitkommen. Wenigstens einmal in der Woche möchte ich ausschlafen!"

   Was wirst Du ihr/ihm antworten?

2. Betrachte nebenstehende Abbildung.

   ❶ Was will sie zum Ausdruck bringen?

   ❷ An welches Gleichnis, das wir besprochen haben, erinnert Dich diese Abbildung?

Unterrichtsmaterial: Arbeitsbogen 19 Kopien Liedersammlung Nr.10, Kopien Liedersammlung Nr.4 (sofern diese den Konf. nicht schon von Stunde 13 her vorliegen) oder EG

☝ Es kann bereits am Ende dieser Stunde die *Rollenverteilung* für das **Hörspiel vom barmherzigen König und seinem schuldbeladenen Verwalter (Mt 18,21-35)** vorgenommen werden, damit die Konf. ihren jeweiligen Part zu Hause schon einmal durchlesen und üben können (➻ **Stunde 24 [Jesus IV]** ***Nr.4a4*** - **AB 20 Nr.3**).

24. Jesus IV: Mit seiner Predigt von der Barmherzigkeit Gottes will Jesus uns Menschen die Angst vor Gott nehmen

Begleitbuch „Komm und sieh!" S.53-55 / Arbeitsbogen 20

1. Besprechen der Aufgabe für Zuhause (*AB 19*)

Lösung des Rätsels *(Begleitbuch S.52):* **B - C - D - A.**

2. Was habe ich in meiner Kindheit am häufigsten über Gott gehört?

a) (Einzelarbeit) Die Konf. werden gebeten, diese ➲ Frage in ***AB 20 Nr.1*** schriftlich zu beantworten - jede(r) für sich.

b) Vorlesen der Erinnerungen im Plenum. U. macht bei den einzelnen Beiträgen bewußt, welches positive oder negative Gottesbild dahintersteht.

c) 1: Verlesung (➲ **2.**) „Der liebe Gott" (Äußerung des siebenjährigen Thomas):

„Der liebe Gott - das ist einer, der auf uns Menschen aufpaßt. Wenn wir etwas stehlen oder sonst was tun, was er in seinen Geboten verboten hat, dann wird der liebe Gott sauer und bestraft uns: Daß wir krank werden oder eine schlechte Arbeit schreiben. Wenn wir mit dem lieben Gott schimpfen, dann wird er sich rächen und uns noch doller strafen."

2: • Wie beurteilt Ihr diese Äußerung des siebenjährigen Thomas?

• Fällt Euch an dieser Äußerung etwas auf? [Herausarbeiten: Das Kind spricht zwar vom „lieben Gott", aber es glaubt im Grunde an einen bösen, strafenden Gott.]

3. Das Gottesbild der religiösen Führer des jüdischen Volkes

a) Informationsgespräch, bei dem U. auch das Wissen der Konf. abrufen kann: Jesus hat sich immer wieder mit den religiösen Führern seines Volkes auseinandergesetzt, weil er Gott ganz anders verstand als sie. Die **Schriftgelehrten** sollten die Bibel auslegen und die Menschen lehren, nach Gottes Geboten zu leben. Die **Pharisäer** lebten besonders streng nach den Geboten Gottes. Denn sie waren davon überzeugt, daß nur *die* Menschen vor Gott bestehen können, die seine Gebote aufs genaueste hielten. Die **Priester** und **Hohenpriester** leiteten die Menschen an, den Opferdienst nicht zu vernachlässigen, um Gottes Zorn und Strafe von sich abzuwenden.

b) 1: Die Konf. sollen ***S.53 des Begleitbuchs*** aufschlagen und die beiden Abbildungen oben betrachten.

2: Sie sollen die beiden Schaubilder den Gruppen der Schriftgelehrten, Pharisäer und Priester zuordnen.

3: Gespräch: Welches Gottesbild prägt die Schriftgelehrten, Pharisäer und Priester?

4. Jesus lädt uns ein, der Barmherzigkeit Gottes zu vertrauen (Mt 18,21-35)

a) 1: U. führt ein: Jesus hat dem Gottesbild der Pharisäer, Schriftgelehrten und der Priesterschaft widersprochen. Statt eines richtenden und strafenden Gottes malt er uns den *barmherzigen* Gott vor Augen, vor dem wir Menschen *keine Angst* zu haben brauchen, den wir aber *dennoch ernstnehmen* sollen. Jesus hat von Gottes Barmherzigkeit in vergleichender Weise gesprochen. Beschäftigen wir uns darum mit dem **Gleichnis vom barmherzigen König und seinem schuldbeladenen Verwalter**. Das Gleichnis ist etwas länger. Ich lese den ersten Teil vor.

2: U. verliest **Mt 18,21-27**.

3: *Rollenverteilung* - sofern nicht schon am Ende der letzten Stunde vorgenommen: Wir wollen zu diesem Teil des Gleichnisses ein kleines Hörspiel lesen. Dazu brauchen wir einige Personen [Rollen verteilen]: großer Schuldner - Frau des großen Schuldners - Kämmerer - König - Sprecher.

4: Das (➲ 3.) **Hörspiel zu Mt 18,23-27** wird vorgelesen [nur abgedruckt im Arbeitsbogen].

5: (Kleingruppenarbeit) Schlagt Matthäus 18,23-27 auf. Beantwortet die (➲ **4.**) Fragen zu Matthäus 18,23-27 und schaut bei Bedarf in Eure Bibeln:

① Wie ist der *König* in dem Gleichnis zu deuten?

② Wer ist mit dem *hochverschuldeten Verwalter (Knecht)* gemeint?

③ Was ist unter der *Abrechnung* zu verstehen?

④ Was bedeutet die *große Schuld von 10.000 Talenten* (= 2 Millionen Mark)?

⑤ Wie reagiert der König auf die große Schuld des Verwalters?

⑥ Was tut der Verwalter, als der König ihm seine riesengroße Schuld vorhält?

⑦ Wie reagiert der König auf die Bitte des Verwalters?

6: • Besprechung der Antworten im Plenum.
- Was will Jesus uns mit diesem Teil des Gleichnisses zu verstehen geben?

b) Singen des Liedes „Kyrie eleison" (Liedersammlung Nr.11) oder eines anderen Kyrie (z.B. EG 178/2; 178/9; 178/11).

c) 1: U. verliest **Mt 18,28a**: *Da ging dieser Knecht hinaus und traf einen seiner Mitknechte, der war ihm 100 Silbergroschen (= 200 Mark) schuldig.*

2: Frage an alle, die das Gleichnis heute zum ersten Mal hören: Wie wird sich der Verwalter (Knecht), dem eben 2 Millionen Mark Schulden erlassen worden sind, nun seinem Mitknecht gegenüber verhalten, der ihm 200 Mark schuldet?

d) 1: U. verliest **Mt 18,28-35**.

2: Gespräch: • Was sagt Ihr zum zweiten Teil dieses Gleichnisses?
- Was will Jesus uns mit diesem überraschenden Ausgang des Gleichnisses zu verstehen geben?
- ▪ Ist Jesu Aufforderung, anderen Menschen immer wieder zu vergeben, leicht zu verwirklichen?
  ▪ Betrachtet die (➲ 5.) Zeichnung von Ekkehard Stier. Was will sie zum Ausdruck bringen?
- Das gesamte Gleichnis Jesu erinnert an eine Bitte des *Vaterunsers*. An welche?

e) 1: (Partnerarbeit) In ➲ *AB 20 Nr.6* ist das Gleichnis vom barmherzigen König und seinem unbarmherzigen Verwalter in Form einer Bildergeschichte abgedruckt [nur dort]. Leider ist die Bildfolge durcheinandergeraten. Schließt Euch mit Eurem(r) Nachbar(i)n zusammen und findet die richtige Reihenfolge heraus. Numeriert die Bilder mit Bleistift.

[Richtige Reihenfolge:]

7	4	9
2	5	1
3	6	8

2: Feststellung und Besprechung der richtigen Reihenfolge im Plenum.

5. Abschluß

a) Nochmaliges Singen des Liedes „Kyrie eleison“ (Liedersammlung Nr.11) oder eines anderen Kyrie (EG).

b) Gemeinsam gesprochenes *Vaterunser.*

➲ Aufgabe für Zuhause:

1. Lies aus dem Begleitbuch „Komm und sieh!“ die Seiten 53-55 durch: „Mit seiner Predigt von der Liebe Gottes zu uns Menschen will Jesus uns die Angst vor Gott nehmen“.
2. Frank sagt in einer Diskussion: „Es ist egal, wie ich mich verhalte. Gott liebt mich ja. Er vergibt mir, wenn ich Böses tue. *Darum kann ich tun und lassen, was ich will.*“

   Vergleiche diese Äußerung Franks mit dem Gleichnis vom barmherzigen König und seinem unbarmherzigen Knecht (Matthäus 18,23-34):

Unterrichtsmaterial: Arbeitsbogen 20 -
Kopien Liedersammlung Nr.11 oder EG

25. Jesus V: Jesus gibt Gottes Liebe an seine Mitmenschen weiter und schafft sich damit Feinde

Begleitbuch „Komm und sieh!" S.56-58 / Arbeitsbogen 21

1. Besprechen der Aufgabe für Zuhause (*AB 20*)

***Lösung des Rätsels** (Begleitbuch S.55):* Zu finden waren die folgenden Gleichnisse: ① Vom Unkraut unter dem Weizen (Mt 13,24-30) - ② Vom Schatz im Acker (Mt 13,44) - ③ Von der Perle (Mt 13,45-46) - ④ Vom verlorenen Schaf (Mt 18,12-14) - ⑤ Vom Dieb in der Nacht (Mt 24,43-44 [das war sicher am schwersten zu finden]).

2. Die Pharisäer nehmen Anstoß an Jesus

a) Wiederholung: • Welche Aufgabe hatten die *Zöllner*? • Was geschah mit den Steuern, die die Zöllner von den Juden einkassierten?

b) 1: **Lk 19,1-10** vorlesen lassen.

2: Die Geschichte von Zachäus hat Ekkehard Stier humorvoll aufgezeichnet. Erzählt die Geschichte mit Hilfe seiner ➲ Bilder nach (***AB 21 Nr.1*** [nur im Arbeitsbogen abgedruckt]). Beim Durchgang durch die Geschichte sollte U. mitunter Fragen einfließen lassen, die die *Beweggründe* des Verhaltens der in dieser Geschichte begegnenden Menschen durchscheinen lassen:

• Warum möchte Zachäus Jesus unbedingt kennenlernen? • Aus welchem Grund lassen die Leute den kleinen Zachäus nicht in die erste Reihe vor? • Was veranlaßt Jesus, ausgerechnet Zachäus zu besuchen? • Warum nehmen die Leute Anstoß an Jesu Verhalten? • Wodurch wurde Zachäus so verändert, daß er neu auf seine Mitmenschen zuging, Arme unterstützte und wiedergutzumachen suchte, wo er Menschen betrogen hatte? - In dem Zusammenhang noch einmal an das Gleichnis vom barmherzigen König und seinem unbarmherzigen Knecht erinnern: Gott will, daß wir seine Liebe und Barmherzigkeit an unsere Mitmenschen weitergeben. Zachäus hat Gottes Liebe durch Jesus empfangen und gibt sie weiter.

c) Wiederholung: • Wer waren die Pharisäer? • Wie dachten sie über Gott?

d) 1: **Mt 9,9-12** vorlesen lassen.

2: Gespräch: • Warum regen sich die Pharisäer über Jesu Verhalten auf?

• Warum kümmert sich Jesus besonders um Zöllner und Sünder?

e) Singen des Liedes „Halleluja, Jesus liebt dich" (Liedersammlung Nr.12 [Oberstimme evtl. weglassen!]) oder des Liedes „Jesus nimmt die Sünder an" (EG 353,1.3-4).

3. Die Schriftgelehrten nehmen Anstoß an Jesus

a) Wiederholung: • Wer waren die Schriftgelehrten? • Wie dachten sie über Gott?

b) 1: **Mk 2,1-12** vorlesen lassen.

2: Beschreibt die Darstellung dieser Heilungsgeschichte in der (➲ **2.**) Grafik von Hans Georg Anniès.

[Jesus und der von ihm mit dem Liebeskreis seiner Arme umfangene Geheilte befinden sich in einem hellen Kreis (= Raum des Heils), der im Kontrast zum finsteren Raum der Schriftgelehrten steht. Die entsetzt aussehenden, Jesus mit deutlicher Gebärde ablehnenden Schriftgelehrten nehmen Anstoß daran, daß Jesus in der Vollmacht *Gottes* Sünden vergibt und Menschen neu in Gottes Gemeinschaft aufnimmt. Sie sehen in Jesus nur einen Menschen, nicht den gottgesandten Retter der Sünder. Darum empfinden sie sein Tun als Gotteslästerung.]

4. Die Priesterschaft nimmt Anstoß an Jesus

a) Wiederholung: • Was war die Aufgabe der Priester? • Wie dachten sie über Gott?

b) 1: U. informiert: Juden lebten zur Zeit Jesu im gesamten Mittelmeerraum. Für viele Juden war es etwas Besonderes, *einmal* im Leben die heilige Stadt Jerusalem zu besuchen, im Tempel anzubeten und zu opfern. Im Jerusalemer Tempel gab es darum Stände, wo ausländische Juden Geld tauschen konnten, um dann in der Landeswährung („Schekel") Opfertiere zu kaufen, die sie ja nicht aus Spanien oder Griechenland mitbringen konnten. Aber auch Juden, die in Palästina lebten und weite Wege bis Jerusalem zurückzulegen hatten, kauften sich im Tempel Tiere zum Opfer. Das muß man wissen, um die folgende Geschichte zu verstehen.

2: U. verliest **Mk 11,15–18** [eine Zeichenhandlung!].

3: Gespräch: • Wie erging es Euch beim Hören dieser Geschichte?

• Wie paßt das, was Jesus hier tut, zu dem Bild, das Ihr Euch bislang von Jesus gemacht habt?

• Jesus findet den Verkaufsrummel im Tempel unerträglich. Warum?

• Welche Auffassung vom Tempel hat Jesus?

• Wie werden die Hohenpriester Jesu Vorgehen im Tempel aufgefaßt haben?

• Wie reagierten sie auf Jesu Vorgehen?

4: Gespräch: • Stellt Euch vor, das Vorgehen Jesu gegen die Geldwechsler und Tierverkäufer im Tempel sollte musikalisch ausgedrückt werden. Wie müßte die Musik Eurer Meinung nach klingen?

• Ich spiele Euch jetzt die Tempelreinigung in der Fassung der Rock-Oper „Jesus Christ Superstar" vor. Es wird auf Englisch gesungen. Betrachtet beim Hören der Musik die (➲ 3.) deutsche Übersetzung der Tempelreinigungsszene. Achtet beim Hören darauf, ob die Musik das Geschehen der Tempelreinigung Jesu angemessen wiedergibt. - Vorspiel: „The Temple".

• Gespräch über die Musik „The Temple" aus „Jesus Christ Superstar".

5. Die religiösen Führer der Juden werden zu Todfeinden Jesu

a) 1: **Mk 3,6** vorlesen lassen.

2: **Mk 14,1–2** vorlesen lassen.

b) Gespräch: Warum wollen die Pharisäer, Schriftgelehrten und Hohenpriester Jesus gewaltsam zum Schweigen bringen?

6. Abschluß: (➲ 4.) Das „Hohelied von der Barmherzigkeit Gottes" (Ps 103,1–13)

Die Konf. werden in zwei Gruppen aufgeteilt. Gruppe I und Gruppe II lesen die einzelnen Verse von Ps 103 im Wechsel, der abschließende Vers wird wird gemeinsam gelesen.

⇨

I Lobe den HERRN, meine Seele, und was in mir ist, seinen heiligen Namen!

II Lobe den HERRN, meine Seele, und vergiß nicht, was er dir Gutes getan hat:

I der dir alle deine Sünde vergibt und heilet alle deine Gebrechen,

II der dein Leben vom Verderben erlöst, der dich krönet mit Gnade und Barmherzigkeit,

I der deinen Mund fröhlich macht, und du wieder jung wirst wie ein Adler.

II Der HERR schafft Gerechtigkeit und Recht allen, die Unrecht leiden.

I Er hat seine Wege Mose wissen lassen, die Kinder Israel sein Tun.

II Barmherzig und gnädig ist der HERR, geduldig und von großer Güte.

I Er wird nicht für immer hadern noch ewig zornig bleiben.

II Er handelt nicht mit uns nach unsern Sünden und vergilt uns nicht nach unsrer Missetat.

I Denn so hoch der Himmel über der Erde ist, läßt er seine Gnade walten über denen, die ihn fürchten.

II So fern der Morgen ist vom Abend, läßt er unsre Übertretungen von uns sein.

I + II Wie sich ein Vater über Kinder erbarmt, so erbarmt sich der HERR über die, die ihn fürchten. AMEN.

➲ Aufgabe für Zuhause:

1. **a)** Lies aus dem Begleitbuch „Komm und sieh!" die Seiten 56-58 durch: „Jesus gibt Gottes Liebe an seine Mitmenschen weiter und schafft sich damit Feinde".

   b) In diesem Abschnitt stehen drei biblische Geschichten im Mittelpunkt: **Zachäus** (Lk 19, 1-10) - **Heilung eines Gelähmten** (Mk 2,2-12) - **Tempelreinigung** (Mk 11,15-18).

   Welche dieser drei Geschichten beeindruckt Dich am meisten, und warum?
2. Lies als Vorbereitung für die nächste Stunde **Markus 8,27-33** durch.

Unterrichtsmaterial: Arbeitsbogen 21 - evtl. Diaserie „Zachäus wird froh" - Kopien Liedersammlung Nr.12 oder EG - Kassettenrekorder - Kassette mit „The Temple" aus „Jesus Christ Superstar"

26. Jesus VI: Die Jünger verstehen Jesu Auftrag falsch

Begleitbuch „Komm und sieh!" S.59-60 / Arbeitsbogen 22

1. Besprechen der Aufgabe für Zuhause (*AB 21*)

Lösung des Rätsels *(Begleitbuch S.58):* Jesus billigt, daß seine Jünger am Sabbat auf dem Feld Ähren abrupfen (**A** [Mk 2,23-28]). - Jesus heilt auch am Sabbat Kranke (**D** [Mk 3,1-6]).

2. Wiederholung: Roms Vormacht in Israel

- Beschreibt die politischen Machtverhältnisse im jüdischen Land zur Zeit Jesu.
- Von mächtigen Staaten unterdrückt zu werden, ist für jedes Volk ein schweres Schicksal. Warum litten die Juden unter der Vorherrschaft der Römer besonders?
- Die Juden hatten eine starke Hoffnung, daß Gott ihnen helfen würde. Wie stellten sie sich Gottes Eingreifen für sein Volk vor?

3. Die Jünger mißverstehen Jesu Sendung

a) 1: U. führt ein: Letzte Stunde haben wir darüber gesprochen, daß die Pharisäer, Schriftgelehrten und Hohenpriester Anstoß an Jesu Lehre und Verhalten nahmen. Die Jünger erlebten Jesus *täglich*, wenn er mit ihnen durch das Land zog. Wir wollen heute sehen, ob die Jünger Jesus besser verstanden haben als die religiösen Führer seines Volkes.

2: Die Konf. sollen **Mk 8,27-33** vorlesen [der Text war als Vorbereitung für diese Stunde zu lesen].

3: Damit Ihr mehr von dieser Geschichte habt, zeige ich Euch jetzt einige Bilder vom Norden Israels mit dem Hermongebirge, an dessem Fuß der Ort Cäsarea Philippi liegt. Hier trug sich die Begebenheit zu, die wir eben gehört haben. [Die Dias sind dem **Bildwerk zur Bibel Bd. IV** von Jörg Zink entnommen: Burckhardthaus-Laetare Verlag, Gelnhausen / Christophorus Verlag, Freiburg im Breisgau 1982.]

① **(IV** 501) Ganz im Norden Israels liegt das **Hermongebirge**. Es ist knapp 2800 Meter hoch.

② **(IV** 496) Wir stehen in diesem Bild **oben auf dem Hermon** und **schauen in südwestlicher Richtung ins Land Israel** hinein.

③ **(IV** 502) **Hermongipfel im Schnee:** Im Winter ist das Hermongebirge ein beliebtes Schnee- und Skigebiet. Im Frühjahr und Sommer schmilzt der Schnee nach und nach, fließt als Wasser zu Tal und speist die drei Quellflüsse des Jordan, des größten Flusses in Palästina.

④ **(IV** 497) **Jordanquellfluß bei Metulla:** Hier sehen wir einen der Quellflüsse des Jordan. Das viele Wasser stürzt in einem Wasserfall bergab.

⑤ **(IV** 500) **Panheiligtum in Banjas:** Wir befinden uns auf diesem Bild in **Cäsarea Philippi**, das am Fuß des Hermongebirges liegt. Neben der höhlenartigen Nische (ganz unten links) muß man sich eine riesige Höhle vorstellen, die zur Zeit Jesu einmal frei und offen war. Aus ihr sprudelte der Banjas hervor, einer der drei Quellflüsse des Jordan. Heute tritt das Wasser aus der Erde vor der Höhle heraus, weil vom Berg gestürzte Gesteinsmassen die Höhle teilweise zugeschüttet haben. - Die auf dem Bild gut erkennbaren, in den Felsen gehauenen Nischen sind die Überreste eines Heiligtums, in dem der griechische Gott *Pan* (Hirtengott mit „Panflöte", der den Menschen einen „panischen" Schrecken einjagen konnte) und zu römischer Zeit auch der römische Kaiser angebetet wurden [𝅗𝅥 Dia nicht ausschalten].

4: Ich lese Euch jetzt eine Geschichte vor, die Euch das Gespräch zwischen Jesus, Petrus und den Jüngern in Cäsarea Philippi begreiflicher machen soll:

- Vorlesen der Geschichte **„Die Jünger verstehen Jesu Auftrag falsch"** [abgedruckt im Anhang zu dieser Stunde] von „Irgendwann kamen Jesus ..." bis „... nannten diesen König den Christos oder Christus".

  [*Alternative:* Wer die Dias nicht benutzt, läßt die Konf. beim Verlesen dieses Teils der Geschichte das Bild vom Pan-Heiligtum auf ***S.59 des Begleitbuchs*** betrachten.]

- Nach dem Ausschalten des Dias [Alternative: Schließen des Begleitbuchs] Weiterlesen von „Nachdem sich Jesus ..." bis Ende der Geschichte.

5: (Kleingruppenarbeit) Bearbeitet die ➲ Fragen in ***AB 22 Nr.1*** zu Mk 8,27-33.

❶ Die Jünger glauben, daß Jesus der von Gott im Alten Testament versprochene **Messias** (= **Christus**) ist. Welches Verhalten erwarten sie von Jesus?

❷ Petrus ist der Sprecher der Jünger. Er bekennt stellvertretend für alle: „Du bist der Christus." Warum ermahnt Jesus seine Jünger, mit niemandem darüber zu sprechen?

❸ Wie versteht Jesus seine Aufgabe als „Christus"?

❹ Jesus will uns Menschen wieder mit Gott unserem himmlischen Vater zusammenbringen. Darum malt er uns den *barmherzigen Gott* vor Augen, dem wir Menschen vertrauen können wie Kinder liebevollen Eltern. Jesus hat uns Menschen in die Gemeinschaft des barmherzigen Gottes *eingeladen*, aber niemandem Gottes Gemeinschaft aufgezwungen. *Frage:* Warum verzichtet Jesus darauf, die Menschen mit Druck oder Gewalt zum Glauben an Gott zu bewegen?

6: Besprechen der Ergebnisse der Kleingruppenarbeit im Plenum.

4. Abschluß: „Der Menschensohn muß viel leiden ..., getötet werden und ... auferstehen" (Mk 8,31)

a) Die Konf sollen einige Zeit die (➲ 2.) Grafik von Hans Georg Anniès betrachten und von dem darunter befindlichen Text (Mk 8,31) her zu verstehen versuchen.

b) Gespräch über die Aussage der Grafik und des Textes. [Die Grafik zeigt im Vordergrund einen der - wie es scheint - siegreichen Gegner Jesu, während der ohnmächtige Christus im Hintergrund am Kreuz hängt, die Hände jedoch schützend über seinen Widersacher haltend: „Vater, vergib ihnen; denn sie wissen nicht, was sie tun!" (Lk 23,34).] - Herausarbeiten: Jesus zwingt niemanden zum Glauben an sich. Lieber läßt er sich selber Gewalt antun, als daß er mit Gewalt gegen seine Gegner (Pharisäer, Schriftgelehrte und Priester) vorgeht. Doch ist der äußerlich gesehen Ohnmächtige im Grunde der Mächtige, der das Böse mit der *Macht seiner Liebe* überwindet (Lk 23,34).

c) 1: U. zündet eine Kerze an. Die Konf. sollen danach (➲ **3.**) **Mt 28,18-20** vorlesen. Dort sagt der auferstandene Christus zu seinen Jüngern:

Mir ist (von Gott) gegeben alle Gewalt im Himmel und auf Erden. Darum gehet hin und machet zu Jüngern alle Völker: Taufet sie auf den Namen des Vaters und des Sohnes und des heiligen Geistes und lehret sie halten alles, was ich euch befohlen habe. Und siehe, ich bin bei euch alle Tage bis an der Welt Ende.

2: Gespräch: Jesus hat sich selber Gewalt antun lassen. Er hat niemanden dazu gezwungen, ihn und Gott anzuerkennen. Wie übt der auferstandene Christus, dem Gott „alle Gewalt im Himmel und auf Erden" gegeben hat, seine Herrschaft über die Menschheit aus - auch über uns heute Lebende? - Herausarbeiten: Durch die Kirche (= die Jünger) *lädt Christus weiterhin* predigend, lehrend und taufend in seine Gemeinschaft *ein*, ohne jemanden zum Glauben zu zwingen. Wir *dürfen* unser Leben im Gespräch mit Christus verbringen, denn er ist im Verborgenen bei uns alle Tage bis an das Ende der Welt.

➲ Aufgabe für Zuhause:

1. **a)** Lies aus dem Begleitbuch „Komm und sieh!" die Seiten 59-60 durch: „Die Jünger verstehen Jesu Auftrag falsch".

   b) Stell Dir vor, Du wärst Petrus. Wie würdest Du Dich nach der Begebenheit in Cäsarea Philippi fühlen?

2. Lies als Vorbereitung für die nächste Stunde ***gründlich*** durch:
   - **Matthäus 26,17-29** (das Abendmahl);
   - **Matthäus 26,30-35** (der Gang zum Ölberg);
   - **Matthäus 26,36-50.56** (das Gebet Jesu im Garten Gethsemane und seine anschließende Gefangennahme);
   - **1.Mose 2,8.16-17; 3,1-8** (aus der Paradiesgeschichte).

Unterrichtsmaterial: Arbeitsbogen 22 - Dias vom Hermongebirge und von Cäsarea Philippi - Diaapparat - Geschichte „Die Jünger verstehen Jesu Auftrag falsch" (Anhang zu dieser Stunde) - Kerze

(Anhang zu Stunde 26)

Die Jünger verstehen Jesu Auftrag falsch (Mk 8,27-33)

Irgendwann kamen Jesus und seine Jünger ganz in den Norden des Landes, und zwar dahin, wo einer der drei Quellflüsse des Jordan entspringt: der Banias. Er sprudelte aus einer Berghöhle hervor. Jesus und seine Jünger besichtigten diesen Ort. Neben der Höhle waren, wie sie bemerkten, Steinmetze an der Arbeit gewesen. Sie hatten drei Nischen in den Felsen gehauen, die jetzt wie Fenster in der Felswand aussahen. In jeder Nische stand ein Götterbild. Für den Gott Pan war dieses Heiligtum einst errichtet worden. Inzwischen diente es den römischen Soldaten, die in der Umgebung untergebracht waren, als Kultstätte. Sie kamen hierher, um dem Gott Pan und ihrem Kaiser zu opfern und sie anzubeten.

Mit finsteren Mienen betrachteten die Jünger die Götzenbilder. Überall die Spuren dieser verhaßten heidnischen Besatzungsmacht, die das jüdische Volk unterdrückte! Dieser schöne Ort mit der Jordanquelle hatte sogar einen neuen Namen erhalten: *Cäsarea Philippi* hieß er jetzt. Mit diesem Namen wollte Philippus, der Sohn des Königs Herodes, den römischen Kaiser (*Cäsar*) ehren. Unterwegs hierher waren die Jünger schon immerzu römischen Soldaten begegnet, die in den Kasernen von Cäsarea Philippi lebten. Die Jünger mußten ihnen auf den schmalen Straßen stets ausweichen, da die Römer jetzt die Herren im Lande waren. Sie ließen das die Bevölkerung spüren. Wer den Römern nicht gehorchte, der mußte mit Unannehmlichkeiten rechnen.

Für die Juden war die römische Fremdherrschaft doppelt unerträglich: Gottes Volk, die Juden - sie waren jetzt Knechte der Römer. Ja, noch schlimmer: sie waren Knechte von Heiden geworden. Von Heiden, die sogar Menschen anbeteten und ihren Kaiser in Rom als Gott verehrten. Das war jedem frommen Juden ein Greuel. Den Juden war nur eine Hoffnung geblieben: Sie warteten darauf, daß Gott ihnen einen starken König senden würde, der alles Volk sammeln und siegreich gegen die Römer führen sollte. Mit der Herrschaft dieses Königs sollte Gottes Reich anbrechen. Diesen Retterkönig nannten sie den *Messias*. Das heißt auf Deutsch *Gesalbter*; denn die israelitischen Könige wurden in längst vergangenen Zeiten bei ihrer Krönung mit Öl gesalbt. Die Griechisch oder Lateinisch sprechenden Juden nannten diesen König den *Christos* oder *Christus*.

Nachdem sich Jesus und seine Jünger schon ein ganzes Stück von der Höhle entfernt hatten, machten sie Rast. Als sie sich niedergelassen hatten, fragte Jesus seine Jünger: „Sagt mal, für wen halten mich eigentlich die Leute?" Jakobus antwortete ihm: „Ich kenne einige, die denken, daß du der auferstandene Johannes der Täufer bist, den Herodes enthaupten ließ." Andreas sagte: „Viele glauben, daß seist der Prophet Elia, der kurz vor dem Anbruch des Reiches Gottes wieder auf die Erde kommen soll." Levi, der Steuereintreiber gewesen war, hatte noch etwas anderes gehört. Er sagte zu Jesus: „Oft hält man dich auch für einen der großen alten Propheten des Alten Testaments, die angekündigt haben, daß Gott einst den Messias, seinen Gesalbten, zur Rettung seines Volkes senden würde."

Nachdem die Jünger alles gesagt hatten, was sie wußten, fragte Jesus sie: „Sagt *ihr* mir nun aber: für wen haltet *ihr* mich?" Da antwortete Petrus als Sprecher für alle Jünger: „Jesus, du bist der Messias, der Christus." Jesus schwieg. Doch dann gebot er allen Jüngern, daß sie mit niemandem darüber sprechen sollten. Denn Jesus wußte, daß die Juden bei dem Wort *Messias* an jenen gewaltigen Krieger dachten, der als Retterkönig an der Spitze des jüdischen Volkes das Heilige Land im Kampf von den Römern befreien sollte. Jesus hatte Petrus nicht widersprochen, als dieser ihn den *Messias* nannte. Er wußte, daß Gott ihn als *Retter und Heiland* zu den Menschen gesandt hatte. Aber er war nicht gekommen, um Gottes Reich mit Gewalt zu errichten. Er wollte keinen Krieg gegen die Römer oder sonst eine Regierung führen. Denn den

Glauben an Gott kann man niemandem aufzwingen. Und Gottes Reich - so hatte Jesus die alttestamentlichen Propheten verstanden - Gottes Reich ist ein *Friedensreich.* Den Frieden kann man aber nicht mit gewaltsamen Mitteln herstellen.

Darum sagte Jesus seinen Jüngern etwas, das sicher neu und ungewohnt für sie war: „Der Mensch, den Gott zur Rettung seiner Menschenkinder sendet, wird viel leiden müssen. Denn er verzichtet darauf, die Wahrheit mit Gewalt durchzusetzen. Wenn er nach Jerusalem kommt, dann werden ihm der Rat der Ältesten des Volks, die Hohenpriester und die Schriftgelehrten großes Leid antun, weil sie ihm nicht glauben. Sie werden ihn verurteilen und sogar töten. Denn er wird auf den Beweis dafür verzichten, daß Gott ihn gesandt hat. Er will, daß sie ihm und Gott *freiwillig* glauben. Doch nach drei Tagen wird er auferstehen."

Die Jünger schauten einander verdutzt an. Sie hatten deutlich gespürt: Jesus hatte von sich selbst gesprochen. Aber was erzählte Jesus denn da? Im stillen hatten sie doch gehofft, daß ihr Herr sich einst in Jerusalem als der vom ganzen Volk erwartete Messias offenbaren würde. Anhänger hatte er ja schon überall. Sie hatten gehofft, daß dann Schluß wäre mit der römischen Vorherrschaft und dem Götzendienst. Solche Greuel wie das heidnische Pan-Heiligtum in Cäsarea Philippi würden dann verschwinden. Doch wie es ihnen jetzt vorkam, dachte Jesus offenbar gar nicht daran, in Jerusalem als Messiaskönig in Erscheinung zu treten. Was hatte er gesagt: daß er leiden und verurteilt, ja sogar getötet werden sollte? Das konnte doch nicht wahr sein! Hatte er nicht immer wieder gepredigt, daß das Reich Gottes ganz nahe ist? Wenn er der von Gott gesandte Retterkönig - der Messias - war, dann konnte er sich doch nicht einfach umbringen lassen. Die Jünger schauten Petrus an. Er sollte mit Jesus sprechen.

Da ging Petrus mit Jesus etwas beiseite und redete auf ihn ein: „Sag mal, das darf doch wohl nicht wahr sein, was du da gesagt hast! Warum willst du in dein Verderben rennen und nach Jerusalem gehen, wenn du dort nur leiden mußt? Warum willst du dahin gehen, wo Todfeinde auf dich warten? Wenn du tot bist, dann kannst du niemandem mehr von Gott, unserem himmlischen Vater, erzählen, der uns liebt. Und was sollen wir, deine Jünger, denn ohne dich anfangen? Wir brauchen dich lebendig, aber nicht tot! Du machst mit deinen Worten unsere ganze Hoffnung auf Gottes Reich zunichte. Bitte, Jesus, überlege es dir noch einmal. Geh nicht nach Jerusalem!"

Die Jünger hatten die heftigen Worte des Petrus gehört, so laut hatte er gesprochen. Was er gesagt hatte, entsprach dem, was sie alle fühlten und dachten. Jesus wandte sich seinen Jüngern zu. Denn das, was er jetzt Petrus zu sagen hatte, das galt ihnen allen. Mit einer Schärfe in der Stimme, die sie sonst nicht von ihm gewohnt waren, wies er auf Petrus: „Zurück, Petrus, du Satan! Deine Gedanken sind eine teuflische Versuchung. Denn du denkst rein irdisch-menschlich. Aber nach Gottes Willen fragst du nicht. Es ist aber Gottes Wille, daß ich leiden soll! Und der ist für mich der Maßstab, nicht aber deine menschlichen Überlegungen. Wir werden nach Jerusalem gehen, und ihr folgt mir nach!"

Die Jünger hielten die Luft an. So abweisend hatte Jesus noch nie mit ihnen gesprochen. Petrus war blaß geworden. Einen Satan hatte Jesus ihn genannt. Er mußte schlucken. Er hatte es doch nur gut mit Jesus gemeint. Schweigend schloß sich Petrus als letzter den anderen Jüngern an, die aufgestanden waren, um Jesus zu folgen. Ohne auch nur ein Wort zu sagen, zogen sie alle ihres Weges. Jeder versuchte, auf seine Weise damit fertigzuwerden, was sie eben erlebt hatten. Jesus - der Messias: Ja. Aber nicht als mächtiger König und Feldherr, sondern nach Gottes Willen als leidender Mensch?! Petrus seufzte tief. „Dieser Jesus", dachte er, „ob ich ihn je verstehen werde?"

27. Jesus VII: „Dein Wille geschehe"

Begleitbuch „Komm und sieh!" S.61-63 / Arbeitsbogen 23

Hinweis: Das *Abendmahl* (s.u. Nr.2) nur kurz behandeln, da es in einer späteren Stunde noch genauer besprochen wird. Auch den *Gang zum Ölberg* (s.u. Nr.3) nicht zu ausführlich besprechen, da der Schwerpunkt dieser Stunde auf dem *Gethsemanegebet Jesu* liegt.

1. Besprechen der Aufgabe für Zuhause (*AB 22*)

2. Das Abendmahl (Mt 26,17-29)

a) Erzählt mit Hilfe der (➲ **1.**) Grafik zum Abendmahl von H.G. Anniès, wie es beim letzten Mahl Jesu mit seinen Jüngern zuging.

b) Genauere Bildbetrachtung: • Wer ist der Mensch im Vordergrund unten? • Was drückt das Gesicht Jesu aus? • Welche Deutung gibt Jesus seinem Tod? • Welche Haltung nimmt der Mensch zur Rechten Jesu ein?

3. Der Gang zum Ölberg (Mt 26,30-35)

a) Nach dem Abendmahl ging Jesus mit seinen Jüngern zum Ölberg in den Garten Gethsemane. Was geschah auf dem Weg dorthin?

b) Betrachtet die ➲ Grafik von Hans Georg Anniès in ***AB 23 Nr.2***. Auf ihr sind Jesus und Petrus auf dem Wege zum Garten Gethsemane dargestellt. Beschreibt genauer, was sich gerade zwischen Jesus und Petrus abspielt.

4. Jesus in Gethsemane (Mt 26,36-50.56b)

a) Die Konf. sollen das Geschehen in Gethsemane *kurz* schildern. - Dabei besprechen, daß sich Jesus - von seinen Jüngern im Stich gelassen - *ganz allein* dazu durchringen muß, Gottes Willen anzunehmen, der ihm den Tod bringen wird. Seine Angst vor Leiden und Tod bewältigt er *im betenden Ringen mit Gott*.

b) U. zeigt einige Lichtbilder von Gethsemane [aus: **Bildwerk zur Bibel Bd. III und Bd.** V von Jörg Zink (s. Stunde 26 Nr.3a3)].

① (V 535) **Blick auf den Ölberg:** Wir schauen von der Stadt Jerusalem aus auf den Ölberg, einst eine ganz mit Ölbäumen bestandene Plantage. In der Bildmitte am linken Bildrand liegt der **Garten Gethsemane**. In diesem Garten befand sich eine Ölkelter, mit deren Hilfe man das Öl der gepflückten Oliven gewann. „Gethsemane" heißt „Ölkelter".

② (III 307) **Jerusalem - Kidrontal vor Tempelbereich:** Im Vordergrund des Bildes sehen wir ein Gräberfeld. Dahinter liegt das Kidrontal, das zur Altstadt von Jerusalem ansteigt. Wir schauen weiter auf den mauerumschlossenen großen Tempelplatz, auf dem zur Zeit Jesu der Jerusalemer Tempel stand. Heute befinden sich hier zwei moslemische Heiligtümer, die an den großen Kuppeln zu erkennen sind. Als sich Jesus mit seinen Jüngern von Jerusalem zum Garten Gethsemane aufmachte, mußte er durch das Kidrontal hindurchgehen.

③ (V 554) **Ölbaum in Gethsemane:** In Gethsemane stehen noch heute uralte Ölbäume, deren Wurzelstöcke ca. 2000 Jahre alt sein dürften. Viele heutige Jerusalempilger verehren diese Bäume als stille Zeugen des Gebets Jesu in Gethsemane.

④ (V 555) **Abendlicher Blick vom Garten Gethsemane auf die Stadtmauer Jerusalems**: Am Abend des **Gründonnerstags** wurde Jesus in Gethsemane gefangengenommen und nach Jerusalem in den Palast des Hohepriesters geführt. Im Hintergrund sehen wir die Stadtmauer mit dem berühmten Goldenen Tor („Golden Gate"), das schon seit langer Zeit zugemauert ist.

c) 1: U. bittet die Konf., sich entspannt hinzusetzen, eventuell die Augen zu schließen und die folgende Geschichte zu hören:

2: Vorlesen der Geschichte **„Jesu Gebet im Garten Gethsemane"** [abgedruckt im Anhang zu dieser Stunde].

3: Gespräch: Was ist nach Eurem Empfinden die wichtigste Aussage der Geschichte vom Gebet Jesu im Garten Gethsemane?

d) 1: Das Gethsemanegebet soll musikalisch ausgedrückt werden. Wie müßte sich die Musik Eurer Meinung nach anhören?

2: • Ihr hört gleich das Gethsemanegebet Jesu in der Fassung der Rock-Oper „Jesus Christ Superstar". Schaut beim Hören in (➲ **3.**) die deutsche Übersetzung des Textes. Achtet darauf, ob die Musik das Geschehen von Gethsemane *angemessen* wiedergibt. Macht Euch beim Hören Notizen zu den Fragen unter dem Text.

• Vorspiel des Gethsemanegebets aus „Jesus Christ Superstar".

> **JESUS:** „Will keiner von euch mit mir wachen, Petrus, Johannes und Jakobus? Will keiner von euch mit mir warten, Petrus, Johannes und Jakobus?
>
> Ich möchte nur sagen: Wenn es eine Möglichkeit gibt, dann nimm diesen Kelch von mir. Ich möchte sein Gift nicht trinken. Fühl doch, wie es mich verbrennt!
>
> Ich habe mich verändert, ich bin nicht mehr so gewiß als wie zu der Zeit, da wir begannen. Damals war ich begeistert, jetzt bin ich verzagt und müde.
>
> Höre, ich habe wohl zuviel erwartet. Das, was ich in drei Jahren zu tun mich bemühte, kommt mir so vor, als hätte ich dazu dreißig Jahre gebraucht. Kannst du von irgend jemand sonst soviel verlangen? Doch wenn ich nun sterbe, dann mache deine Weissagungen wahr und tu die Dinge, die du von mir verlangst. Laß sie mich hassen, mich schlagen, mich verletzen, mich an dein Kreuz nageln!
>
> Ich möchte es wissen, ich möchte es wissen, mein Gott, ich möchte es sehen, ich möchte es sehen, mein Gott, *warum* ich sterben soll. Wird mir danach mehr Beachtung geschenkt als je zuvor? Werden die Dinge, die ich gesagt und getan habe, dann noch von Bedeutung sein? – Ich muß es wissen, ich muß es wissen, mein Gott, ich muß es sehen, ich muß es sehen, mein Gott, wenn ich sterbe, worin wird mein Lohn bestehen? Ich muß es wissen, ich muß es wissen, mein Gott, warum ich sterben soll. Kannst du mir nicht zeigen, daß ich nicht vergeblich getötet werde? Gib mir doch ein wenig von deinem allgegenwärtigen Geist ab! Zeige mir doch den Grund dafür, warum du willst, daß ich sterbe! Doch du begnügst dich mit dem ‚Wo' und ‚Wie' und läßt mich mit dem ‚Warum' allein. – Gut, ich sterbe; sieh mich hier sterben, sieh, wie ich sterbe!
>
> Damals war ich begeistert, jetzt bin ich verzagt und müde. Drei Jahre habe ich mich bemüht, die mir jetzt wie neunzig vorkommen. Warum nur schrecke ich jetzt davor zurück, das zu vollenden, was *ich* begann? Nein, was *du* begannst, ich begann es nicht. – Gott, dein Wille ist hart, doch dein Wille geschehe! Ich will deinen Giftkelch trinken. Nagle mich an dein Kreuz, zerbrich mich, laß mich verbluten, schlage mich, töte mich, nimm mich jetzt hin, bevor ich es mir anders überlege!"

3: Gespräch über diese musikalische Fassung des Gethsemanegebets.

5. Adam und Christus

a) [Die Konf. sollten einige Verse aus der Paradiesgeschichte als Vorbereitung für diese Stunde lesen.] U. fordert die Gruppe auf, das Verhalten der *Menschen im Garten Eden* und das Verhalten *Jesu im Garten Gethsemane* miteinander zu vergleichen: • Was ist Adam und Christus gemeinsam? • Welche Unterschiede bestehen zwischen ihnen? ➾

Die einzelnen Beiträge der Konf. werden in die (➲ **4.**) Gegenüberstellung „Adam - Christus" eingetragen:

Adam	**Christus**

b) U. hebt hervor, daß das Besondere der Person Jesu nicht darin besteht, daß Jesus Wunder getan hat. Die Gabe zu heilen hatten damals auch andere Menschen. Das Besondere der Person Jesu ist, daß er Gott *vollkommen gehorsam* war - anders als wir Menschen alle. Darum nennt das Neue Testament Jesus auch den „zweiten Adam". Stellvertretend für uns alle ist Jesus Gott gehorsam gewesen. Um seinetwillen vergibt Gott uns Menschen darum unsere Sünde.

6. Abschluß

a) 1: Die Konf. sollen zur Ruhe kommen und die (➲ **5.**) Grafik von Hans Georg Anniès zum Gethsemanegebet auf sich wirken lassen.

2: Sie sollen beschreiben und deuten, was sie sehen. [Die schlafenden Jünger liegen vor einem *kahlen* Baum im Garten Gethsemane, der das Gegenbild zum „Baum des Lebens" im Garten Eden zu sein scheint. Die einem „S" (= „Sterben") gleichende Körperhaltung Jesu, sein verzagter Gesichtsausdruck und die *übergroßen*, gefalteten Händen weisen auf das Gebets*ringen* Jesu in Gethsemane hin. Die Steine vor ihm veranschaulichen, daß ein steiniger Weg vor ihm liegt.]

b) U. beschließt die Stunde mit einem Gebet:

Herr Jesus Christus,
im Garten Gethsemane mußtest du ganz allein mit deiner Todesangst fertigwerden.
Du hast mit Gott gerungen und durch das Gebet die Kraft erhalten, Gottes für dich so schweren Willen gehorsam zu sein.
Du bist den steinigen Weg zum Kreuz gegangen und nicht ausgewichen.
Wir danken dir, daß du das alles für uns auf dich genommen hast.
Wie wunderbar, Herr, ist doch diese Strafe:
Der gute Hirte leidet für die Schafe,
die Schuld bezahlst du, Christus, der Gerechte,
für deine Knechte. AMEN.

➲ Aufgabe für Zuhause:

1. **a)** Lies aus dem Begleitbuch „Komm und sieh!" die Seiten 61-63 durch: „Dein Wille geschehe".
   b) Deute die Abbildung von Begleitbuch S.63 oben:

2. Lies als Vorbereitung für die nächste Stunde gründlich durch:
   - **Matthäus 26,57-75** (Verurteilung Jesu durch den „Hohen Rat" [= die oberste jüdische Behörde] - Petrus verleugnet Jesus);
   - **Matthäus 27,1-2.11-14.27-61** (Verhör, Verurteilung, Kreuzigung und Grablegung Jesu).

Unterrichtsmaterial: Arbeitsbogen 23 - Lichtbilder von Gethsemane - Diaapparat - Geschichte „Jesu Gebet im Garten Gethsemane" (im Anhang zu dieser Stunde) - Kassettenrekorder - Kassette mit „Gethsemanegebet" aus „Jesus Christ Superstar"

(Anhang zu Stunde 27)

Jesu Gebet im Garten Gethsemane (Mt 26,36-50.56b)

Jesus war mit seinen Jüngern zum Garten Gethsemane gegangen. Hier war es ruhig. Von ferne hörte man leise Geräusche aus dem mauerumschlossenen Jerusalem. Jesus bat seine Jünger: „Setzt euch hierher. Ich möchte etwas abseits gehen und beten." Aber er ging nicht allein fort. Er nahm Petrus, Jakobus und Johannes mit sich. Das waren die Jünger, mit denen er am vertrautesten war. Heute nun erwartete Jesus ihre Hilfe für sich selbst. Er wußte, was die Stunde geschlagen hatte. Judas war unterwegs. Er wollte den Gegnern Jesu verraten, wo dieser sich aufhielt. Bei der großen Anzahl von Passafestpilgern, die gerade die Gassen Jerusalems bevölkerten, war es für die Polizei unmöglich, Jesu Unterkunft zu finden. Jesus wußte, daß es nur noch eine Frage der Zeit war, bis Judas mit der Polizei im Garten Gethsemane eintreffen würde. Er konnte sich ausrechnen, was dann passierte: Sie würden ihn gefangennehmen, fesseln und zum Verhör bringen. Er würde verurteilt werden, verurteilt zum Tod.

Jesus hatte davor Angst, große Angst. Er wollte nicht sterben. Warum glaubten ihm seine Gegner nicht? Warum wollten sie Beweise dafür, daß *Gott* ihn gesandt hatte? Warum lehnten sie Gott ab, den himmlischen Vater, der seine Menschenkinder liebt? Warum wollten sie von ihm nichts wissen? Warum hatten sie vor, ihn - Jesus - mundtot zu machen, wo doch Gott ihn dazu gesandt hatte, seine Liebe und Barmherzigkeit den Menschen zu bezeugen? Und warum ließ Gott es zu, daß Jesu Feinde sich seiner bemächtigten? Gott wußte doch, daß sie ihn töten würden, wenn es ihnen gelang, ihn zu verhaften. Warum ersparte Gott ihm Leiden und Todesqualen nicht? Warum unternahm Gott, sein himmlischer Vater, nichts, Jesu Gegner zum Schweigen zu bringen? Warum hinderte er sie nicht an ihrem bösen Vorhaben?

Jesus war von diesen Fragen tief bewegt und angefochten. Verzweifelt suchte er nach Antworten, doch er fand nur neue Fragen. Da sagte er zu Petrus, Jakobus und Johannes: „Was mir bevorsteht, macht mir Todesangst. Bitte bleibt hier ganz in meiner Nähe, wacht mit mir und betet für mich!" Und dann ging er ein paar Schritte von ihnen fort und warf sich auf die Erde nieder. Lange Zeit rang er mit Gott im Gebet: „Mein himmlischer Vater, ist es nicht möglich, daß dieser Becher des Leidens und Sterbens an mir vorübergeht, ohne daß ich ihn leeren muß?" Immer wieder stellte Jesus Gott diese Frage. Denn Gottes Wege sind uns Menschen oft verborgen, und das, was Gott mitunter von uns Menschen verlangt, ist uns oftmals unbegreiflich. Jesus kam im Gebet zu der Gewißheit, daß er nach Gottes Willen leiden und sterben sollte. Er fügte sich Gottes Willen: „Mein Vater, nicht mein Wille ist ausschlaggebend, sondern deiner. Was auch immer geschieht - ich vertraue darauf, daß es deinem Willen entspricht."

Ruhiger geworden erhob sich Jesus und kehrte zu den drei Jüngern zurück. Er wußte nicht mehr, wie lange er mit Gott im Gebet gesprochen hatte. Aber als er zu Petrus, Jakobus und Johannes kam, bemerkte er, daß sie eingeschlafen waren. Zu Petrus gewendet sagte Jesus: „Ist eure Kraft denn so gering, daß ihr nicht einmal eine einzige Stunde mit mir zusammen beten konntet? Seid wachsam und betet, damit die Versuchung euch nicht überwältigt. Der menschliche Geist zwar ist willig, aber das Fleisch ist schwach. Ihr habt zwar auf dem Weg hierher alle gesagt, daß ihr mich nicht im Stich lassen wollt. Aber jetzt, wo es nur darauf ankommt, daß ihr mich mit eurem Gebet unterstützt, da versagt ihr bereits."

Jesus sah, daß er ganz allein mit dem fertigwerden mußte, was ihm an schwerem Geschick bevorstand. Auf seine vertrautesten Jünger war kein Verlaß. Erneut ergriff ihn die Angst. Darum ging er zum zweiten Mal etwas abseits und betete so eindringlich wie zuvor zu seinem himmlischen Vater. Wieder bestürmte er Gott mit der Frage, ob denn dieser Becher des Todes nicht an ihm vorübergehen könnte, und wieder wurde er ruhiger bei dem Gedanken, daß sein Tod Gottes Willen entsprach. Als er zu seinen Jüngern kam, schliefen sie tief und fest. Zum dritten Mal wurde ihm angst und bange. Zum dritten Mal wandte er sich an Gott im Gebet: „Mein Vater, wenn dieser bittere Todeskelch nicht an mir vorübergehen kann, ohne daß ich ihn trinke, so geschehe denn dein Wille."

Durch das Gebet hatte Jesus jetzt die völlige Gewißheit erlangt, daß es Gottes Willen entsprach, daß er sterben sollte. Das Vertrauen zu seinem himmlischen Vater hatte über seine Angst und Verzweiflung gesiegt. Jesus erhob sich, ruhig und gefaßt. Er kam zu seinen schlafenden Jüngern. Er brauchte ihre Unterstützung im Gebet nicht mehr. Er war nun bereit, Gottes Willen zu erfüllen. „Schlaft nur weiter und ruht euch aus!", sagte er zu ihnen, doch sah er bei diesen Worten von ferne eine große Schar Menschen mit Fackeln näherkommen. Im Schein des flackernden Lichts sah man blitzende Schwerter. Jesus weckte die drei Jünger. „Seht, der Augenblick ist da, daß ich in die Hände gottesferner Menschen gerate", sagte er, „steht auf, laßt uns gehen. Der Verräter ist da."

Jesus ging mit Petrus, Jakobus und Johannes zu den anderen Jüngern zurück. Judas kam mit der Schar bewaffneter Männer auf ihn zu. Er begrüßte Jesus mit einem Kuß. Das war das verabredete Zeichen. Daran sollten die Bewaffneten erkennen, welcher der im Garten versammelten Menschen Jesus war. Kurzerhand nahmen sie ihn gefangen und fesselten ihn, ohne daß er sich wehrte. Dann führten sie ihn ab. Das alles dauerte nur wenige Augenblicke. Die Jünger bekamen es mit der Angst zu tun. Sollte nur Jesus verhaftet werden oder sie auch? So schnell sie nur konnten, liefen sie davon. Alle wandten sich von Jesus ab - Petrus, Jakobus, Johannes und die anderen Jünger. Sie flohen in die schützende Dunkelheit der Nacht. Jesus mußte den schweren Weg, der vor ihm lag, allein gehen.

28. Jesus VIII: Jesus leidet und stirbt für uns

Begleitbuch „Komm und sieh!" S.64-66 / Arbeitsbogen 24

1. Besprechen der Aufgabe für zu Hause (*AB 23*)

Lösung des Rätsels (Begleitbuch S.63): In der Reihenfolge nach Matthäus: ① **E**: Steine in Brot verwandeln. - ② **C**: Von der Zinne des Tempels springen. - ③ **B**: Vor Satan niederknien und ihn anbeten.

2. Dias zum Passions- und Kreuzigungsgeschehen [Aus: **Bildwerk zur Bibel Bd. III bis Bd. V** von Jörg Zink (s. Stunde 26 Nr.3a3).]

① (V 555 [Wiederholung zum inhaltlichen Anschluß an die voraufgehende Stunde]) **Garten Gethsemane** - im Hintergrund die Stadtmauer Jerusalems mit dem Goldenen Tor. Als Jesus hier gefangen genommen wurde, flohen seine Jünger.

② (IV 531) **Gräber am Ölberg:** Das Kidrontal, durch das Jesus zum Palast des Hohenpriesters abgeführt wurde, dient den Juden bis heute als Friedhof. Im Vordergrund sehen wir Grabmale, im Hintergrund die Altstadt Jerusalems mit der Tempelmauer.

③ (V 556) **Treppe vom Kidrontal zum Palast des Hohenpriesters:** Über diese noch heute gut erhaltene Treppe ging man vom Kidrontal zum Palast des Hohenpriesters hinauf. Über diese Treppe gelangte Jesus und wenig später Petrus an diesen Ort.

④ (V 560) **Modell Burg Antonia:** Direkt neben dem Tempel lag die Burg Antonia, von der aus die Römer die Kontrolle über Jerusalem ausübten. Die Burg hat wohl so ähnlich ausgesehen, wie es dieses Modell zeigt. Bei Festen war der römische Statthalter gewöhnlich in Jerusalem anwesend. Er wohnte dann in der Burg Antonia. Weil nur die Römer Todesurteile vollstrecken durften, verklagten die jüdischen Oberen Jesus vor dem amtierenden Statthalter Pontius Pilatus. Das Verhör Jesu durch Pilatus fand in der Burg Antonia statt. Es endete mit der Verurteilung Jesu zum Kreuzestode. Noch in der Burg wurde Jesus ausgepeitscht und als Messiaskönig verspottet, indem man ihm eine stachelige Dornenkrone aufsetzte und ihm einen königlichen Purpurmantel umhing.

⑤ (III 333) **Grabeskirche in Jerusalem:** Jesus wurde an der Hinrichtungsstätte Golgatha gekreuzigt und nach seinem Tode in ein ganz in der Nähe befindliches Felsengrab gelegt. Von diesen Stätten ist heute so gut wie nichts mehr zu sehen, denn über ihnen wurde die Grabeskirche errichtet, die wir hier im Bild sehen.

⑥ (V 587) **Gartengrab in Jerusalem:** Da Jerusalem auf Bergen liegt, mußten Gräber in den Felsen gehauen werden. Sie wurden dann über Jahrhunderte immer wieder verwendet. Vor dem Eingang dieses Felsengrabes muß man sich in der unten erkennbaren Laufrinne einen großen runden Stein vorstellen - groß wie ein Mühlstein - , der nach der Beisetzung vor den Eingang des Grabes gerollt wurde. Ähnlich wie dieses Grab wird das Grab Jesu ausgesehen haben.

3. Petrus verleugnet seine Zugehörigkeit zu Jesus

a) Die Konf. sollen sich entspannt hinsetzen. U. liest die Geschichte **„Petrus verleugnet seinen zum Tod verurteilten Herrn"** vor [abgedruckt im Anhang zu dieser Stunde].

b) Kurzes Gespräch über die ➲ Fragen von ***AB 24 Nr.1***:

① Haben die anderen Jünger Petrus wohl Vorwürfe gemacht, daß er Jesus verleugnet hatte?

② Hätten wir uns in der Lage des Petrus anders verhalten als er?

③ Könnt Ihr Situationen nennen, in denen es auch uns schwerfallen würde, uns zu unserem Glauben an Christus zu bekennen?

4. Jesus wird gekreuzigt

a) Bild*erklärung*: Die Konf. sollen mit Hilfe der (➲ **2.**) vier Grafiken von Hans Georg Anniès beschreiben, wie es nach der Auslieferung Jesu an Pontius Pilatus weiterging.

1. „Geißelung"	2. „Jesus mit der Dornenkrone"	3. „Gekreuzigter"	4. „Kreuzabnahme"

b) Die Konf. lesen - absatzweise der Reihe nach - die Geschichte **„Jesus wird gekreuzigt. Die Jünger zweifeln an Jesus"** vor (***Begleitbuch S.65f Abschnitt c***).

c) Bild*betrachtung*: Die Konf. sollen die (➲ **2.**) Grafiken 1-3 etwas genauer betrachten und beschreiben, was der Künstler mit seiner Darstellung zum Ausdruck gebracht hat. U. gibt nötigenfalls „Sehhilfen":

1. **Grafik „Geißelung":** Jesus krümmt sich vor Schmerz. Der Auspeitscher schaut fragend-nachdenklich zu Jesus zurück, denn Jesus verhielt sich bei seiner Auspeitschung *anders* als die Menschen sonst: „Als er gemartert ward, litt er doch willig und tat seinen Mund nicht auf wie ein Lamm, das zur Schlachtbank geführt wird; und wie ein Schaf, das verstummt vor seinem Scherer, tat er seinen Mund nicht auf" (Jes 53,7).
2. **Grafik „Jesus mit der Dornenkrone":** Dem leidvollen, dornengekrönten Haupt Jesu stehen die übergroßen, gefesselten Hände gegenüber, deren Haltung zum Ausdruck bringt, daß Jesus sich selber *freiwillig hingibt*.
3. **Grafik „Gekreuzigter":** Die Arme des bereits Gestorbenen sind segnend zum Betrachter hin ausgebreitet: Jesus starb *für uns*. Die Bewegung des Kreuzesstammes und der Lanze weisen nach „oben", also zu *Gott*: Jesus starb als das „Lamm *Gottes*" am Kreuz (Joh 1,29). Auch der gestorbene Jesus ist so dargestellt, daß seine Körperhaltung - besonders sein linker Arm - nach „oben" weist: Bis in den Tod hinein ist Jesus *Gottes treuer Zeuge*.

5. Gescheiterte Hoffnung

a) Betrachtung und Besprechung der ➲ **Grafik „Kreuzabnahme"** (***AB 24 Nr.2/4***): Der Körper Jesu ist in Form eines Fragezeichens dargestellt, wie eben sein Tod bei seinen Anhängern Fragen und Anfechtungen auslöste. Josef von Arimathäa blickt mit bekümmert-fragendem Gesicht auf den toten Jesus, während Anniès eine der Frauen, die in den Evangelien als stille Beobachterinnen der Szene beschrieben werden, in künstlerischer Freiheit bei der Bestattung Jesu helfen läßt.

b) (Gespräch) 1: Was meint Ihr: Wie haben sich Jesu Gegner - die Pharisäer, Schriftgelehrten und die Priesterschaft - nach dem Tode Jesu gefühlt?

2: Was haben die Jünger empfunden, als sie die Botschaft vom Tode Jesu erhielten?

6. Abschluß

U. bittet die Konf., die (➲) **Grafik „Jesus mit der Dornenkrone"** (*AB 24 Nr.2/2*) anzuschauen. Während die Konf. die Grafik betrachten, spricht U. einige Strophen des Liedes **„O Haupt voll Blut und Wunden"** von Paul Gerhardt als Gebet:

> **O Haupt voll Blut und Wunden, voll Schmerz und voller Hohn; o Haupt zum Spott gebunden mit einer Dornenkron; o Haupt, sonst schön gezieret mit höchster Ehr und Zier, jetzt aber hoch schimpfieret: gegrüßet seist du mir!**
>
> **Die Farbe deiner Wangen, der roten Lippen Pracht ist hin und ganz vergangen; des blassen Todes Macht hat alles hingenommen, hat alles hingerafft, und daher bist du kommen von deines Leibes Kraft.**
>
> **Nun, was du, Herr, erduldet, ist alles meine Last; Ich hab es selbst verschuldet, was du getragen hast. Schau her, hier steh ich Armer, der Zorn verdienet hat. Gib mir, o mein Erbarmer, den Anblick deiner Gnad.**
>
> **Ich danke dir von Herzen, o Jesu, liebster Freund, für deines Todes Schmerzen, da du's so gut gemeint. Ach gib, daß ich mich halte zu dir und deiner Treu und, wenn ich einst erkalte, in dir mein Ende sei. AMEN.**

➲ Aufgabe für Zuhause:

1. **a)** Lies aus dem Begleitbuch „Komm und sieh!" die Seiten 64-66 durch: „Jesus leidet und stirbt für uns".

   b) Wie haben sich die Jünger nach der Kreuzigung Jesu gefühlt?

2. **a)** Lies als Vorbereitung für die nächste Stunde die Auferstehungsgeschichten **Johannes 20,19-21** und **Lukas 24,13-35** aufmerksam durch.

   b) Beschäftige Dich ferner mit den folgenden Texten und finde heraus, was ihnen *gemeinsam* ist:

Texte	Gemeinsames:
Matthäus 28,17 **Markus 16,9-14** **Lukas 24,9-12** **Lukas 24,36-43** **Johannes 20,24-29**	

Unterrichtsmaterial: Arbeitsbogen 24 - Dias zur Passion Jesu - Diaapparat - Geschichte „Petrus verleugnet seinen zum Tod verurteilten Herrn" (im Anhang zu dieser Stunde)

(Anhang zu Stunde 28)

Petrus verleugnet seinen zum Tod verurteilten Herrn (Matthäus 26,57-75)

Als Jesus gefangengenommen wurde, da waren die Jünger in die schützende Dunkelheit der Nacht geflohen. Doch niemand verfolgte sie. Ganz außer Atem waren sie durch das Stadttor zurück nach Jerusalem gelaufen. Eilig gingen sie durch die engen Gassen Jerusalems in ihre Unterkunft zurück. Sie traten in den dunklen Raum und zündeten eine Öllampe an. Allmählich kamen sie zur Besinnung. Jesu Gegner hatten zugeschlagen. Und Judas - ihr Gefährte Judas - hatte ihnen Jesu Aufenthaltsort verraten. Warum? Jesus - gefangen! Was würde mit ihm geschehen? Ob sie ihn wirklich töten würden, so wie Jesus es vorausgesagt hatte?

Einige Jünger besannen sich. Wenn Jesus nicht da war, dann hatte stets Petrus die Leitung der Jüngergruppe übernommen. Gerade wollten sie Petrus fragen, was nun geschehen sollte, da bemerkten sie, daß Petrus überhaupt nicht bei ihnen war. „Um Himmels willen, wo ist denn Petrus?" fragte Jakobus mit erregter Stimme. Auch das noch: Jesus gefangen und Petrus verschwunden! Die Jünger blickten einander ängstlich an.

Ja, wo war Petrus geblieben? Im ersten Moment war er mit den anderen Jüngern mitgelaufen. Doch dann, in sicherer Entfernung, hatte er innegehalten und sich im Kidrontal hinter Grabsteinen verborgen. Niemand konnte ihn hier bemerken. Der erste Schrecken war vorüber. Petrus konnte wieder klare Gedanken fassen. „Ich muß wissen, was sie mit Jesus vorhaben", dachte er, „ich kann ihn doch nicht im Stich lassen!" Petrus folgte der an den Fackeln gut erkennbaren Schar in einiger Entfernung. Man führte Jesus nach Jerusalem hinein, und zwar direkt zum Palast des amtierenden Hohenpriesters Kaiphas. Der Palast war hell erleuchtet. Petrus konnte erkennen, daß eine Menge Leute dort versammelt waren: die Hohenpriester, die Schriftgelehrten und der Ältestenrat des Volkes. Petrus faßte sich ein Herz. Er ging mitten in den inneren Hof des Palastes hinein. Er legte sein Halstuch über seinen Kopf. So konnte ihn niemand genau erkennen.

In der Mitte des Hofs brannte ein Feuer. Petrus setzte sich zu den Leuten, die sich am Feuer wärmten. Durch die offenen Fenster des Palastes bekam Petrus einiges von dem mit, was im Inneren verhandelt wurde, besonders aber das Ende des Verhörs Jesu. Da rief der Hohepriester mit lauter Stimme: „Habt ihr es gehört? Er hat Gott gelästert! Was bedürfen wir weiterer Zeugen! Was meint ihr?" Petrus hielt den Atem an. Ein Gemurmel erhob sich. Sätze wie „Er ist des Todes schuldig" oder „Das ist ein todeswürdiges Verbrechen" drangen an sein Ohr. Petrus fuhr ein Stich durchs Herz. Sie wollten Jesus töten. Ihm kroch die Angst den Nacken hoch. Wenn sie nun ihn - Petrus - entdeckten? Wenn sie auch *ihm* den Prozeß machten? Er gehörte doch zu Jesus, den sie soeben zum Tode verurteilt hatten. „Niemand darf merken, wer ich bin", dachte er. Um nicht durch Schweigen aufzufallen, beteiligte er sich wieder am Gespräch der Diener des Hohenpriesters, die um das Feuer herumsaßen.

Da sagte plötzlich eine Frau: „Sag mal, Fremder, du warst doch auch mit Jesus, dem Mann aus Galiläa zusammen?" Petrus zuckte zusammen. Woher wußte die Frau das? „Ich begreife überhaupt nicht, wovon du redest", fuhr Petrus die Frau an. Sie zuckte mit den Achseln und gab sich zufrieden. Die Runde setzte ihr Gespräch fort.

Petrus wartete auf einen günstigen Augenblick, dann verließ er den inneren Hof des Palastes. Der Wind blies ihm das Halstuch vom Kopf, doch Petrus achtete nicht weiter darauf. Er wollte hier nur so schnell wie möglich heraus. Er gelangte in den Vorhof des Palastes und wollte gerade durch das Tor auf die Straße treten, als eine andere Frau mit dem Finger auf ihn zeigte. Sie sagte zu den Leuten, die bei ihr waren: „Diesen Mann habe ich oft mit Jesus aus Nazareth zusammen gesehen." Petrus erstarrte vor Schreck. Sollten sie ihn so kurz vor dem rettenden Ausgang doch noch zu fassen kriegen? Petrus wandte sich an die Frau: „Sei vorsichtig mit dem, was du sagst", schrie er sie an. „Wer ist dieser Jesus aus Nazareth? Den kenne ich überhaupt nicht. Das schwöre ich dir!"

Die Leute, die um die Frau herumstanden, horchten auf. Nazareth war eine galiläische Stadt. Und Petrus hatte in so einwandfreier galiläischer Mundart gesprochen, daß sie ihm einfach nicht so ohne weiteres glauben konnten. „Doch, doch", hielt einer ihm vor, „du mußt einer von der Gruppe des Mannes aus Nazareth sein. Deine Sprache verrät dich." Da wurde Petrus heftig und fing an zu fluchen: „Zum Donnerwetter noch einmal, ich habe es doch schon gesagt: Ich kenne diesen Menschen nicht. Ich will mit ihm auch nichts zu tun haben. Ich schwöre bei Gott: Ich kenne diesen Jesus nicht!" Dieser Schwur machte auf die Leute Eindruck. Sie ließen Petrus stehen und gingen in den Innenhof.

Petrus aber überquerte eilig die Türschwelle. »Nur raus hier", fuhr es ihm durch den Kopf. In dem Moment aber krähte ein Hahn. Die Hahnenschreie trafen Petrus wie Keulenschläge. Er begriff auf einmal, was soeben geschehen war. Er hatte sich genau so verhalten, wie Jesus es ihm vorhergesagt hatte: „Ehe der Hahn kräht, wirst du dreimal verleugnen, daß du zu mir gehörst." Er - Petrus - hatte Jesus versprochen, zu ihm zu halten, komme, was da wolle. Doch er hatte auf ganzer Linie versagt. Petrus war zutiefst erschrocken über sein eigenes Verhalten. Tränen schossen ihm in die Augen. Er mußte bitterlich weinen über Jesus, den sie töten wollten, und auch über sich selbst, weil er abgestritten hatte, daß er Jesu Jünger war.

Mit gesenktem Haupt schlich er sich zu dem Haus, das den Jüngern als Unterkunft diente. Er klopfte an die Tür. Die Tür öffnete sich. „Gott sei Dank, da bist du ja endlich!" rief eine erleichterte Stimme. Die Tür wurde sofort wieder geschlossen und verriegelt. Mit Tränen in den Augen berichtete Petrus, was er erlebt hatte: Daß Jesus getötet werden sollte und daß er ihn dreimal verleugnet hatte. Eine verzweifelte Jüngerschar versuchte vergeblich, bis zum Tagesanbruch zu schlafen.

29. Jesus IX: Gott bekennt sich zu Jesus, indem er ihn von den Toten auferweckt

Begleitbuch „Komm und sieh!" S.67-69 / Arbeitsbogen 25

1. Besprechen der Aufgabe für Zuhause Nr.1b (*AB 24*)

2. Der auferweckte Christus erscheint seinen Jüngern

a) **Joh 20,19-20** vorlesen lassen.

b) 1: U. führt ein: Versucht jetzt noch einmal, Euch in die Situation der hoffnungslos gewordenen Jünger hineinzuversetzen, damit Ihr die Bedeutung der Auferstehung Jesu für die Jünger - und auch für uns alle - tiefer nachempfinden könnt.

2: U. liest die Geschichte **„Der auferweckte Jesus erscheint seinen Jüngern"** vor (Begleitbuch S.67 vom zweiten bis zum letzten Absatz).

3: Gespräch: • Was habt Ihr empfunden, als Ihr diese Geschichte hörtet?

• Wie überzeugte der auferstandene Christus seine Jünger nach dieser Geschichte von seinem neuen Leben?

• Welche Wirkung hat die Erscheinung des von Gott auferweckten Christus auf das Denken und Fühlen der Jünger?

3. Zweifel an der Botschaft von der Auferstehung Jesu

a) (Gespräch) 1: • Besprechung der *Aufgabe für Zuhause Nr.2b* (***AB 24***): Ihr habt als Vorbereitung für die heutige Stunde einige Bibeltexte gelesen, die alle etwas gemeinsam haben. Was habt Ihr herausgefunden? [Alle Texte enthalten die Aussage, daß die Jünger Mühe hatten, die Botschaft von der Auferstehung Jesu anzunehmen. Immer wieder ist davon die Rede, daß sie daran zweifelten.]

• Warum zweifeln wir Menschen so leicht an der Botschaft, daß Gott Jesus von den Toten auferweckt hat?

2: Der auferstandene Christus ist seinen Jüngern mehrfach erschienen, um ihre Zweifel an seinem neuen Leben zu überwinden. Wodurch macht er *uns heute Lebenden* gewiß, daß er auch bei *uns* ist alle Tage bis an das Ende der Welt?

b) 1: (Einzelarbeit) Nehmt ➲ ***AB 25 Nr.1*** vor und vollendet die Sätze:

① Das Grab Jesu war leer. Die Christen sagten: Es ist deswegen leer, weil ________________
____.

② Andere Menschen erklärten es anders. Sie sagten: Es ist deswegen leer, weil ___________
____.

[Wenn Du nicht darauf kommst, dann schlage Matthäus 28,13+15 auf!]

2: Besprechung der vollendeten Sätze im Plenum.

4. Die Bedeutung der Botschaft vom Kreuz und der Auferweckung Jesu für uns

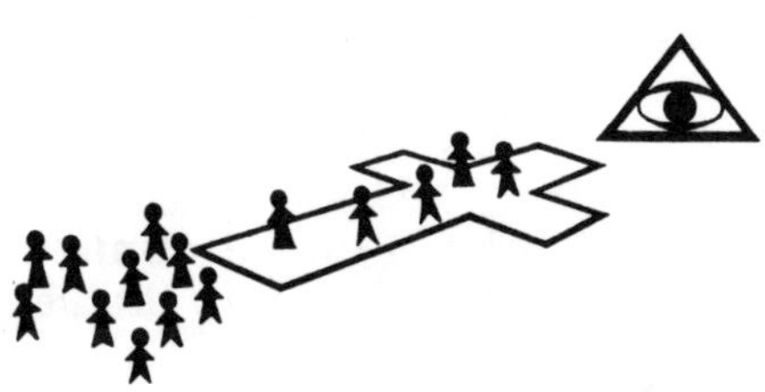

a) Betrachtet die ➲ Zeichnung in ***AB 25 Nr.2***. Beschreibt die Bedeutung des Kreuzes Jesu für uns Menschen mit Hilfe dieser Abbildung.

b) 1: Einleitung der Einzelarbeit von ***AB 25 Nr.3***: Auch wenn man es sich in jungen Jahren noch nicht so richtig vorstellen kann: Wir Menschen müssen alle einmal sterben. Bearbeitet von diesem Gedanken her die ➲ Frage von ***AB 25 Nr.3*** - jede(r) für sich:

Die Auferweckung Jesu durch Gott zeigt uns Menschen, daß *Gottes Macht stärker* ist als der Tod. Wie Gott Christus von den Toten auferweckte, so will er *auch uns* nach unserem Tod auferwecken. Schreibe Deine Gedanken und Empfindungen dazu hier auf:

2: Plenum: Wer mag, kann vorlesen, was er/sie aufgeschrieben hat.

c) U. fordert die Konf. auf, die ➲ Abbildung von ***AB 25 Nr.4*** zu betrachten, während er/sie das **„Gebet zum lebendigen Christus“** vorliest (Begleitbuch S.69 Abschnitt c).

5. „Bleibe bei uns, Herr!“

a) 1: Die Konf sollen • die (➲ **5.**) Grafik von Hans Georg Anniès anschauen,

• die dazugehörige Begebenheit (Lk 24,13-35) benennen,

• diese zu Hause bereits gelesene Geschichte (***AB 24*** *Aufgabe für Zuhause Nr.2a*) ausführlich nacherzählen.

2: Die Konf sollen • das Bild näher betrachten,

• das Bild der genauen Situation innerhalb der Geschichte von den Emmausjüngern zuordnen,

• das Besondere dieser Darstellung herausfinden: Der „verherrlichte“ (Lk 24,26), auferstandene Jesus (Nägelmale!) ist ganz „licht“ (Joh 8,12) ins Bild gesetzt, während das dunkle Gewand der Jünger ihre Hoffnungslosigkeit zum Ausdruck bringt. Ihre Gesichter spiegeln Ratlosigkeit und Kummer wider. Die Hand des Auferstandenen „schiebt“ die Jünger hin nach Emmaus, wo sie zur Erkenntnis seines neuen Lebens kommen sollen.

b) Einstimmiges Singen des bekannten Kanons „Herr, bleibe bei uns, denn es will Abend werden“ (EG 483). - Alternative: Singen des Liedes „Bleibe bei uns, Herr“ (Liedersammlung Nr.13). Der übliche Verlauf des Liedes ist **A - B - A**. Teil **B** kann von U. als Vorsänger übernommen werden. Sollte die Zeit knapp sein, so genügt es auch, Teil **A** einfach durchzusingen.

➲ Aufgabe für Zuhause:

1. Lies aus dem Begleitbuch „Komm und sieh!“ die Seiten 67-69 durch: „Gott bekennt sich zu Jesus, indem er ihn von den Toten auferweckt“.
2. Beantworte danach die Frage: Warum hat Gott Jesus von den Toten auferweckt?

Unterrichtsmaterial: Arbeitsbogen 25 -
Kopien Liedersammlung Nr.13 oder EG

30. Jesus X: Jesus erhält Anteil an Gottes Macht

Begleitbuch „Komm und sieh!" S.70-71 / Arbeitsbogen 26

1. Besprechen der Aufgabe für Zuhause (*AB 25*)

***Lösung des Rätsels** (Begleitbuch S.69):* Die Erscheinungsorte des Auferstandenen: **B** (beim Grab) - **A** (in Emmaus) - **G** (am See Genezareth) - **H** (auf dem Ölberg [Betanien]).

2. „Aufgefahren in den Himmel; er sitzt zur Rechten Gottes"

a) Gespräch: Im Glaubensbekenntnis heißt es: „*Aufgefahren in den Himmel*; er sitzt zur Rechten Gottes ..." Wie stellt Ihr Euch Jesu Himmelfahrt vor?

b) Mit Hilfe von ➲ ***AB 26 Nr.1*** die Bedeutung von *Himmelfahrt* herausarbeiten:

① Im Deutschen kennen wir nur das Wort „Himmel". Im Englischen gibt es für „Himmel" zwei Worte:

❶ ***sky*** = [der sichtbare Himmel]	❷ ***heaven*** = [die unsichtbare Welt Gottes]

② Welche der beiden Bedeutungen von „Himmel" paßt zur *Himmelfahrt Jesu* am besten?

③ Was meint dann der Satz des Glaubensbekenntnisses, daß Jesus *in den Himmel aufgefahren* ist?

c) 1: (**➲ 2.**) **Mt 28,18-20** vorlesen lassen [nur abgedruckt im Arbeitsbogen].

2: (Einzelarbeit) Unterstreicht alle Aussagen im Text von Mt 28,18-20, in denen die Bedeutung der Himmelfahrt Jesu (für uns) zum Ausdruck kommt.

3: Gespräch über die Ergebnisse im Plenum.

4: Die Konf. sollen das Himmelfahrtsgeschehen mit Hilfe der (**➲ 3.**) **Grafik „Jesus nimmt Abschied von seinen Jüngern"** von Hans Georg Anniès zu beschreiben versuchen.

[Einige „Sehhilfen": ● Der mit einer angedeuteten Krone versehene (= erhöhte) auferweckte Jesus nimmt segnend Abschied von seinen Jüngern.

● Jesus gehört ganz der Welt Gottes an, die wie die Spitze eines Fingers in die irdische Welt - angedeutete Weltkugel - hineinragt.

● Die ewige Welt Gottes - helle Farbe - und die vergängliche Welt der Jünger - dunkle Farbe - sind jedoch gänzlich unterschieden (dunkle Umrandung der Jünger), auch wenn die Jünger bereits Anteil am Licht der neuen Welt Gottes haben (sie knien im Licht).

● Die helle Christusgestalt vor dem lichten ovalen Hintergrund (auch als Flamme einer Kerze deutbar) leuchtet als das *Licht* in der Dunkelheit *der Welt* (Joh 8,12).

● Die Jünger haben betenden Kontakt mit dem Erhöhten.]

d) 1: (**➲ 4.**) **Apg 1,8-14** vorlesen lassen [nur abgedruckt im Arbeitsbogen].

2: Gespräch: Wie beschreibt Lukas Jesu Himmel*fahrt* nach diesem Text?

3: ● (Einzelarbeit) Unterstreicht alle Aussagen in dem Text, in denen die Bedeutung der Himmelfahrt Jesu für uns Menschen zum Ausdruck kommt.

● Gespräch über die Ergebnisse im Plenum.

⇨

4: [Wenn es noch nicht genannt wurde:] Vor seiner Kreuzigung konnten die Jünger mit Jesus reden, wenn sie bei ihm waren. Nach seiner Auferweckung und Himmelfahrt ist der Kontakt zwischen Jesus und seinen Jüngern nicht beendet, sondern er geht in veränderter Form weiter. Findet mit Hilfe von V.14 heraus, wie er fortgesetzt wird.

3. Singen: Lied „Sing Hallelujah to the Lord“ (Liedersammlung Nr.14) oder Lied „Jesus Christus herrscht als König“ (EG 123,1-3)

4. Christus der Weltenrichter

a) 1: U. führt ein: Im Glaubensbekenntnis heißt es: „Aufgefahren in den Himmel; er sitzt zur Rechten Gottes, des allmächtigen Vaters; *von dort wird er kommen, zu richten die Lebenden und die Toten.*“ Am Ende der Welt wird Jesus im Auftrag Gottes kommen, um die Menschheit zu richten. In diesem „jüngsten Gericht“ müssen wir alle unsere Lebensführung vor ihm verantworten.

2: Gespräch: • Wie fühlt Ihr Euch bei dem Gedanken, daß auch Ihr einmal Christus für Eure Lebensführung Rechenschaft geben müßt?

• Was meint Ihr: Wonach wird Christus uns Menschen im Jüngsten Gericht fragen?

b) Gespräch: Eine ➲ alte Ikone - Ihr findet sie in ***AB 26 Nr.5*** - stellt Christus den Weltenrichter dar. Dieses Bild will auf der einen Seite zum Ausdruck bringen, daß wir Christen das Gericht Christi *ernstzunehmen* haben [s. die abweisende linke Hand des Christus]; auf der anderen Seite zeigt diese Ikone, daß wir vor dem Gericht Christi *nicht erschrecken* müssen [der Richter ist der gekreuzigte Retter: Genaueres im Begleitbuch S.71 fünfter und sechster Absatz].

• Welcher Zug der Ikone macht deutlich, daß wir das Gericht Christi ernstzunehmen haben?

• Welche Züge bringen zum Ausdruck, daß wir vor Christus, unserem Richter keine Angst zu haben brauchen?

5. Abschluß: Meditation „Siehe, ich bin bei euch“

a) 1: Die Konf. sollen einen Stuhlkreis bilden (oder sich im Kreis auf den Fußboden setzen).

2: U. stellt eine Kerze - wenn möglich die Osterkerze der Kirche - in die Mitte und entzündet sie.

3: U. nimmt den im Anhang zu Stunde 30 abgedruckten, kopierten und ausgeschnittenen Spruch „Siehe, ich bin bei euch alle Tage bis an das Ende der Welt“ (Mt 28, 20b) vor, zeigt ihn den Konf. und legt ihn neben die Kerze.

4: Vorspiel ruhiger Musik. Die Konf. sollen während der Musik darüber nachdenken, was es *für sie persönlich* bedeutet, daß Christus im Verborgenen immer auch bei einem(r) jeden von ihnen ist.

b) Nochmaliges Singen des Kanons „Herr, bleibe bei uns“ (EG 483) oder des Liedes „Bleibe bei uns, Herr“ (Liedersammlung Nr.13) vom Ende der letzten Stunde.

c) Gebet (aus: Elisabeth Wiesbaum, Manchmal spüre ich deine Nähe. Gebete, Ev. Verlagsanstalt Berlin 1982 S.23):

Herr, es ist schön, daß ich mit dir sprechen kann.
Du bist größer als alle Menschen,
und ich kann zu Dir kommen,
wann immer ich will.
Du hast durchgehend Sprechstunde.
Ich brauche nichts schön zu formulieren,
denn Du verstehst mich auch so.
Du nimmst mich an, wie ich bin.
Ich danke Dir,
daß Du an jedem Ort und zu jeder Zeit
auf mich wartest. AMEN.

➲ Aufgabe für Zuhause:

1. Lies aus dem Begleitbuch „Komm und sieh!" die Seiten 70-71 durch: „Jesus erhält Anteil an Gottes Macht".
2. Beantworte dann die folgenden Fragen:

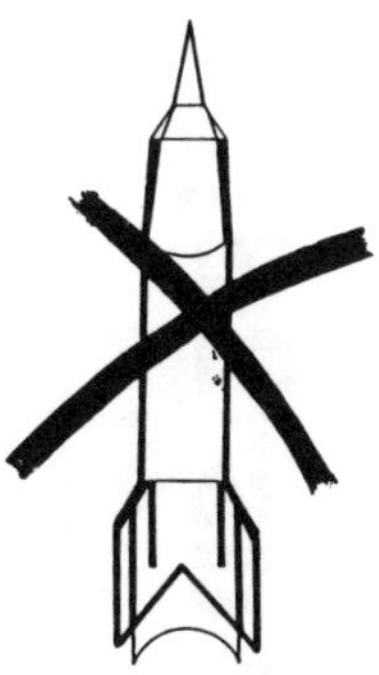

a) Die nebenstehende Zeichnung will ein Mißverständnis der Himmelfahrt Jesu abwehren. Welches?

b) Was meint das Glaubensbekenntnis, wenn es sagt, daß Jesus *in den Himmel aufgefahren* ist?

c) Welche Bedeutung hat Jesu Himmelfahrt *für uns*?

3. Wir haben uns in den letzten Monaten mit Christus beschäftigt und dabei viele Jesusgeschichten kennengelernt (Begleitbuch S.44-71). Suche Dir *eine* dieser Geschichten, die Dir besonders gefällt, heraus und lies sie noch einmal in der Bibel durch. Du kannst Dir auch eine andere Jesusgeschichte aus den Evangelien auswählen, die Du gut findest. *In der nächsten Stunde*[1] sollst Du die von Dir ausgesuchte Geschichte in besonderer Weise darstellen:

   ❶ Du kannst sie *zeichnerisch* gestalten (z.B. mit Tusche, Filzstiften oder Buntstiften).

   ❷ Du kannst sie *modellieren* (z.B. mit Ton oder Knetgummi, Papier oder Pappe).

   ❸ Du kannst sie zu einem *Hörspiel* verarbeiten, das mit verteilten Rollen vorzulesen ist.

   Entscheide Dich für *Deine* Jesusgeschichte und bringe zur nächsten Stunde alles Nötige mit, was Du zu ihrer Darstellung brauchst.

Unterrichtsmaterial: Arbeitsbogen 26 - Kopien Liedersammlung Nr.14 oder EG - Kassettenrekorder - Kassette mit ruhiger Musik - Kopie des Spruchs Mt 28,20b (im Anhang zu dieser Stunde) - (Oster-)Kerze

---

[1] Wenn in der nächsten Stunde der Film „Das Land, aus dem Jesus kam" gezeigt werden soll, hat das Konsequenzen für diesen Teil der Hausaufgabe: Siehe S.103-104, besonders den zweiten Absatz auf S.104.

Christus verspricht:

„Siehe, ich bin bei euch alle Tage

bis an das Ende der Welt.“

(Matthäus 28,20b)

31. Jesus XI: Gestalterische Bearbeitung einer Jesusgeschichte – Film „Das Land, aus dem Jesus kam"

Vorschlag: Beendigung der großen Christuseinheit (zweiter Artikel) mit dem Film „Das Land, aus dem Jesus kam" von Jörg Zink[1]

Es besteht die Möglichkeit, die große Christuseinheit des Konfirmandenkurses mit Jörg Zinks Film „Das Land, aus dem Jesus kam" abzurunden. Dieser Film enthält schöne Aufnahmen von Stätten des Wirkens Jesu im Heiligen Land. Er erinnert an bestimmte Aspekte der Botschaft und des Geschicks Jesu, über die auch im KU gesprochen wurde. Auch wenn die Konf. nicht jeden von Zink gesprochenen Satz (in seiner Tragweite) verstehen, so bekommen sie doch Wesentliches mit. Insbesondere vermittelt der Film gute Eindrücke vom Leben der Menschen zur Zeit Jesu, indem er Beispiele gegenwärtigen Lebens im Heiligen Land vor Augen führt, in denen sich antike Lebenspraxis bis in die Gegenwart durchgehalten hat. Viele Konf. reagieren darum auf den Film mit Worten wie: „Ich habe manche Geschichte, die wir besprochen haben, wiedererkannt" oder: „Jetzt verstehe ich einiges in den biblischen Geschichten besser".

Der Film dauert mit seinen beiden Teilen 60 Minuten. Das ist für die Aufnahmefähigkeit von Konf. – es handelt sich ja um einen Sachfilm, nicht um einen Film mit spannender Handlung – etwas zu lang. Im folgenden unterbreite ich einen *Kürzungsvorschlag*, der die schwierigeren oder für die Konf. nicht so interessanten Passagen des Films übergeht. In der gekürzten Form dauert der Film etwa 45 Minuten. Danach hat man noch Raum zum *Gespräch über Eindrücke*, die der Film bei den Konf. hinterlassen hat.

Technisches zur Kürzung: Manche Videorekorder untergliedern das Videoband nach Zahlen, andere nach Minuten. Im folgenden gebe ich sowohl Gliederungszahlen als auch den Beginn und das Ende des zu den Bildern gesprochenen Textes an. Mit Hilfe der beiden Begleithefte zu Teil I und Teil II des Films kann U. die entsprechenden Stellen auf dem Videoband ohne Schwierigkeiten finden und die Angaben ihres/seines Zählwerks (Gliederungszahlen oder Minutenangaben) in den Kürzungsvorschlag eintragen. Nach dieser Vorarbeit kann U. den Film in der gekürzten Fassung ohne zeitaufwendiges Suchen vorführen.

Gekürzte Fassung des Films „Das Land, aus dem Jesus kam"

① Beginnen mit Bildern von Nazareth ab **327** [ ]: „Gewiß, man findet Kirchen, man findet pompöse Bauwerke, aber das Nazareth, in dem Jesus gelebt hat, liegt begraben unter Höhlen und Kellern ..." Es folgt der Text von Begleitheft I S.5 oben: „Eine dieser Höhlen schreibt die Tradition der Familie des Josef zu, der Familie, in der Jesus aufgewachsen ist ..."

Weiter geht es bis **943** [ ]: „... Hier fand die Auseinandersetzung statt zwischen Jesus und den religiösen Autoritäten seiner Zeit" (Begleitheft I S.7 etwas unterhalb der Seitenmitte).

② Vorspulen bis **1281** [ ]: „Auf dem Höhepunkt der Auseinandersetzungen wich Jesus einmal in den Norden des Landes aus ..." (Begleitheft I S.9 oben).

Weiter geht es bis **1470** [ ], dem Ende von Teil I: „... das war die Spur, die wir fanden auf den Hügeln von Galiläa" (Begleitheft I S.10 oben).

③ Die längere Pause zwischen den beiden Teilen des Films durch Vorspulen bis **1565** [ ] verkürzen.

④ Vom Beginn des zweiten Filmteils an geht es bis **1960** [ ]: „Frucht, die schwer wiegt und auf den Haufen der Körner fällt, trennt sich von der Spreu, die der Wind wegträgt" (Begleitheft II S.6 unten).

---

[1] Videokassette „Das Land, aus dem Jesus kam" (Teil I und II) von Jörg Zink: Calwer Verlag, Stuttgart in Zusammenarbeit mit Matthias-Film GmbH, Stuttgart. ISBN 3-7668-0972-5 (Teil I) und 3-7668-0973-3 (Teil II). Zu entleihen u.a. in Ev. Medienzentralen.

⑤ Vorspulen bis **2172 [ ]**: „Jesus bezeichnet sich als den Hirten, die Menschen als Herde von Schafen ..." (Begleitheft II S.8 oben).

Weiter geht es bis **2641 [ ]**, dem Filmende: „... damit wir Menschen Hoffnung fassen. Hoffnung auf die Herrschaft Gottes" (Begleitheft II S.11 Mitte).

Konsequenzen für den Kursverlauf: Wenn U. den Vorschlag aufgreift, den Film zu zeigen, hat das Konsequenzen für den Kursverlauf. Die Vorführung des Films und das Gespräch darüber beanspruchen eine ganze Unterrichtsstunde. Damit die Unterbrechung zwischen der Besprechung des zweiten (bis Stunde 30) und dritten Artikels (ab Stunde 33) nicht zu groß wird, ist die *am Ende von Stunde 30 gestellte* **Aufgabe für Zuhause Nr.3** (Stundenentwürfe S.101/ Arbeitsbogen 26) so abzuwandeln, daß die Konf. die besondere Gestaltung einer Jesusgeschichte *zu Hause* erledigen. Sie haben 14 Tage Zeit, „ihre" Jesusgeschichte zu malen, zu modellieren oder darüber ein Hörspiel zu verfassen (das Hörspiel kann auch von mehreren Konf. gemeinsam erarbeitet werden). Der Unterricht wird dann nach dem Zeigen des Films mit **Stunde 32** fortgesetzt.

●●●

☝ *Wenn U. den Film nicht zeigt, wird mit dem sich an Stunde 30 anschließenden Unterricht wie folgt fortgefahren:*

1. Besprechen der Aufgabe für Zuhause Nr.2a-c (*AB 26*)

2. Gestaltung einer Jesusgeschichte

Nach *Aufgabe für Zuhause Nr.3* sollten die Konf. eine Jesusgeschichte auswählen, um sie in dieser Stunde *zeichnerisch, modellierend* oder in Form eines *Hörspiels* zu bearbeiten. Alles dafür Nötige sollten sie zum Unterricht mitbringen.

U. fordert die Konf. auf, mit der Gestaltung ihrer Geschichte zu beginnen, *ohne* dem/ der Nachbar(i)n *zu sagen, welche Thematik sie bearbeiten.*

U. sollte ab und zu herumgehen und die Konf. zur Weiterarbeit zu ermuntern, da manche Konf. Hemmungen haben, malend oder bildnerisch tätig zu sein. Auch die Hörspielschreiber werden sich über hilfreiche Hinweise freuen, insbesondere dann, wenn sie nicht weiterkommen. Es können übrigens mehrere Konf. gemeinsam ein Hörspiel erarbeiten.

Wer sein Werk vollendet hat, beschäftigt sich leise weiter. Die meisten Konf. werden mit ihrer Arbeit nicht fertigwerden. *Alle* Ergebnisse werden in der nächsten Stunde ausführlich gewürdigt.

3. Aufgabe für Zuhause

mündlich stellen: Vollendet Eure Werke zu Hause und bringt sie zur nächsten Stunde mit.

32. Jesus XII: Vorstellung der Jesusgeschichten

Arbeitsbogen 27

Die Konf. waren gebeten worden, die von ihnen in der letzten Stunde gestalteten (und zu Hause vollendeten) Jesusgeschichten zur heutigen Stunde mitzubringen. Es wurden Geschichten von Jesus gemalt, modelliert, gebastelt oder auch als Hörspiel bearbeitet.

In dieser Stunde sollen die Werke der Konf. gewürdigt und ausführlich besprochen werden. Die Gruppe soll möglichst eng zusammensitzen, damit die verhältnismäßig kleinen Zeichnungen, Basteleien oder modellierten Bildwerke von allen gut gesehen werden können. Die Besprechung dieser Arbeiten, die ohne Probleme eine Stunde füllt, wird durch das Lesen der Hörspiele mit verteilten Rollen aufgelockert.

① Zunächst wird ein **Werk (Bild/Gebasteltes/Modelliertes)** der Gruppe vorgelegt. Es ist die Aufgabe der Konf., herauszufinden, was dargestellt wurde. Der/die „Künstler(in)" wird gebeten, sich mit Äußerungen zurückzuhalten.

② Danach wird das Besondere der Darstellung gewürdigt. Es ist damit zu rechnen, daß die Konf. nach der Beschäftigung mit zahlreichen *Grafiken von Hans Georg Anniès* im Verlaufe des bisherigen Konfirmandenunterrichts manchen Zug ihrer Darstellung sehr bewußt - manches auch unbewußt - gestaltet haben. Außerdem haben sie dadurch „Sehen“ gelernt. U. hat darauf zu achten, daß die Hauptaussage der jeweiligen Geschichte noch einmal zur Sprache kommt.

③ Erst jetzt wird der/die „Künstler(in)“ gefragt, ob die Gruppe sein/ihr Werk angemessen gedeutet hat. Er/sie kann die bisherigen Äußerungen ergänzen.

Bei den **Hörspielen** ist ähnlich zu verfahren:

① Vorlesen des Hörspiels mit verteilten Rollen.

② Welche Geschichte wurde bearbeitet?

③ Welche Aussage der Geschichte wurde (besonders gut) zum Ausdruck gebracht?

④ Der/die Autor(en) bestätigen/ergänzen die Kommentare der Gruppe.

Die Stunde kann mit dem einfachen Singen des „Friedenskanons“ ([Joh 20,19] Liedersammlung Nr.15) oder dem Kanon „Wo zwei oder drei in meinem Namen versammelt sind“ ([Mt 18,20] EG 564) abgeschlossen werden, Worte des *Auferstandenen* an uns, seine Jünger und Christen.

➲ Aufgabe für Zuhause:

Schreibe ohne viel zu überlegen *alles* auf, was Dir beim Stichwort ***„Geist“*** einfällt:

Unterrichtsmaterial: Kopien Liedersammlung Nr.15 oder EG

33. „Ich glaube an den Heiligen Geist"

Begleitbuch „Komm und sieh!" S.72-74 / Arbeitsbogen 28

1. Was verstehen wir unter „Geist"?

a) Besprechung der *Aufgabe für Zuhause* (***AB 27***): Die Konf. sollen zusammentragen, was ihnen zum Stichwort „Geist" eingefallen ist. U. notiert die Beiträge der Konf. an der Tafel/auf dem TLP.

b) U. führt ein: Wir haben uns heute mit einem schweren Thema zu befassen, mit dem „Heiligen Geist". Der Heilige Geist ist nichts Sichtbares, er ist uns nicht anschaulich. Doch es ist sehr wichtig für uns, zu verstehen, was der „Heilige Geist" bedeutet, *für uns* bedeutet. Versuchen wir es:

Welche Eurer Beiträge zum Stichwort „Geist" können gestrichen werden, weil sie mit dem Heiligen Geist gar nichts zu tun haben? [z.B. „Geisterbahn" und „Gespenst"]

c) Gespräch: Die verbliebenen Beiträge der Konf. kurz durchgehen und jeweils besprechen, z.B.: Was versteht Ihr unter *Klassengeist*? Was meinen wir, wenn wir vom *Zeitgeist* reden, vom *Geist des Friedens*, vom *Ungeist* usw.?

U. arbeitet - möglicherweise auch unter Heranziehung der Beispiele von S.72 des Begleitbuchs - heraus, daß „Geist" einen *geistigen Einfluß* meint, *der unser Denken, Fühlen und Handeln zum Guten oder Bösen bestimmt*, der Macht über uns hat und uns beherrschen kann.

2. Welchen geistigen Einflüssen setzen wir uns aus?

a) 1: Wir lesen das **Gleichnis vom reichen Kornbauern (Lk 12,15-21).**

2: Die Konf. sollen das Gleichnis nacherzählen.

3: Versucht einmal zu erfassen, welcher *Geist*, welche Überzeugung den reichen Kornbauern prägen:

- Wie wird man nach seiner Einstellung im Leben glücklich?
- Welchen Stellenwert hat Gott wohl im Leben dieses Reichen?
- Welche Rolle spielt wohl der Mitmensch, der „Nächste" in seinem Leben?
- Was meint Ihr: Ist dieser Reiche ein freier Mensch?

4: • Schlagt ***AB 28 Nr.1*** auf und betrachtet die ➲ Grafik von Hans Georg Anniès.

- Was seht Ihr?
- Wie hat Anniès den Reichen dargestellt?

Herausarbeiten, daß der *hinter* dem Verhalten des Reichen stehende *Geist* die Habgier, das Besitzstreben ist; der Reiche ist also nicht frei, sondern von diesem Geist „umfangen", gefangen, beherrscht, wie von einer finsteren Macht (dunkle Gestalt des „Mammon": vgl. Mt 6,24). In diesem Bild gibt es keinen Mitmenschen zu sehen, weil der Reiche *allein* auf *sein Wohlergehen* konzentriert ist. Gott durchdringt (Hand/Finger) die Finsternis dieses „gottlosen", „armen" Lebens und stellt es als Selbsttäuschung dar (Lk 12,20).

b) 1: U. leitet über: „Geist“ meint immer einen *geistigen Einfluß*, der uns Menschen bestimmt und beherrscht. Das gilt auch vom *Heiligen Geist.* Auch er will unser Denken, Fühlen und Verhalten *beeinflussen.*

„Heilig“ heißt: „zu Gott gehörig“. Was bedeutet dann „Heiliger Geist“?

2: (Kleingruppenarbeit) Wir wollen mit Hilfe der Bibel [Übersetzung: Die Gute Nachricht] herausfinden, welche Wirkung der Einfluß des Geistes Gottes auf uns Menschen hat. Bildet Kleingruppen [Alternative: Arbeit mit dem/der Nachbar(i)n] und bearbeitet ➲ ***AB 28 Nr.2***:

① **1.Korinther 12,3:** *„Keiner kann sagen: ‚Jesus ist der Herr‘ (= keiner kann an Jesus glauben), wenn er nicht vom Heiligen Geist erfüllt ist.“*

❶ Was bewirkt der Heilige Geist nach diesem Bibelwort in uns Menschen?

❷ Was fehlt einem Menschen nach diesem Bibelwort, wenn er Glaubensschwierigkeiten hat?

❸ Wie wird Gott darauf reagieren, wenn ein zweifelnder Mensch ihn um den Heiligen Geist bittet? Schlage zur Beantwortung dieser Frage Lukas 11,13 auf.

② **Römer 5,5:** Gott *„hat unsere Herzen mit seiner Liebe erfüllt, als er uns seinen Heiligen Geist geschenkt hat.“*

Welches *Verhältnis zu Gott* hat nach diesem Bibelwort ein Mensch, der durch das unsichtbare Band des Heiligen Geistes mit Gott verbunden ist?

③ **Galater 5,22-23:** *„Der Geist Gottes ... läßt als Frucht (in uns) eine Fülle von Gutem wachsen, nämlich Liebe, Freude, Frieden, Geduld, Freundlichkeit, Güte, Treue, Nachsicht (mit anderen) und Selbstbeherrschung.“*

Welche Wirkung hat der Einfluß des Heiligen Geistes nach diesem Bibelwort auf das *Leben eines Christen*?

3: Plenum: Besprechen von ***AB 28 Nr.2***.

3. Wir öffnen uns dem Einfluß des Heiligen Geistes

a) 1: U. knüpft an das Voraufgehende an und faßt es zugleich zusammen: Der Heilige Geist ist es, der uns Menschen zum Glauben an Gott bereit macht. Niemand von uns kann sagen: „Ich will glauben“ - und glaubt dann. Nein, *Gott* muß uns durch den Heiligen Geist den Glauben an sich *schenken. Gott* muß uns davon überzeugen, daß er uns liebt, daß wir ihm also vertrauen können. Und *Gott* muß aus uns liebevolle Menschen machen, die nicht nur an sich selber, sondern auch an die anderen denken.

2: Findet mit Hilfe der (➲ **3.**) Grafik „Der Prophet“ von Hans Georg Anniès heraus, *wie* Gott durch den Heiligen Geist Einfluß auf unser Denken, Fühlen und Verhalten gewinnt.

[Sehhilfen: Wie der Prophet „ganz Ohr ist“, so soll auch der Christ auf Gottes Wort *hören*, damit seine Inhalte ihn prägen. Wie der Prophet auf *Gottes* Willen und Wort weist, so soll sich der Christ von *Gottes Geist* - und nicht von gottlosen, lebenszerstörenden Geistern - beeinflussen lassen.]

3: Diese allgemeinen Gedanken an biblischen Geschichten festmachen:

- Ihr kennt bereits Geschichten, die unser *Vertrauen auf Gottes Liebe und Barmherzigkeit* stärken wollen. Welche Geschichten fallen Euch dazu ein?
- Ihr kennt auch einige Geschichten, die uns dazu bewegen wollen, *barmherziger, liebe- und verständnisvoller zu werden.* Welche Geschichten fallen Euch dazu ein?

4. „Herr, mache mich zum Werkzeug deines Friedens“

a) U. führt zur Einzelarbeit ein: In ➲ ***AB 28 Nr.4*** findet Ihr das berühmte, Franz von Assisi zugeschriebene Gebet „Herr, mache mich zum Werkzeug deines Friedens“. Ohne daß dieses Gebet das Wort „Heiliger Geist“ verwendet, spricht es doch von einem Leben, das man nur unter dem Einfluß des Heiligen Geistes führen kann. Unterstreiche die Bitten des Gebets, um die Du selber beten möchtest:

Herr, mache mich zum Werkzeug deines Friedens:
daß ich Liebe übe da, wo man sich haßt;
daß ich verzeihe da, wo man sich beleidigt;
daß ich verbinde da, wo Streit ist;
daß ich Hoffnung erwecke, wo Verzweiflung quält;
daß ich ein Licht anzünde, wo die Finsternis regiert;
daß ich Freude bringe, wo der Kummer wohnt.
Ach Herr, laß du mich trachten:
nicht daß ich getröstet werde, sondern daß ich tröste;
nicht daß ich verstanden werde, sondern daß ich verstehe;
nicht daß ich geliebt werde, sondern daß ich liebe.
Denn wer hingibt, der empfängt;
wer sich selbst vergißt, der findet;
wer verzeiht, dem wird verziehen,
und wer da stirbt, der erwacht zum ewigen Leben. Amen.

b) Abschluß: ● Gemeinsames *Beten* dieses Gebets *und/oder*

- *Singen* des Liedes „O Herr, mache mich zum Werkzeug deines Friedens“ (Liedersammlung Nr.16).

  Hinweis: Wenn ausreichend Zeit ist, kann man das Lied in der Form singen, wie sie in Liedersammlung Nr.16 aufgeführt ist: Die Gruppe lernt und singt den Refrain, während U. die Strophen als Vorsänger vorträgt. - Einfachere Handhabung: Die Gruppe lernt und singt den Refrain mit Wiederholung (**A** und **B**). Nach dem gemeinsamen Sprechen des Gebets (***AB 28 Nr.4***) wird der Refrain noch einmal gesungen.

- Alternative: ▪ Gemeinsames *Beten* des Gebets von Franz von Assisi. ▪ *Singen* des Liedes „O komm, du Geist der Wahrheit“ (EG 136,1-4 oder ➲ ***AB 28 Aufgabe für Zuhause Nr.2***).

➲ <u>Aufgabe für Zuhause:</u>

1. Lies aus dem Begleitbuch „Komm und sieh!“ die Seiten 72-74 durch: „Ich glaube an den Heiligen Geist“.
2. Im folgenden findest Du vier Strophen des Liedes **„O komm, du Geist der Wahrheit“** (EG 136). Unterstreiche alle Worte und Wendungen, in denen die Wirkung des Heiligen Geistes auf unser Leben zum Ausdruck kommt.

   1. O komm, du Geist der Wahrheit, und kehre bei uns ein, verbreite Licht und Klarheit, verbanne Trug und Schein. Gieß aus dein heilig Feuer, rühr Herz und Lippen an, daß jeglicher getreuer den Herrn bekennen kann.

   2. O du, den unser größter Regent uns zugesagt: komm zu uns, werter Tröster, und mach uns unverzagt. Gib uns in dieser schlaffen und glaubensarmen Zeit die scharf geschliffnen Waffen der ersten Christenheit.

   3. Unglaub und Torheit brüsten sich frecher jetzt als je; darum mußt du uns rüsten mit Waffen aus der Höh. Du mußt uns Kraft verleihen, Geduld und Glaubenstreu und mußt uns ganz befreien von aller Menschenscheu.

   4. Es gilt ein frei Geständnis in dieser unsrer Zeit, ein offenes Bekenntnis bei allem Widerstreit, trotz aller Feinde Toben, trotz allem Heidentum zu preisen und zu loben das Evangelium.

Unterrichtsmaterial: Arbeitsbogen 28 - TLP - Kopien Liedersammlung Nr.16 oder EG

34. Kirche I: Die „heilige christliche Kirche“

Begleitbuch „Komm und sieh!“ S.75-77 / Arbeitsbogen 29

1. Besprechen der Aufgabe für Zuhause (*AB 28*)

***Lösung des Rätsels** (Begleitbuch S.74):* ① (Wo?): **B** - ② (Wer?): **A** - ③ (Wie?): **B**.

2. Was bedeutet „Kirche“?

a) Frage: Was fällt Euch beim Stichwort **„Kirche“** ein? - U. notiert die Beiträge der Konf. an der Tafel/auf dem TLP und bittet die Gruppe danach, die einzelnen Stichworte nach übergeordneten Gesichtspunkten zu ordnen: *Kirchengebäude - Institution - Gemeinschaft der Glaubenden.*

b) Informationsgespräch: U. führt in die ➲ Fragen von ***AB 29 Nr.1*** ein, die die Gruppe beantworten soll:

① *„Kirche“* kommt vom griechischen κυριακη (sprich: küriakä). Dieses Wort hängt mit κύριος (sprich: kürios = der Herr) zusammen und bedeutet *„zum Herrn gehörig“*.

❶ Was bedeutet demnach „Kirche“?

❷ Für „Ich gehöre zur Kirche“ könnte man auch sagen: Ich ...

② *„Heilig“* heißt *„zu Gott gehörig“*. Was will das Glaubensbekenntnis über die Kirche aussagen, wenn es von der *„heiligen* christlichen Kirche“ spricht?

c) Gespräch: Was sagt das (➲ **2.**) Schaubild über das Wesen der Kirche aus?

3. Christus erteilt der Kirche einen Auftrag (Mt 28,18-20)

a) Die Konf. sollen (➲ **3.**) **Mt 28,18-20** vorlesen:

Und (der auferstandene) Jesus trat herzu und sprach zu ihnen (den Jüngern): Mir ist (von Gott) gegeben alle Gewalt im Himmel und auf Erden. Darum geht hin und macht zu Jüngern alle Völker: Tauft sie auf den Namen des Vaters und des Sohnes und des heiligen Geistes und lehrt sie halten alles, was ich euch befohlen habe. Und siehe, ich bin bei euch alle Tage bis an der Welt Ende.

b) 1: (Partnerarbeit) Die Konf. sollen mit ihrem(r) Nachbar(i)n die (➲ **3.**) Fragen zu Mt 28,18-20 bearbeiten:

❶ Welchen Auftrag erteilt Christus der Kirche (= den Jüngern) nach diesem Text?

❷ Wer soll den Auftrag ausführen?

❸ Welche Hilf*en* gibt Christus nach Matthäus 28,18-20 der Kirche, seinen Auftrag durchzuführen? [Heiliger Geist/Lehre Jesu/seine verborgene Gegenwart (Gebet/Predigt)]

❹ Wie wird ein Mensch nach diesem Text Mitglied der Kirche (= Jünger)? [Taufe/Unterweisung in der Lehre Jesu]

2: Besprechung der Antworten in der Gruppe.

c) Die Konf. sollen ***S.76 des Begleitbuchs*** aufschlagen und die Aussagen des Schaubilds oben beschreiben. [Gott wirkt durch Christus im Heiligen Geist an uns Menschen: *Er* schenkt uns so *Glauben*, *Gottvertrauen* und *Nächstenliebe*, wodurch die Gemeinschaft der Kirche geprägt sein soll (s. die voraufgehende Stunde). Die Botschaft von Jesus Christus und von der Liebe Gottes bezeugen die Mitglieder der Kirche in Wort und Tat (Mission) weltweit, damit Menschen *aller Völker* in Gottes Gemeinschaft und die „Gemeinschaft der Heiligen“ gelangen.]

4. Als eine Gemeinschaft von Menschen hat die Kirche immer auch eine konkrete, begrenzte Gestalt

a) 1: U. bittet die Konf., noch einmal das (➲ **2.**) Schaubild zu betrachten und zu erklären.

2: Gespräch: Verhalten sich die Christen (*wir Christen*) Eurer Meinung nach so, wie es dieser Darstellung entspricht?

b) 1: U. erläutert: Weil die Kirche eine Gemeinschaft von *fehlerhaften* Menschen - von Sündern - ist, wird sie nie eine vollkommene Gemeinschaft sein. Auch unsere evangelische Kirche in Deutschland ist eine Organisation mit Stärken und Schwächen. Mit den besonderen Problemen *unserer* Kirche wollen wir uns in der nächsten Stunde auseinandersetzen. Heute wollen wir uns mit der *Organisationsform* unserer Kirche beschäftigen.

2: Gespräch: Mit Hilfe der ➲ Abbildung in ***AB 29 Nr.4*** wird die Organisation unserer Kirche von der kleinsten (Kirchengemeinde) bis zur größten Einheit (EKD) herausgearbeitet. Die Konf. sollen die Bezeichungen der jeweiligen Einheiten in das Schaubild eintragen: Kirchengemeinde - Kirchenkreis (Propstei/Dekanat) - Sprengel (Prälatur) - Landeskirche - Evangelische Kirche in Deutschland.

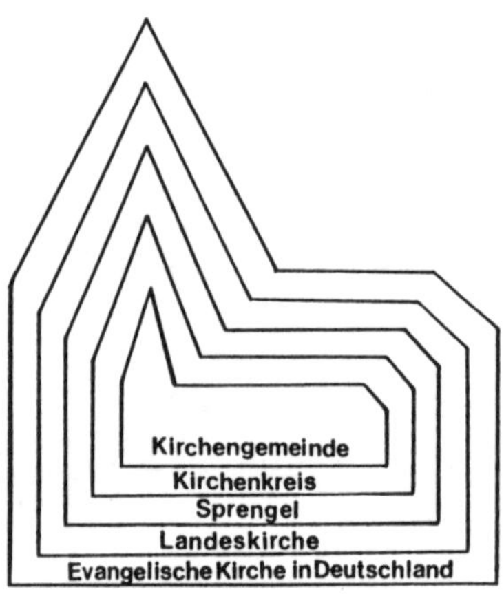

3: Danach werden die ➲ Fragen von ***AB 29 Nr.4*** besprochen:

① Welchen Namen hat unsere Kirchengemeinde?

② Wer leitet sie? [Kirchenvorstand und Pfarramt]

③ Zu welchem Kirchenkreis gehört unsere Gemeinde?

④ Wie lautet der Name unserer Landeskirche?

⑤ Wie heißt unser Bischof?

c) Gespräch: 1: U. führt ein: Unsere evangelische Kirche in der Bundesrepublik ist ein Teil der weltweiten Christenheit. Wie es unterschiedliche Völker und Menschen gibt, so gibt es weltweit auch unterschiedliche Formen von Kirchen. Sie haben sich im Laufe der zweitausendjährigen Geschichte des Christentums herausgebildet. - Schlagt die Abbildung oben auf ***S.77 des Begleitbuchs*** auf und benennt die verschiedenen Konfessionen.

2: Welche Unterschiede zwischen einzelnen Konfessionen kennt Ihr? [Unterschiede benennen lassen und eventuell *kurz* darauf eingehen. Eine ausführliche Besprechung würde den Rahmen dieser Stunde sprengen.]

3: Gemeinsames Lesen des Textes von ***Begleitbuch S.77***: „Im Lauf der Jahrhunderte ..."

5. Abschluß

a) U. erklärt die ➲ ***Aufgabe für zu Hause Nr.2*** und verteilt die Interviewaufgaben *nach den Gegebenheiten der Kirchengemeinde.* Zu interviewen sind z.B.: *Küster(in) - Hausmeister(in) - Diakon(in) - Organist(in) - Leiter(in) des Posaunenchors - Chorleiter(in) - Verantwortliche in diakonischen Einrichtungen der Gemeinde / des Kirchenkreises - Leiter(innen) von unterschiedlichen Gemeindekreisen - Kirchenvorsteher(innen) - Redaktion des Gemeindebriefs - Pfarrer(in) usw.*

Die Konf. sollen diese haupt-, neben- und ehrenamtlichen Mitarbeiter der Gemeinde aufsuchen und sich ihren Arbeitsbereich schildern lassen. Dabei sollen sie stichwortartig aufschreiben, was zur Aufgabe des(der Mitarbeiter(in) gehört, so daß sie in der nächsten Stunde der Gruppe darüber berichten können. Die einzelnen Konf. sollen unterschiedliche Mitarbeiter(innen) befragen.

b) Gemeinsames Singen des Liedes „Vater unser im Himmel" (EG 562,1-3).

➲ Aufgabe für Zuhause:

1. Lies aus dem Begleitbuch „Komm und sieh!" die Seiten 75-77 durch: „Die ‚heilige christliche Kirche'".
2. In unserer Kirchengemeinde arbeiten viele Menschen mit, damit auch bei uns der Auftrag erfüllt wird, den Christus seiner Kirche gegeben hat (Mt 28,18-20). Suche nach einer *Terminabsprache* in den nächsten Tagen

   den/die ____ auf

   und befrage ihn/sie über seinen/ihren Aufgabenbereich. Halte die Angaben stichwortartig fest, damit Du in der nächsten Stunde über dieses Aufgabenfeld unserer Kirchengemeinde kurz berichten kannst.

   Zum Aufgabenfeld des/der ______________________________ gehören:

Unterrichtsmaterial: Arbeitsbogen 29 - TLP - EG

35. Kirche II: Die „Gemeinschaft der Heiligen"

Begleitbuch „Komm und sieh!" S.78-79 / Arbeitsbogen 30

***Lösung des Rätsels** (Begleitbuch S.77):* Auszumalen waren: „kein Neugetaufter" - „kein Säufer" - „nicht geldgierig" - „nicht gewalttätig" - „nicht streitsüchtig" - „verheiratet" - „gastfreundlich" - „würdig" - „gütig".

1. Mitarbeiter(innen) unserer Gemeinde

a) Die Konf. stellen den Arbeitsbereich des/der von ihnen interviewten Mitarbeiter(innen) vor. Wurden - etwa im Falle von Kirchenvorsteher(inne)n - mehrere Personen befragt, so braucht nur von *einem* Interview ausführlicher berichtet zu werden. Es wird von den Angaben der anderen Konf. ergänzt.

b) 1: Im Anschluß daran werden die einzelnen Aufgabenfelder (z.B. „Orgeldienst"/„Gemeindebriefverteilung"/„Diakonie"/„Kindergottesdienst") mit breiten Filzstiften auf Zettel in Postkartengröße geschrieben und an einer Pinnwand um die nebenstehende, im Anhang 1 zu Stunde 35 größer abgedruckte, von U. kopierte und ausgeschnittene Zeichnung herumgruppiert.

2: U. verliest zur Wiederholung **Mt 28,18-20**.

3: Gespräch: Beschreibt noch einmal kurz, wie die einzelnen Aufgabenbereiche unserer Gemeindearbeit mit dem Auftrag zusammenhängen, den Christus der Kirche gegeben hat.

2. Christsein ohne Kirche?

a) 1: U. leitet über: Viele Menschen arbeiten in der Kirche mit, doch sehr, sehr viele Gemeindeglieder nehmen am Leben ihrer Kirchengemeinde nicht teil. Sie reden von *der* Kirche, als ob sie nicht dazugehören. Sie kritisieren *die* Kirche und *die* Pastoren. Sie besuchen kaum Gottesdienste und halten sich auch sonst zurück, wenn die Kirche zu Veranstaltungen einlädt.

• Warum halten sie so viel Abstand von der Kirche? • Was gefällt ihnen an der Kirche nicht? • Was findet *Ihr* an der Kirche auszusetzen?

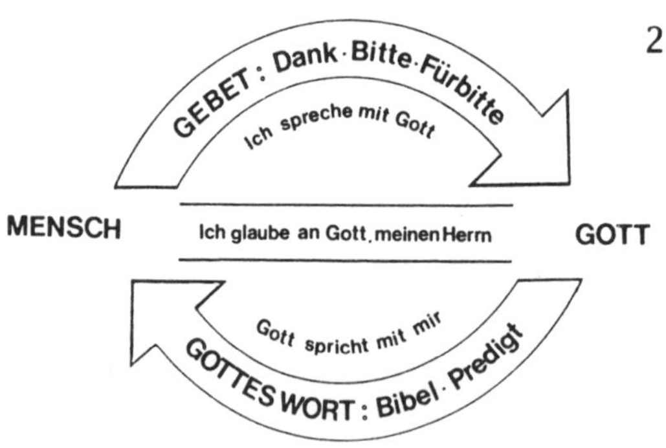

2: Auch wenn sie sich von der kirchlichen Arbeit fernhalten, sind viele Kirchenmitglieder dennoch der Meinung, „gute Christen" zu sein. Betrachtet das ➲ Schaubild in ***AB 30 Nr.1***. Diese Abbildung will nichts darüber aussagen, was ein „guter Christ" ist. Sie will aber zum Ausdruck bringen, was zu einem *lebendigen Christsein* dazugehört.

• Wodurch wird nach diesem Schaubild mein Glaube an Gott lebendig gehalten?

• Was geschieht mit einer Pflanze, die selten oder nie Wasser bekommt?
• Was geschieht mit meinem Glauben, wenn ich auf Gottes Wort nicht höre?

b) 1: U. fordert die Konf. auf, sich entspannt hinzusetzen und zuzuhören. U. beginnt, die **„Geschichte von der Kirche im Sarg"** vorzulesen [abgedruckt in Anhang 2 zu Stunde 35].

2: *Vor* den fett hervorgehobenen Worten **„Was ist da im Sarg gewesen?"** *unterbricht* U. die Verlesung und fragt die Konf., was ihrer Meinung nach wohl im Sarg gewesen sein mag.

3: Danach liest U. die Geschichte bis zum Ende vor.

4: Gespräch: Was wollte der Pastor, von dem diese Geschichte berichtet, bei seinen Gemeindegliedern erreichen?

3. Abschluß: Welche Kirche wollen wir?

a) Gespräch: • Die Konf. sollen - jede(r) für sich - die (➲ **2.**) Karikatur betrachten und etwas darüber nachdenken.

- Welche unterschiedlichen Formen von Kirchengemeindearbeit werden hier dargestellt?
- Welche der beiden Formen stehen Eurer Meinung nach dem Auftrag Jesu näher, den er der Kirche gegeben hat?
- In welcher der beiden Gemeinden möchtest Du leben?
- Welche Aufgaben bist Du zu übernehmen bereit, damit der Pastor nicht alles allein machen muß?

b) Wir beten das Gebet unten auf ***S.79 des Begleitbuchs*** gemeinsam.

➲ Aufgabe für Zuhause:

1. a) Lies aus dem Begleitbuch „Komm und sieh!" die Seiten 78-79 durch: „Die ‚Gemeinschaft der Heiligen'".

b) Warum brauchen wir Menschen die Kirche?

2. Vorbereitung für die nächste Stunde: Lies aus dem Begleitbuch „Komm und sieh!" den wiederholenden Teil über die Sünde und über Geschichten durch, in denen Jesus Menschen die Sünde vergibt durch (S.80 Abschnitt a erster und zweiter Absatz).

Unterrichtsmaterial: Arbeitsbogen 30 - Kopie der Abbildung „Ich arbeite in der Kirche mit" (Anhang 1 zu dieser Stunde) - Filzstifte - Papier in Postkartengröße - „Die Geschichte von der Kirche im Sarg" (Anhang 2 zu dieser Stunde)

(Anhang 1 zu Stunde 35)

(Anhang 2 zu Stunde 35)

Die Geschichte von der Kirche im Sarg

Der innere Abstand vieler Kirchenmitglieder von ihrer Kirche führt dazu, daß viele auf die Kirche schimpfen. Sie vergessen dabei, daß sie selber auch ein Teil der Kirche sind, die sie kritisieren. In einer Gemeinde hatte ein Pastor das ewige Gemecker über „*die* Kirche" satt. Die einen sagten: Mit der Kirche ist nichts mehr los. Sie ist zu altmodisch, sie geht nicht mit der Zeit mit. Die anderen beklagten das Gegenteil: Sie ist zu modern, zu fortschrittlich, zu politisch. In der Kirche ist es nicht fröhlich genug, sagten die einen. Die anderen bemängelten, daß der kirchlichen Arbeit der nötige Ernst fehlt. Auch der Pastor ist langweilig. Was der alles so erzählt! Viele meinten: Die Kirche ist längst überholt, sie ist schon tot. Das, was wir erleben, sind nur noch ihre letzten Zuckungen. Von dieser Gemeinde wird nun folgende Geschichte berichtet:

Es war an einem Freitagmorgen vor Pfingsten. Die Kirchenglocken läuten. Wer ist denn gestorben, so fragen die Leute. War jemand schwerkrank? Dr. Schäfer und Dr. Wolf werden von Neugierigen angerufen. Aber sie wissen von nichts. Gegen 12 Uhr kommt ein Leichenwagen, hält vor der Kirche, und mehrere Männer tragen einen schweren Sarg hinein. Was soll denn das, so setzt die Fragerei wieder ein. Wir haben doch eine Leichenhalle auf dem Friedhof. Weiß denn Küster Lau nichts? Nein, der weiß auch nichts. Der Pastor hat die Kirche verschlossen. Wenn man ihn anruft, geht er nicht ans Telefon. Alles sonderbar! Ein Grab wird auch nicht ausgehoben. Der Freitag vergeht. Die Frage „Was ist eigentlich los?" wird in den Gasthäusern und Familien erörtert, jedoch ohne Ergebnis.

Am nächsten Morgen steht in der Lokalzeitung dick und fett gedruckt eine riesige Anzeige. Die Zeitung, die sonst oft unbeachtet herumliegt, wird förmlich verschlungen. Hier steht es nun schwarz auf weiß: „Liebe Gemeinde, nach langem Leiden starb, von vielen vergessen, fast in Einsamkeit, die für uns alle unersetzliche ... Die Trauerfeier findet morgen am Pfingstsonntag um 9 Uhr in unserer Kirche statt. Euer Pastor Peter Wickunz." „Was ist denn das schon wieder, ist denn der Pastor völlig übergeschnappt?", so hört man fragen. Andere meinen: „Nun hat's unseren Pastor erwischt, nun spinnt er richtig." Aber weil man ja nie wissen kann, ob an der Geschichte nicht doch etwas dran ist, beschließen viele Gemeindeglieder, am nächsten Tag zur Trauerfeier zu gehen.

Der Pfingstmorgen kommt. Zahlreiche Menschen haben sich aufgemacht, um zur Kirche zu gehen. Die Kirche ist dieses Mal so voll, daß viele Menschen draußen vor der Kirchentür stehen müssen. Es wird 9 Uhr. Mit ernstem Gesicht kommt der Pastor. Er muß sich richtig durch die Menschenmenge hindurchkämpfen, bis er vor dem Altar am offenen Sarg steht. Nach dem Eingangslied hört man ihn mit ruhiger Stimme sagen: „Liebe Schwestern und Brüder, zunächst danke ich euch, daß ihr so zahlreich gekommen seid. Leider habe ich eine traurige Nachricht. Nachdem wir alle uns so wenig um sie gekümmert haben und vieles andere für wichtiger hielten, ist unsere Kirche sanft entschlafen. Wer sie noch einmal sehen möchte, der möge nach vorne kommen und einen Blick in den Sarg werfen. Wer hier vorbeigekommen ist und in den Sarg geschaut hat, der verlasse bitte die Kirche durch die Sakristei. Wer danach noch mehr hören möchte, den lade ich herzlich ein, zum anschließenden Gottesdienst wieder durch den Haupteingang in die Kirche zu kommen."

Eisiges Schweigen. Doch dann faßt eine ältere, aber resolute Dame sich ein Herz, tritt vor, blickt in den Sarg, erbleicht und verläßt vorne durch die Sakristei mit sehr ernstem Gesicht die Kirche. Erst zögern noch einige, aber dann treten in langer Schlange alle Kirchenbesucher vor, blicken in den Sarg und erschrecken. Nach etwa 20 Minuten ist der Vorbeimarsch zu Ende. Doch keiner ist wieder nach Hause gegangen. Sie sitzen oder stehen wieder mit ernsten und nachdenklichen Gesichtern in der Kirche.

Was ist da im Sarg gewesen? Was hatte sie so verändert? Im Sarg war ein großer Spiegel. Und jeder, der in den Sarg geschaut hatte, hatte sein eigenes Gesicht erblickt. Und alle hatten auf diese drastische Weise erfahren und begriffen: Die Kirche, die zu altmodisch oder modern ist, die so vieles falsch macht, von der so oft gesagt wird, daß in ihr kein Leben mehr ist, diese Kirche - das sind ja wir. Das bin ja ich selbst. Gemeinsam feierten sie jetzt den Gottesdienst.

Zum Schluß wurde ein Gebet gesprochen, das alle Gemeindemitglieder ausgehändigt bekamen. Es hatte folgenden Wortlaut:

Herr, erwecke deine Kirche - und fange bei mir an.
Herr, baue deine Gemeinde - und fange bei mir an.
Herr, laß Frieden und Gotteserkenntnis überall auf Erden
kommen - und fange bei mir an.
Herr, bringe deine Liebe und Wahrheit zu allen Menschen
- und fange bei mir an. Amen.

Eines hatten diese Gemeindeglieder an jenem Pfingstmorgen begriffen: Kirche - das sind wir selber. Wie lebendig es in unserer Gemeinde zugeht, das hängt ganz entscheidend auch von uns selber ab.

36. Vergebung der Sünden I: Die Taufe

Begleitbuch „Komm und sieh!" S. 80–83 / Arbeitsbogen 31

1. Besprechen der Aufgabe für Zuhause (*AB 30 Nr. 1b*)

2. Wiederholung: Was ist Sünde?

Die Konf. waren gebeten worden, aus dem Begleitbuch den wiederholenden Teil über die Sünde und über Vergebungsgeschichten der Evangelien zu lesen.

Gespräch:
- Was ist Sünde nach der Bibel?
- Was ist ein Sünder nach der Bibel?

3. Die Bedeutung der Sündenvergebung

a) U. faßt die Ergebnisse des Gesprächs über die Sünde zusammen und leitet zur Frage über: Was bedeutet es, wenn Gott uns Menschen die Sünde(n) vergibt?

b) Die Konf. sollen Geschichten aus der Bibel nennen, in denen Sündenvergebung eine Rolle spielt. [Bisher kamen im KU vor: Gleichnis vom barmherzigen König und seinem unbarmherzigen Verwalter; Jesus kehrt bei Zachäus ein; Jesus vergibt einem Gelähmten die Sünden; Gleichnis vom verlorenen Schaf/Sohn.] An den einzelnen Geschichten kurz herausarbeiten, was Sündenvergebung (für den Verwalter, für Zachäus, für den Gelähmten und für den zurückgekehrten Sohn) bedeutet.

c) Jesus hat in seinen Erdentagen die Menschen selber in Gottes Gemeinschaft gerufen und ihnen die Sünden vergeben. Wie tut der auferstandene und zu Gott erhöhte Christus das *heute*? - Im Gespräch herausarbeiten, daß Christus heute durch die Kirche wirkt, der er drei *Orte der Vergebung* gab: die *Taufe* - das *Abendmahl* - und die *Beichte*. Heute wollen wir uns mit der Taufe beschäftigen.

4. Besinnung über „Wasser"

a) (Einzelarbeit) Die Konf sollen in ➲ ***AB 31 Nr. 1*** aufschreiben, was ihnen zum Stichwort **„Wasser"** einfällt.

b) (Plenum) Die Notizen der Konf. werden aufgerufen. U. macht dabei die drei grundlegenden Bedeutungen des Wassers bewußt:

- Wasser bedeutet *Leben*: Wo Wasser ist, können Pflanzen wachsen, die Menschen und Tieren zur Nahrung dienen.
- Wasser ist auch *bedrohlich*: Man kann im Wasser ertrinken (z.B. Flutkatastrophen, Schiffsunglücke).
- Wasser hat *reinigende Kraft*, die wir täglich erfahren (waschen, duschen).

5. Der Sinn des Taufaktes

a) 1: Verlesung (➲ 2.) **Mk 1,4–5** und **Apg 8,36–38**:

Markus 1,4–5: *„Johannes der Täufer war in der Wüste und predigte die Taufe der Buße zur Vergebung der Sünden. Und es ging zu ihm hinaus das ganze jüdische Land und alle Leute von Jerusalem und ließen sich von ihm taufen im Jordan und bekannten ihre Sünden."*

Apostelgeschichte 8,36–38: Der Christ Philippus hat einem äthiopischen Kämmerer (= Minister) das Evangelium von Jesus Christus verkündigt. Dabei fand der Kämmerer zum Glauben. *„Und als sie auf der Straße dahinfuhren, kamen sie an ein Wasser. Da sprach der Kämmerer: ‚Siehe, da ist Wasser; was hindert's, daß ich mich taufen lasse?' Und er ließ den Wagen halten, und beide stiegen in das Wasser hinab, Philippus und der Kämmerer, und er taufte ihn."*

2: Wie muß man sich den praktischen Vollzug der Taufe nach diesen beiden Texten vorstellen?

3: Welche Bedeutung hat die Taufe nach diesem Taufakt? [Symbolisches Ersäufen des „Sünders in mir"; Auftauchen des „neuen Menschen", der *mit Gott* leben will.]

b) 1: Betrachtet das ➲ Bild in ***AB 31 Nr.3***. Wie wird die Taufe an einem Säugling vollzogen?

2: Welche Bedeutung hat die Taufe nach diesem Taufakt? [Symbolische Reinigung des Menschen von der Sünde = der Gottesferne; hinfort soll den Täufling nichts mehr von Gott trennen, d.h. er darf sein Leben in Gottes Gemeinschaft verbringen - bis in Ewigkeit.]

c) (Einzelarbeit) Die Konf. sollen ➲ ***AB 31 Nr.4*** bearbeiten:

In der Bibel wird die Taufe als **Ersäufen des Sünders** und als **Reinwaschen von der Sünde** verstanden. Lies die folgenden Bibelstellen durch und schreibe auf, welche Anschauung von der Taufe in dem jeweiligen Text zum Ausdruck kommt.

Römer 6,3-4: Paulus schreibt an die Christen in Rom: *„Oder wißt ihr nicht, daß alle, die wir auf Christus Jesus getauft sind, die sind in seinen Tod getauft. So sind wir ja mit ihm begraben durch die Taufe in den Tod, damit, wie Christus auferweckt ist von den Toten ..., auch wir in einem neuen Leben wandeln."* ***Taufe =***	**Apostelgeschichte 22,16:** Paulus fordert einen römischen Obersten auf: *„Und nun, was zögerst du? Steh auf und rufe seinen (Jesu) Namen an und laß dich taufen und deine Sünden abwaschen."* ***Taufe =***
1.Korinther 6,11: Paulus schreibt an die Christen in Korinth: *„Ihr seid reingewaschen, ihr seid geheiligt (= ihr gehört zu Gott), ihr seid gerecht geworden (= eure Sünden sind euch vergeben) durch den Namen des Herrn Jesus Christus und durch den Geist unseres Gottes."* ***Taufe =***	**Kolosser 2,12:** Paulus schreibt an die Christen in Kolossä: *„Mit ihm (Christus) seid ihr begraben worden durch die Taufe; mit ihm seid ihr auch auferstanden durch den Glauben aus der Kraft Gottes, der ihn auferweckt hat von den Toten."* ***Taufe =***

6. Die gottesdienstliche Tauffeier

● Die meisten Konf. sind im Säuglingsalter getauft worden, manche vielleicht auch am Anfang der Konfirmandenzeit. Die Konf. sollen sich an Taufen erinnern, die sie (im Gottesdienst) miterlebt haben, und zusammentragen, was alles zu einer gottesdienstlichen Tauffeier dazugehört (z.B. Wasser, Paten, Gebete, Taufbecken). U. muß nötigenfalls Wichtiges ergänzen (z.B. Glaubensbekenntnis, Taufspruch). Die einzelnen Angaben werden von einem/r Konf. mit dickem Stift auf kleine Zettel (halbe Postkartengröße) geschrieben, während ihre Bedeutung jeweils kurz besprochen und erläutert wird.

● Wenn alle für die Tauffeier wichtigen Einzelpunkte genannt und erörtert wurden, stellt U. an der Pinnwand aus den auf kleine Zettel geschriebenen Angaben eine *Taufagende* her, so daß den Konf. der Ablauf einer gottesdienstlichen Tauffeier sichtbar wird.

7. Konsequenzen der Säuglingstaufe: Konfirmandenunterricht und Konfirmation

Hinweis: Im *Eltern- und Konfirmandenabend* zu Beginn der Konfirmadenzeit sowie in der *Einführungsstunde* (Stunde 1 Nr.2) war bereits darüber gesprochen worden, daß der KU nichts anderes als Taufunterricht ist, während das Konfirmationsbekenntnis der Konf. im Konfirmationsgottesdienst ihr persönlich verantwortetes Taufbekenntnis ist. Der folgende Lernschritt kann darauf aufbauen und darum zügig behandelt werden.

a) Wir lesen (➲ **5.**) **Mt 28,18-20**:

Matthäus 28,28-20: *„Und (der auferstandene) Jesus trat herzu und sprach zu ihnen (den Jüngern): ‚Mir ist (von Gott) gegeben alle Gewalt im Himmel und auf Erden. Darum gehet hin und machet zu Jüngern alle Völker: Taufet sie auf den Namen des Vaters und des Sohnes und des heiligen Geistes und lehret sie halten alles, was ich euch befohlen habe. Und siehe, ich bin bei euch alle Tage bis an der Welt Ende.'"*

b) Gespräch: Aus diesem Wort Jesu wird deutlich, daß die Taufe von Säuglingen und kleinen Kindern notwendige Konsequenzen hat. Welche? - Herausarbeiten, daß die Eltern die „ersten Missionare" ihrer Kinder sind (Beten/Vorlesen aus einer Kinderbibel); später folgen Kindergottesdienst, KU, Konfirmation und danach das Leben als Jugendlicher und Erwachsener *in der Gemeinschaft Gottes.*

8. Abschluß: „In Gottes Gemeinschaft"

a) Zusammenfassung: Versucht, den Sinn der Taufe mit Hilfe der Abbildung oben auf ***S.80 des Begleitbuchs*** zu beschreiben.

b) U. führt aus: • Das neue Leben des Getauften ist ein Leben *mit* und nicht ohne Gott. Das bringt auch die uns schon bekannte ➲ Grafik von Hans Georg Anniès zum Ausdruck, die wir jetzt zum Schluß noch einmal betrachten wollen (➽ ***AB 12***).

• Nach etwas Zeit: In der Taufe reicht Gott uns die Hand, hat er mit jedem einzelnen von uns *einen Bund geschlossen.* Unsere Antwort auf Gottes Liebe zu uns ist es, in seine Hand einzuschlagen, uns von Gott durch unser Leben führen zu lassen, durch unser Leben mit Gott zu gehen.

• U. liest noch einmal die **„Geschichte von den Spuren im Sand"** (Stunde 13 Nr.6) vor, während die Konf. die Grafik von Hans Georg Anniès betrachten sollen:

Eines Nachts hatte ein Mensch einen Traum: Er ging mit Gott einen Strand entlang. Am Himmel leuchteten Szenen und Begebenheiten aus seinem Leben auf. Bei jedem Erlebnis aber bemerkte er im Sand **zwei** Paar Fußspuren. Das eine Paar gehörte ihm, das andere zu Gott. Als die letzte Szene aufleuchtete, blickte er zurück. Da sah er, daß während einiger Zeiten seines Lebens am Wege nur **ein** Paar Fußspuren zu finden war, und zwar genau in den Lebensabschnitten, die zu den schwersten und traurigsten seines Lebens gehörten. Da fragte er Gott: „Als ich mich entschied, dir zu folgen, sagtest du mir, du würdest den *ganzen* Weg mitgehen, weil du mich liebtest. Nun aber sehe ich, daß du in der schwersten Zeit meines Lebens nicht bei mir warst." Gott lächelte liebevoll und antwortete: „Mein Freund, ich habe dich wirklich lieb und ich habe dich nie verlassen. Während der Zeit von Last und Leid, da du *meine* Fußspuren nicht zu sehen glaubtest, da habe ich dich getragen."

c) Wir kehren zu ***AB 31*** zurück. Wir wollen die (➲ **6.**) vierte Strophe des Liedes „Ich bin getauft auf deinen Namen“ zum Schluß gemeinsam beten:

Mein treuer Gott, auf deiner Seite
bleibt dieser Bund wohl feste stehn;
wenn aber ich ihn überschreite,
so laß mich nicht verlorengehn;
nimm mich, dein Kind, zu Gnaden an,
wenn ich hab einen Fall getan. Amen.

➲ Aufgabe für Zuhause:

1. **a)** Lies aus dem Begleitbuch „Komm und sieh!“ die Seiten 80 (ab drittem Absatz) bis Seite 83 durch: „Die Taufe“.

   b) Beantworte danach die Fragen:

   ❶ In der Taufe wird der Kopf des Täuflings mit Wasser besprengt. Welche Bedeutung hat diese symbolische Handlung?

   ❷ Welcher Zusammenhang besteht zwischen der Taufe und dem Konfirmandenunterricht?

   ❸ Welcher Zusammenhang besteht zwischen der Taufe und dem Konfirmationsgottesdienst?

2. Vorbereitung für die nächste Stunde:

   a) Lies noch einmal aus dem Begleitbuch „Komm und sieh!“ Seite 61 Abschnitt a durch: „Jesus stirbt für uns: das Abendmahl“.

   b) Lies ferner *gründlich* **Lukas 15** durch.

Unterrichtsmaterial: Arbeitsbögen 31 und 12 - dicker Stift - Zettel (halbe Postkartengröße)

37. Vergebung der Sünden II: Das Abendmahl

Begleitbuch „Komm und sieh!" S.84-86 / Arbeitsbogen 32

1. Besprechen der Aufgabe für Zuhause (*AB 31*)

Lösung des Rätsels *(Begleitbuch S.83):* Die Linien ergeben einen Taufstein mit Wasserkanne. Die Konfirmation soll nämlich an die Taufe (der zumeist als Kleinkinder getauften Konf.) erinnern.

2. Besinnung über „Einladungen"

U. führt ein: Feiern gehören zu unserem Leben dazu. Man lädt z.B. zur Geburtstagsfeier ein, doch manchmal auch ohne besonderen Anlaß. Sicher laden auch Eure Eltern manchmal Gäste ein.

- Wen laden sie ein? - Herausarbeiten, daß die Eingeladenen gewöhnlich Menschen sind, die den Gastgebern nahestehen (Freunde, Bekannte, Verwandte).
- Was geschieht bei einer Feier? - Herausarbeiten, daß sowohl Essen und Trinken als auch Gespräche die Eingeladenen verbinden und ihre Beziehungen zu den Gastgebern fördern.
- Wen ladet Ihr ein, wenn Ihr Euren Geburtstag feiert?
- Was gehört zu Eurer Geburtstagsfeier unbedingt dazu?

3. Jesu Tischgemeinschaft mit Zöllnern und Sündern

a) Die Konf. sollen **Mt 9,9-13** vorlesen.

b) Gespräch: 1: Warum pflegt Jesus Tischgemeinschaft mit Zöllnern und Sündern?

2: Jesus bezeichnet sich im Text als „Arzt der Kranken". Wodurch heilt er „Zöllner und Sünder"? - Herausarbeiten, daß er ihnen Gottes Gemeinschaft schenkt, indem er selber - der Sohn Gottes - mit ihnen Gemeinschaft pflegt. Aus Menschenliebe („Barmherzigkeit": V.13) wendet er sich den Sündern zu.

4. „Solches tut zu meinem Gedächtnis": das Abendmahl

a) Die Konf. sollen schildern, wie es beim letzten Mahl Jesu mit seinen Jüngern zuging [sie hatten den Abschnitt über das Abendmahl - Begleitbuch S.61 Abschnitt a - zur Wiederholung zu lesen]. - U. hebt hervor, daß das *erste* Abendmahl im Zusammenhang des Passamahles gefeiert wurde, also mit einem festlichen Abendessen verbunden war.

b) 1: U. hat einen Abendmahlskelch und eine Patene mit Oblaten mitgebracht und stellt sie jetzt vor sich auf den Tisch.

2: Die Konf. sollen den ➲ **Einsetzungsbericht vom Abendmahl** vorlesen, der bei jeder Abendmahlsfeier im Gottesdienst gesungen oder verlesen wird (***AB 32 Nr.1a***).

> *Unser Herr Jesus Christus, in der Nacht, als er verraten wurde, nahm er das Brot, dankte und brach es und gab es seinen Jüngern und sprach: **„Nehmet hin und esset, das ist mein Leib, der für euch gegeben wird. Solches tut zu meinem Gedächtnis."***
> *Desgleichen nahm er auch den Kelch nach dem Abendmahl, dankte, gab ihnen den und sprach: **„Nehmet hin und trinket alle daraus, dieser Kelch ist das Neue Testament (= der Neue Bund) in meinem Blut, das für euch vergossen wird zur Vergebung der Sünden. Solches tut, sooft ihr's trinket, zu meinem Gedächtnis."***

3: (Arbeit in Kleingruppen) Je vier Konf. sollen sich zusammenschließen und die ➲ Fragen von ***AB 32 Nr.1b*** beantworten:

① Wie deutet Jesus das Zerbrechen des Brotes?

② Wie deutet Jesus den roten Wein im Kelch?

③ Wie versteht Jesus seinen unmittelbar bevorstehenden Tod?

④ Als Jesus das Abendmahl mit seinen Jüngern feierte, nahm er Abschied von ihnen. Wenig später wurde er gekreuzigt. Welche Worte des Einsetzungsberichts vom Abendmahl bringen zum Ausdruck, daß das Abendmahl dennoch keine einmalige Angelegenheit war, sondern nach Jesu Willen immer wieder gefeiert werden soll? Unterstreicht sie.

⑤ Wer ist zum Abendmahl eingeladen?

⑥ Wer ist der Gastgeber, wenn wir heute im Gottesdienst Abendmahl feiern?

4: Besprechung der Antworten im Plenum. - Im Zusammenhang mit Frage ④ und ⑤ kann U. eine Brücke zu Nr.2 und Nr.3 dieser Stunde schlagen: Wir Menschen sind Jesus willkommene Gäste, auch wenn wir nicht so leben, wie es nach Gottes Willen sein müßte. In unseren Abendmahlsfeiern setzt Jesus die Tischgemeinschaft mit Zöllnern und Sündern - *mit uns allen* - fort.

5: Die Konf. werden gebeten, die Abbildung in der Mitte von ***S.85 des Begleitbuchs*** zu deuten. - Herausarbeiten, daß die Gemeinschaft mit Christus im Abendmahl die am Abendmahl teilnehmenden Menschen miteinander verbindet (in der Abbildung: "Sie fassen sich an"): Sie glauben an denselben Herrn, sie leben alle von seiner Vergebung, sie sind Schwestern und Brüder in der Familie Gottes.

6: Kelch und Patene mit Oblaten herumgeben, so daß jede(r) Konf. sie einmal anfassen und aus der Nähe betrachten kann. Jede(r) Konf. darf sich eine Oblate nehmen und „probieren".

5. Unterschiedliche Formen der Abendmahlsfeier

Gespräch: Eine Abendmahlsfeier kann man sehr unterschiedlich gestalten. Wie könnte das Abendmahl in folgenden drei Situationen gefeiert werden?

- Ihr seid mit einer Jugendgruppe auf eine kirchliche Freizeit gefahren. Den letzten Tag wollt Ihr mit einer Abendmahlsfeier beschließen ...
- Zu einem Abendmahlsgottesdienst sind über 300 Gemeindeglieder in die Kirche gekommen ...
- Ein krankes Gemeindeglied, das nicht mehr selber zum Gottesdienst kommen kann, möchte das Abendmahl empfangen ...

6. Taufe und Abendmahl

Gespräch: Mit Hilfe der ➲ Fragen von ***AB 32 Nr.2*** werden die „Sakramente" Taufe und Abendmahl verglichen:

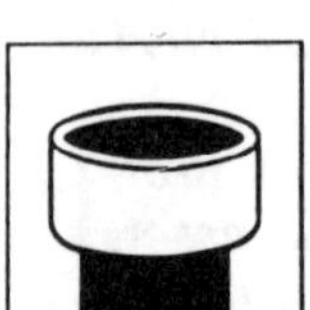

Taufe und Abendmahl bezeichnet man im kirchlichen Sprachgebrauch auch als **Sakramente** (= heilige Handlungen).

① Was haben beide Sakramente - Taufe und Abendmahl - gemeinsam? [Herausarbeiten: Einsetzung durch Jesus - sie sind sichtbare Zeichen - Sündenvergebung - Annahme des Sünders]

② Wodurch unterscheiden sich Taufe und Abendmahl voneinander? [Herausarbeiten: Taufe ist ein *grundlegendes Geschehen* der Aufnahme in Gottes Gemeinschaft, darum wird sie nur *einmal* vollzogen. Das Abendmahl feiern wir immer wieder, um die Gemeinschaft mit Christus und den Mitchristen zu suchen und uns die Vergebung unserer Sünden zusprechen zu lassen.]

7. Abschluß: „Kommt her, ihr seid geladen"

Hinweis: Als Hausaufgabe waren zur heutigen Stunde u.a. die **Gleichnisse von den Verlorenen (Lk 15)** zu lesen. Hintergrund der lukanischen Gleichniszusammenstellung ist der Anstoß der Pharisäer und Schriftgelehrten an Jesu Tischgemeinschaft mit Zöllnern und Sündern (Lk 15,1-2): „Dieser nimmt die Sünder an und ißt mit ihnen" (15,3).

Hans Georg Anniès hat das Gleichnis vom verlorenen Sohn (besser: von den verlorenen Söhnen) in ein Verkündigungsbild hineingenommen, das die **Einladung Jesu zum Abendmahl** darstellt. Dieses Bild ist hervorragend geeignet, die Stunde über das Abendmahl zusammenzufassen und zu vertiefen. Einige „Sehhilfen" zu dieser aussagereichen Grafik:

Wenn man das Bild von ferne betrachtet, hat es die Form eines Abendmahlskelchs (Wein). Eine Darstellung des Gleichnisses vom verlorenen Sohn befindet sich im „Griff", während im „Becher" der zum Abendmahl einladende Christus abgebildet ist, der in einem mit kräftigen Ähren (Brot) verzierten Torbogen steht.

Die Bewegung des Bildes verläuft von unten nach oben. Dieser Eindruck wird durch die nach oben fliegenden Vögel verstärkt. Entsprechend ist das Zentrum des Bildes die den Betrachter anschauende, ihn zum Abendmahl einladende Christusgestalt (erkennbar an dem im Gewand eingearbeiteten Jota-Chi-Zeichen: **J**esus **Ch**ristus). Die Arme Christi sind zum Betrachter und zu den Menschen unten hin einladend offen. Die Rechte Christi weist zugleich einladend auf den „Tisch des Herrn", auf dem sich der Abendmahlskelch (Wein), eine Schale mit Oblaten (Brot) und die Bibel (z.B. Einsetzungsbericht), aber auch Blumen und Musikinstrumente befinden; denn die im Abendmahl erfahrene Annahme des Sünders ist für Gott und Mensch Grund zur Freude (vgl. Lk 15,6-7.9-10.23-24).

Die Aufnahme des Gleichnisses vom verlorenen Sohn im Griff des Kelches deutet das Abendmahl als Mahlgemeinschaft Jesu mit den Sündern. Es fällt auf, daß die Christusgestalt oben und die Gestalt des barmherzigen Vaters unten in Aussehen und Gebärde *gleich gestaltet* sind: Um Christi willen vergibt Gott uns Menschen unsere Sünde (= Abwendung von Gott). Wie Gott den verlorenen Sohn wieder aufnimmt, so erneuert der zu Gott erhöhte Christus durch das Abendmahl unsere Gemeinschaft mit Gott. Um des stellvertretenden Todes Jesu am Kreuz willen - Wein und Brot erinnern daran - vergibt Gott uns unsere Sünde. Die „Sünde" - das von Gott Trennende, uns kaputt Machende (= zerbrochene Steine am unteren Bildrand) - wird in Jesu Mahlgemeinschaft „geheilt" (= heile Steine links und rechts vom Torbogen).

Wie uns Christus zum Abendmahl in Gottes Gemeinschaft einlädt, so sehnen wir Menschen uns nach seiner heilvollen Gemeinschaft. Der einladenden Bewegung der Arme der Christusgestalt (und des Vaters) entspricht die Form der sich zu Jesus ausstreckenden Arme der Menschen im Griff des Kelches. Diese Menschen haben erkannt: Wir brauchen den für uns gestorbenen und auferweckten Christus. Er schenkt uns Gottes Gemeinschaft, besonders im Abendmahl.

a) Die Konf. sollen die ➲ Grafik von Hans Georg Anniès in ***AB 32 Nr.3*** eine Zeitlang still betrachten.

b) Nach etwas Zeit wird das Bild gemeinsam gedeutet. U. muß vermutlich auf diesen oder jenen Zug des Bildes besonders hinweisen. Die Aussagen des Bildes (s.o.) werden dabei herausgearbeitet. Es kommt nicht darauf an, daß alle Einzelheiten des Bildes erklärt werden. Wichtig ist, daß seine *Hauptaussage* verstanden wird: Jesus lädt uns *Sünder* in Gottes Gemeinschaft ein. Er verbindet uns Menschen zur Mahlgemeinschaft („sieben" Menschen im Griff des Kelches). Im Abendmahl dürfen wir die „Frucht" seines Sterbens in Form von Brot und Wein empfangen: die Vergebung der Sünden. Nun soll unser Leben mit Gott nichts mehr belasten.

c) Gemeinsames (einstimmiges) Singen des Kanons „Du ließt das Brot uns wachsen" (Liedersammlung Nr.8) oder des Kanons „Danket, danket dem Herrn" (EG 336) [von Stunde 20 Nr.3a her bekannt].

➲ Aufgabe für Zuhause:

1. Lies aus dem Begleitbuch „Komm und sieh!" die Seiten 84-86 durch: „Das Abendmahl".
2. Beantworte danach die Fragen:
   ❶ Das Abendmahl ist ein Erinnerungsmahl. Woran sollen wir uns erinnern?
   ❷ Was will die Abbildung in der Mitte von Seite 85 des Begleitbuchs zum Ausdruck bringen?
   ❸ Taufe und Abendmahl nennt man auch die „Sakramente". Was bedeutet dieser Name?

Unterrichtsmaterial: Arbeitsbogen 32 - Kopien Liedersammlung Nr.8 (wenn sie nicht schon von Stunde 20 her vorliegen) oder EG - Kelch, Patene und Oblaten

38. Vergebung der Sünden III: Die Beichte

Begleitbuch „Komm und sieh!" S. 87–89 / Arbeitsbogen 33 mit Anhang

1. Besprechen der Aufgabe für Zuhause (*AB 32*)

2. „Beichten" heißt: Schuld „bejahen"

a) Die Konf. sollen sagen, was sie unter „Beichte" verstehen.

b) Mit Hilfe der ➲ Abbildung **„beichten = bejahen"** (*AB 33 Nr. 1*) die Konfirmandenäußerungen bestätigen und/oder „vertiefen":

b	e	i	c	h	t	e	n
b	e	j	a	h		e	n

„Beichten" kommt von „bejahen" und meint Schuld bejahen, zu seiner Schuld stehen. U. weist darauf hin, daß die *persönliche Erkenntnis von Schuld* die Voraussetzung einer Beichte ist.

3. Das Gleichnis vom Pharisäer und Zöllner (Lk 18,9–14)

a) Die Konf. sollen die (➲ 2.) Grafik von Friedrich Diehl betrachten und herausfinden, was dargestellt ist. Eventuell muß U. nachhelfen. An dieser Stelle keine nähere Besprechung der Grafik.

b) **Lk 18,9–14** vorlesen lassen.

c) Zügiges gemeinsames Erschließen der Aussagen des Gleichnisses mit Hilfe der ➲ Fragen von ***AB 33 Nr. 3***. Die Konf. brauchen keine Notizen hinter den Fragen zu machen:

① Zwei sehr unterschiedliche Menschen beten in diesem Gleichnis zu Gott: Was sind das für Menschen?

② Wie denkt der Pharisäer über sein Verhältnis zu Gott?

③ Wie denkt der Zöllner über sein Verhältnis zu Gott?

④ Beide – Pharisäer und Zöllner – haben keine Angst vor Gott.
- Worauf setzt der Pharisäer sein Vertrauen?
- Worauf setzt der Zöllner sein Vertrauen?

⑤ Jesus sagt: Gott erhört das Gebet des sündigen Zöllners, das des frommen Pharisäers aber nicht. Was findet Jesus an dem Zöllner so gut?

⑥ Was fehlt dem Pharisäer nach der Meinung Jesu
- in seiner Beziehung zu seinem Nächsten, dem Zöllner?
- in seiner Beziehung zu sich selbst?
- in seiner Beziehung zu Gott?

⑦
- Wem erzählte Jesus dieses Gleichnis?
- Wie werden seine Hörer auf das Gleichnis reagiert haben?

⑧ Welche Einstellung ist Eurer Meinung nach *heute* verbreiteter: die des Pharisäers oder die des Zöllners?

⑨ In welchem dieser beiden Menschen könnt Ihr Euch wiederfinden?

d) Die Konf. sollen noch einmal Friedrich Diehls (➲ 2.) Grafik „Pharisäer und Zöllner" betrachten und das Besondere dieser Darstellung herausfinden. [Der sündige, den Blick scheu senkende Zöllner steht hinten „im Dunkel". Doch er ist ganz „licht" dargestellt, weil er von ehrlicher Sündenerkenntnis und vom Vertrauen auf Gottes Gnade „erleuchtet" ist. - Der sein Gutsein betonende („Hand aufs Herz"), zu Gott aufschauende Pharisäer stellt sich nach vorne, weil er sich Gott nahe verbunden fühlt. Aber er steht Gott ganz fern und ist in „Schwarz" (= Finsternis) gefaßt, weil er keine Selbsterkenntnis hat und Gottes Gnade nicht vertraut.]

4. Katrin erkennt ihre Schuld und steht zu ihr

a) 1: Die ersten beiden Absätze des Abschnitts „Wir erkennen unsere Schuld - geben wir sie zu oder verdrängen wir sie?" (***Begleitbuch S.88***) vorlesen lassen.

2: Denkt noch einmal an das Gleichnis vom Pharisäer und Zöllner. Wem steht Katrin näher: dem Pharisäer oder dem Zöllner?

b) U. führt ein: Katrin ist ehrlich und setzt sich mit ihrer Schuld auseinander. Andere Menschen verhalten sich anders. Nehmt ***AB 33 Nr.4*** zur Hand und beschreibt mit Hilfe der ➲ drei Abbildungen, wie Menschen sich bemühen, mit ihrer Schuld aus eigener Kraft fertig zu werden. Bei ③ die Sündenfallgeschichte einbeziehen, die zur heutigen Stunde zu wiederholen war.

① [Verdrängung]	② [Verrechnung]	③ [Schuldabschiebung]

c) Warum haben wir Christen solches Verhalten nicht nötig? Beantwortet diese Frage mit Hilfe der (➲ 5.) Grafik von Hans Georg Anniès (↘).

5. Katrin bekennt ihre Schuld

a) 1: U. stellt den Anschluß zur Geschichte von Katrin her: Kommen wir auf Katrin zurück. Sie ist von ihrem Fehlverhalten betroffen, daß sie sehr lieblos mit ihrem Bruder umgegangen ist, daß sie ihre Mutter zu täuschen versucht hat und daß sie sich nur wenig Zeit für Gott nimmt. Katrin stehen mehrere Möglichkeiten offen, mit ihrer Schuld fertigzuwerden. Die erste Möglichkeit ist, daß sie ein **persönliches Beichtgebet** spricht. - Frage: Was haben wir uns unter einem persönlichen Beichtgebet vorzustellen?

2: Lesen des persönlichen Beichtgebets von Katrin ganz unten auf ***S.88 des Begleitbuchs***.

b) 1: U. weist auf die zweite Möglichkeit hin: Es kann sein, daß Katrin am Sonntag den Gottesdienst besucht, in dem eine **gemeinsame Beichte** gehalten wird. Dabei wird ein **all-**

gemeines Beichtgebet gesprochen, das so „allgemein“ formuliert ist, daß sich viele Menschen darin wiederfinden können. – Unterstreicht in dem ➲ allgemeinen Beichtgebet in ***AB 33 Nr.6*** [nur abgedruckt im Arbeitsbogen] die Sätze und Wendungen, die Katrins Schuld aussprechen.

2: Einzelarbeit an ***AB 33 Nr.6***.

3: Besprechung der Ergebnisse der Einzelarbeit im Plenum.

c) 1: U. nennt die dritte Möglichkeit einer Beichte: Wenn Menschen durch ihre Schuld sehr belastet sind, können sie auch eine(n) Pfarrer(in) ihres Vertrauens aufsuchen und eine **Einzelbeichte** ablegen. Wie stellt Ihr Euch eine Einzelbeichte vor?

2: U. informiert – das Beispiel Katrins einbeziehend – über den üblichen Verlauf einer Einzelbeichte: *Beichtgespräch – Beichtgebet – Zuspruch der Vergebung*. Der Hinweis auf das vom Seelsorger zu wahrende *Beichtgeheimnis* darf nicht fehlen.

6. Abschluß: Vergebung erfahren

a) 1: Die Konf. sollen (➲ **7.**) **Mt 22,35–40** vorlesen:

Ein Schriftgelehrter fragte Jesus: *„‚Meister, welches ist das wichtigste Gebot im (alttestamentlichen) Gesetz?‘ Jesus antwortete: ‚Du sollst den Herrn, deinen Gott, lieben von ganzem Herzen, von ganzer Seele und mit deinem ganzen Verstand. Dies ist das größte und wichtigste Gebot. Das zweite ist* ***gleich wichtig:*** *Liebe deinen Nächsten wie dich selbst. In diesen beiden Geboten ist alles enthalten, was das Gesetz des Mose und die Lehren der Propheten über Gottes Willen aussagen.‘“*

2: Welches ist das wichtigste Gebot nach Jesus? [Gottesliebe *und* Nächstenliebe]

b) 1: Die Konf. sollen das ➲ Blatt **„Die zehn Gebote“** betrachten (***Anhang zu AB 33***). U. weist darauf hin, daß die Gebote 1-3 *Gebote der Gottesliebe* und die Gebote 4–10 *Gebote der Nächstenliebe* sind.

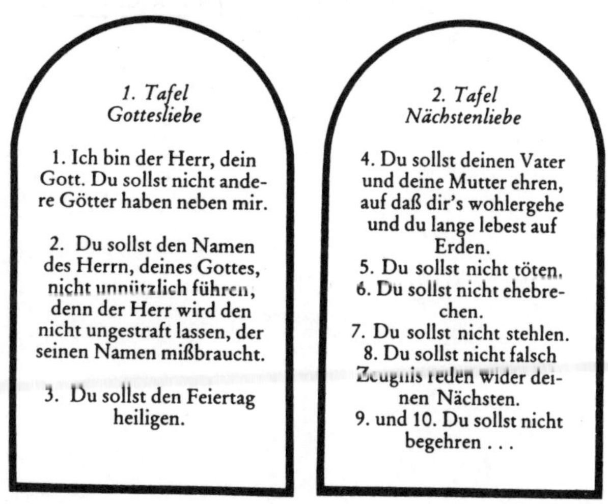

2: • U. fordert die Konf. auf, sich so im Raum zu verteilen, daß jede(r) allein sitzt und niemand sehen kann, was er/sie gleich schreiben wird. Jede(r) soll die Konfirmandenmappe mit dem ➲ Blatt **„Die Zehn Gebote“** und einen Stift mitnehmen.

• U. händigt den einzelnen Konf. je einen Briefumschlag aus.

• U. bittet die Konf., die einzelnen Gebote durchzulesen und die Gebote anzukreuzen, wo ihnen bewußt ist, daß sie dagegen verstoßen haben. Danach sollen sie das Blatt **„Die zehn Gebote“** falten, in den Briefumschlag stecken und ihn zukleben. Wer fertig ist, kehrt wieder an seinen Platz zurück. U. macht mit.

3: • U. holt ein schlichtes, aus zwei Brettern gefertigtes Holzkreuz (etwa 1 m breit und 1,50 m hoch) in den Unterrichtsraum und fordert die Konf. auf, ihre Briefumschläge mit Reißzwecken (oder Tesafilm) an das Kreuz zu heften. U. macht mit.

• Danach verliest U. **Kol 2,14.13b**: Im Kolosserbrief heißt es: *„Gott hat den Schuldbrief getilgt, dessen Forderungen uns belasteten, und hat ihn weggetan und an das Kreuz geheftet.“* – So hat Gott *„euch mit Christus lebendig gemacht, ... und hat uns vergeben alle Sünden.“*

• Kurzes Gespräch: Versteht Ihr, was wir da eben getan haben?

⇨

4: • U. bittet die Gruppe, noch einmal die (➲ 5.) Grafik von Hans Georg Anniès zu betrachten, während er/sie das ➲ Beichtgebet von ***AB 33 Nr.6*** spricht.

• U. nimmt die einzelnen Briefumschläge vom Kreuz ab und zerreißt sie vor den Augen der Konf. [= *Zeichenhandlung:* „Zerreißen der Schuldscheine"].

➲ Aufgabe für Zuhause:

1. **a)** Lies aus dem Begleitbuch „Komm und sieh!" die Seiten 87-89 durch: „Die Beichte."

   b) Warum können wir Christen zugeben, daß wir Sünder sind?

   c) Welche Formen der Beichte kennst Du?

2. Vorbereitung für die nächste Stunde:

   a) Schneide Todesanzeigen aus der Zeitung aus und bringe sie zur nächsten Stunde mit.

   b) Bringe zur nächsten Stunde einen Gegenstand, eine Zeichnung oder einen mit großen Buchstaben auf ein Blatt Papier geschriebenen Begriff mit, mit dem Du *veranschaulichen* kannst, wie Du Dir die **Ewigkeit** vorstellst. Beispiele für einen *Gegenstand* oder eine *Zeichnung*: ein Musikinstrument oder eine auf ein Blatt Papier gemalte Taube stehen für „Harmonie" und „Frieden". *Begriffe* sollen positiv formuliert werden. Ein Beispiel: nicht „kein Krieg", sondern „friedliches Zusammenleben der Menschen".

Unterrichtsmaterial: Arbeitsbogen 33 - Blatt „Die zehn Gebote" (Anhang zu AB 33) - Briefumschläge - einfaches Holzkreuz - Reißzwecken oder Tesafilm

39. „Auferstehung der Toten und das ewige Leben“

Begleitbuch „Komm und sieh!“ S.90-92 / Arbeitsbogen 34

1. Besprechen der Aufgabe für Zuhause (*AB 33 Nr.1*)

2. Alle Menschen müssen sterben

a) 1: U. führt in das Thema ein: Heute haben wir uns mit einem schwierigen Thema zu beschäftigen: mit Sterben und Tod. Aber wir wollen auch über die christliche Hoffnung auf das ewige Leben nachdenken. Versucht, Euch auf alles einzulassen, was in dieser Stunde auf Euch zukommt.

Ich werde Euch gleich eine Geschichte vorlesen. Schreibt direkt im Anschluß daran in dem freien Raum von ***AB 34 Nr.1*** auf, wie Ihr auf die Botschaft dieser Geschichte gefühlsmäßig reagiert.

2: U. verliest die **„Geschichte vom Sultan und dem Tod“** (Begleitbuch S.90 zweiter Absatz: „Es geschah ... verabredet!“).

3: Einzelarbeit: Die Konf. schreiben ihre Empfindungen auf, die diese Geschichte in ihnen hervorgerufen hat.

4: Plenum: Wer mag, liest vor, was er aufgeschrieben hat.

5: Gespräch: Warum wird uns angst und ist es uns unheimlich, wenn wir an Sterben und Tod denken?

b) Austausch: Hat es in Eurem Leben schon Anlässe gegeben, daß Ihr Euch mit dem Thema „Sterben und Tod“ ernsthaft beschäftigen mußtet? - Bei welcher Gelegenheit? - Was habt Ihr dabei empfunden?

3. Christliche Hoffnung bewahrt vor Verdrängung des Todes

a) Betrachtet die ➲ Zeichnung in ***AB 34 Nr.2***.

- Wie gehen die hier abgebildeten Menschen mit dem Thema „Tod“ um?
- Warum verhalten sie sich so?
- Warum haben wir Christen solches Verhalten nicht nötig?

b) Vertiefung: 1: Schaut die (➲ **3.**) Kreidezeichnung von Hans Georg Anniès an. Erkennt Ihr, was dargestellt ist?

2: U. verliest **Lk 24,13-35**, während die Konf. das Bild betrachten sollen.

3: Beschreibt mit Hilfe der einzelnen Aussagen dieses Bildes, warum wir Christen keine Angst vor dem Tod zu haben brauchen.

[*Sehhilfen*: Im Vordergrund sehen wir den auferstandenen Christus (Nägelmale) in der Mitte der beiden traurig aussehenden Emmausjünger. Der linke Arm Christi weist auf die Szene in der rechten Bildhälfte hin, in der sowohl das Auferstehungsgeschehen als auch die Erfahrung des Auferstandenen auf dem Wege nach Emmaus *und* in der Herberge ineinander gezeichnet sind. Denn die Jünger erkennen den „Fremden“ (Lk 24,16.18) nach der Auslegung der Schrift (Lk 24,26-27 - die große Bibel auf dem Tisch) und beim gemeinsamen Mahl in der Herberge (Lk 24,30-31 - Brot und Kelch auf dem Tisch).

Sind es nach Lk 24,28-29 die *Jünger*, die nach den Erfahrungen mit dem „Fremden“ auf dem Weg (Lk 24,32) Jesus zum Bleiben „nötigen“, so übernimmt *Jesus* nach Lk 24,30 die Rolle des Gastgebers, um sich zu offenbaren. Anniès bringt diesen Zug der Emmausgeschichte so zum Ausdruck, daß er Christus in die Herberge zum Abendmahl einladen läßt. Wie die Jünger den Auferstandenen beim Abendmahl in der Herberge erkennen, so wird hinter dem Abendmahlstisch und der Herberge die Auferweckung Jesu = das leere Felsengrab mit dem zur Seite gewälzten Rollstein erkennbar.

Im Hintergrund Jesu und der Jünger sieht man die Kreuzigungsstätte Golgatha. *Hinter* Christus liegen Kreuz und Tod. *Vor* den Jüngern liegt nach ihrem Tod die Auferstehung, auf die Christus sie hinweist. Bibel (Gottes Wort) und Abendmahl halten sie in der lebendigen Gemeinschaft mit Gott. Diese Gemeinschaft wird Gott uns über unseren Tod hinaus bewahren, wie er Christus von den Toten auferweckt hat.]

Herausarbeiten: • Christi Auferweckung ist unsere Hoffnung (der Auferstandene offenbart sich seinen Jüngern). • Vor dem Tod und dem Danach (Verantwortung unseres Lebens im Gericht) brauchen wir keine Angst zu haben, weil uns die ewige Gemeinschaft mit dem erwartet, der für uns gestorben ist (Kreuz). • Es kommt für uns darauf an, *schon jetzt* in seiner Gemeinschaft zu leben (Bibel/Abendmahl). Denn der Tod soll nach Gottes Versprechen unsere Gemeinschaft mit ihm nicht beenden.

4. Wir betrachten Todesanzeigen

- Die Konf. werden gebeten, die aus der Zeitung ausgeschnittenen und zu dieser Stunde mitgebrachten Todesanzeigen vor sich auf den Tisch zu legen.
- Sie sollen herausfinden, welche Angaben in allen Todesanzeigen wiederkehren: z.B. Spruch - Kreuzsymbol - Adresse - Name, Geburts- und Sterbedatum des/der Verstorbenen - Angabe der Angehörigen - Datum der Beerdigung - Beerdigungsinstitut.
- Welche Todesanzeigen zeugen von christlicher Hoffnung? Woran erkennt man das?

5. Wie können wir uns das ewige Leben vorstellen?

Hinweis: Vor der Stunde hat U. den im Anhang zu dieser Stunde abgedruckten Text **Offb 21,3-5** kopiert und ausgeschnitten. Ferner hat U. das **Gottesreichssymbol** (im Anschluß an die *Aufgabe für Zuhause* auf S.136 abgedruckt) auf DIN A 4-Format vergrößert und kopiert.

- Die Tische werden jetzt so zur Seite geräumt, daß die Gruppe einen Stuhlkreis bilden kann. Die Konf. sollen ihren Gegenstand (oder Zeichnung/Begriff) mit an ihren Platz im Kreis nehmen. U. legt die Blätter mit Offb 21,3-5 und dem Gottesreichssymbol mit der Rückseite nach oben in die Mitte des Kreises, so daß die Konf. nichts erkennen können.
- Die Konf. werden nun aufgefordert, ihre Beiträge zum Thema „ewiges Leben“ *nacheinander* um die an der Erde liegenden Papierblätter herum zu legen und jeweils zu erläutern, was sie mit ihrem Gegenstand (oder Zeichnung/Begriff) zur Veranschaulichung von „Ewigkeit“ zum Ausdruck bringen wollen (s. ***AB 33 Aufgabe für Zuhause Nr.2b***). U. kann sich an dieser Aktion beteiligen.
- U. liest **Offb 21,3-5** [Übersetzung: "Die Gute Nachricht"] zweimal vor:

  Vom Thron (Gottes) her hörte ich (Johannes) eine starke Stimme: „Jetzt wohnt Gott bei den Menschen! Er wird bei ihnen bleiben, und sie werden sein Volk sein. Gott selbst wird als ihr Gott bei ihnen sein. Er wird alle ihre Tränen abwischen. Es wird keinen Tod mehr geben und keine Traurigkeit, keine Klage und keine Quälerei mehr. Was einmal war, ist für immer vorbei.“ Dann sagte der, der auf dem Thron saß: „Jetzt mache ich alles neu!“

- Gespräch: ▪ Was sagt dieser Text über das ewige Leben aus?

  ▪ Wodurch unterscheidet sich das ewige Leben nach diesem Text von unserem irdischen Leben?

- ▪ Das Blatt mit Offb 21,3-5 wird umgedreht, so daß die Konf. den Text lesen können.

  ▪ Gespräch: Vergleicht Eure Vorstellungen vom ewigen Leben (Gegenstände/Zeichnungen/Begriffe) mit den Aussagen von Offb 21,3-5. Benennt Gemeinsames oder auch Unterschiedliches.

- ▪ U. deckt das Blatt mit dem Gottesreichssymbol auf.

  ▪ Herausarbeiten oder vertiefen, daß das Heil des ewigen Lebens in Gottes Gemeinschaft darin seinen Grund hat, daß Gott wieder im Mittelpunkt der Menschen steht. Wir werden Gott schauen. Jeder einzelne wird in Frieden mit Gott (Pfeile = ungetrübte Gemeinschaft mit Gott) und mit seinem Nächsten (die Menschen fassen einander an) leben.

- ▪ Wenn noch keine Kerze unter den mitgebrachten Gegenständen steht, stellt U. jetzt eine Kerze in die Mitte und zündet sie an. Ansonsten zündet er/sie die mitgebrachte(n) Kerze(n) an.

  ▪ U. liest einige Texte aus dem Johannesevangelium vor:

  Joh 8,12: *Christus spricht: „Ich bin das Licht der Welt. Wer mir nachfolgt, der wird nicht wandeln in der Finsternis, sondern wird das Licht des Lebens haben."*

  Joh 3,16: *„So sehr hat Gott die Welt geliebt, daß er seinen eingeborenen Sohn gab, damit alle, die an ihn glauben, nicht verloren werden, sondern das ewige Leben haben."*

  Joh 11,25-26: *Christus spricht: „Ich bin die Auferstehung und das Leben. Wer an mich glaubt, der wird leben, auch wenn er stirbt; und wer da lebt und* glaubt an mich, *der wird nimmermehr sterben. Glaubst du das?"*

- U. bittet die Gruppe, über die auf dem Boden liegenden Veranschaulichungen nachzudenken, während er/sie dabei ruhige Musik (Kassettenrekorder) erklingen läßt.

- U. schließt mit einem Gebet ab:

  Herr mein Gott,
  wenn man so jung ist wie ich, dann liegt das Leben noch vor einem.
  Dann hofft man auf einen schönen Beruf,
  dann träumt man von einem liebevollen Ehepartner, von Kindern,
  vielleicht auch von einem eigenen Haus.
  Herr mein Gott, nur schwer kann ich mir vorstellen,
  daß ich älter werde, ja, daß ich einst zu den Alten gehören werde.
  Der Gedanke, daß ich einmal - wie alle Menschen - sterben muß,
  kommt mir selten in den Sinn. Er ist mir unheimlich.
  Herr mein Gott, der du Jesus von den Toten auferweckt hast:
  Du bist meine Hoffnung.
  Erhalte mir meinen Glauben an dich und bewahre mich davor,
  deine verborgene Gegenwart in meinem irdischen Leben zu mißachten.
  Weise mich immer wieder auf dich hin, wenn ich das Gespräch mit dir
  vernachlässige.
  Halte mich fest in deiner Gemeinschaft,
  und bewahre mir deine Gemeinschaft über den Tod hinaus.
  Denn dein ist das Reich und die Kraft und die Herrlichkeit in Ewigkeit.
  AMEN.

➲ Aufgabe für Zuhause:

1. Lies aus dem Begleitbuch „Komm und sieh!“ die Seiten 90-92 durch: „Auferstehung der Toten und das ewige Leben“.
2. Bearbeite danach die folgende Aufgabe:

   Der Vater Deines Freundes Michael ist mit 45 Jahren an Krebs gestorben. Du erhältst die Nachricht von seinem Tod, als Du gerade im Krankenhaus liegst, weil eine Blinddarmoperation unumgänglich wurde. Da Du bei der Beerdigung nicht dabeisein kannst, um Deinem Freund Michael in dieser schweren Situation zur Seite zu stehen, schreibst Du ihm aus dem Krankenhaus einen Brief, um ihn zu trösten.

   Welchen Inhalt wird Dein Brief haben? Schreibe den Brief hier auf:

Lieber Michael!

Unterrichtsmaterial: Arbeitsbogen 34 - Kopie Offb 21,3-5 (s. im Anhang zu dieser Stunde) - DIN A 4-Blatt mit Gottesreichssymbol (s.u.) - Kerze - Kassettenrekorder - Kassette mit ruhiger Musik

(Anhang zu Stunde 39)

Offenbarung 21,3-5:

Vom Thron (Gottes) **her hörte ich** (Johannes) **eine starke Stimme: „Jetzt wohnt Gott bei den Menschen! Er wird bei ihnen bleiben, und sie werden sein Volk sein. Gott selbst wird als ihr Gott bei ihnen sein. Er wird alle ihre Tränen abwischen. Es wird keinen Tod mehr geben und keine Traurigkeit, keine Klage und keine Quälerei mehr. Was einmal war, ist für immer vorbei." Dann sagte der, der auf dem Thron saß: „Jetzt mache ich alles neu!"**

40. Gebote I: Gottesliebe und Nächstenliebe sind untrennbar

Begleitbuch „Komm und sieh!" S.93-94 / Arbeitsbogen 35

1. Besprechen der Aufgabe für Zuhause (*AB 34* - Beim Verlesen der „Briefe an Michael" sollte U. mit Lob nicht sparen!**)**

***Lösung des Rätsels** (Begleitbuch S.92):* Pfr. Hastig muß den Hebel in Richtung **B** bewegen.

2. Wie reagieren wir Menschen auf Gebote und Verbote?

a) 1: U. zählt auf: Unser Leben ist von vielfältigen Geboten und Verboten geprägt: Wenn wir ein Museum besuchen, mahnen uns Schilder: „Nicht berühren!" In einem kleinen Schwimmbad ist eine Tafel angebracht: „Nicht vom Beckenrand ins Wasser springen!" Man geht durch eine Parkanlage und liest: „Betreten des Rasens verboten!" Viele Menschen stehen bei einem Eisverkäufer Schlange. Als ein Mann ganz nach vorne gehen will, wird ihm zugerufen: „Hinten anstellen!" Ein Autofahrer fährt durch eine Ortschaft. Ein Verkehrsschild weist ihn darauf hin: „Nur **30** fahren!"

2: Wie reagieren wir Menschen - wie reagiert Ihr selber - gefühlsmäßig auf (solche) Gebote oder Verbote?

b) 1: U. verliest die 10 Gebote in der Fassung von Begleitbuch S.93.

2: Gespräch: Wie reagiert Ihr gefühlsmäßig auf diese Gebote und Verbote?

3. Die 10 Gebote sind Gebote der Gottes- und Nächstenliebe

a) 1: U. geht auf die Äußerungen der Konf. zu den 10 Geboten ein und weist darauf hin, daß alles, was in dieser Stunde besprochen und geübt wird, den Konf. dazu verhelfen soll, die Gebote besser zu verstehen und anzunehmen.

2: • Wiederholung (s. Stunde 38 Nr.6a+b): **Mt 22,35-40** vorlesen.

• Welches ist nach Jesu Antwort das wichtigste Gebot?

3: Mit Hilfe der ➲ Abbildungen von ***AB 35 Nr.1*** herausarbeiten, daß Gottesliebe und Nächstenliebe wohl je für sich bedacht werden können (Abbildung **a**), daß sie nach Jesus aber untrennbar zusammengehören (Abbildung **b**).

Nr.1a:

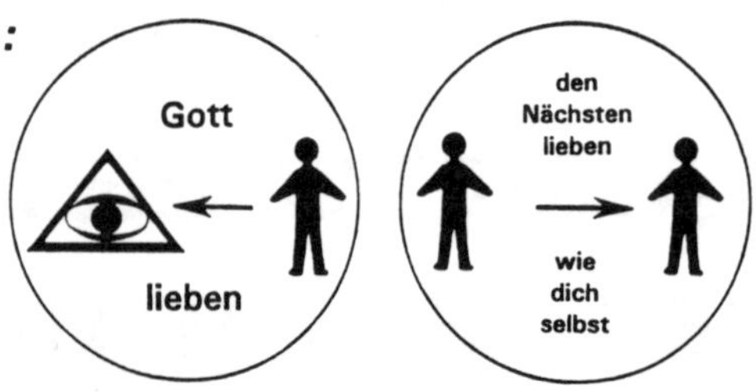

Nr.1b:

b) U. führt ein: Gottesliebe und Nächstenliebe sind auch in den 10 Geboten unmittelbar miteinander verbunden. Im Alten Testament wird berichtet, daß Gott Mose die 10 Gebote auf *zwei steinernen Tafeln* gab (2.Mose 31,18). In ➲ ***AB 35 Nr.2*** findet Ihr zwei Tafeln abgebildet. Die linke Tafel enthält die Gebote der *Gottesliebe* und die rechte die der *Nächstenliebe.* Neben den beiden Tafeln ist der Wortlaut der 10 Gebote abgedruckt. Welche Gebote gehören in die Tafel der Gottesliebe und welche in die der Nächstenliebe? - Die Zahlen in die Freiräume eintragen lassen.

c) 1: U. erzählt: Als Gott seinem Volk Israel die 10 Gebote am Berg Sinai gab, da hatten die Israeliten schon allerlei mit Gott erlebt. Darüber haben wir schon gesprochen, als wir uns mit dem Inhalt des Alten Testaments beschäftigten. Gott hatte *Abraham* versprochen, ihn zu einem großen Volk zu machen, das in einem eigenen Land - dem Land Kanaan - leben sollte. Abrahams Familie wurde unter seinem Enkel *Jakob* immer größer. Durch die Vermittlung von Jakobs Sohn *Josef* gelangte das kleine Völkchen Israel in der Zeit einer schweren Hungersnot nach Ägypten. Dort wuchs Israel zu einem großen Volk heran.

Als die Ägypter befürchteten, daß dieses Volk zu mächtig werden könnte, machten sie die Israeliten zu Sklaven. Sie mußten für die Bauten des Pharao Ziegel brennen. Da erbarmte sich Gott über sein Volk und befreite es durch *Mose* aus der Sklaverei. Als dann die Ägypter die Israeliten verfolgten, rettete Gott sein Volk durch das Schilfmeer hindurch, während seine Verfolger in den Fluten umkamen. Danach führte Gott die Israeliten durch Mose bis zum *Berge Sinai*. Dort schloß er mit seinem Volk Israel einen *Bund*:

Gott versprach, wie bisher für sein Volk dazusein, es zu schützen und es durch die Wüste in das Land zu geleiten, das er einst Abraham versprochen hatte. Von den Israeliten erwartete Gott, daß sie so lebten, wie es Menschen angemessen ist, die mit Gott verbündet sind, deren Herr der allmächtige Gott ist. Die *10 Gebote* sollten den Israeliten dazu dienen, als Volk *Gottes* zu leben.

Ich habe Euch die Geschichte des Volkes Israel *vor* der Gabe der 10 Gebote erzählt, damit eines klar wird: Gott gab den Israeliten seine Gebote erst dann, als das Volk positive Erfahrungen mit Gott gemacht hatte. Menschen, die Gottes Gemeinschaft erfahren haben und Gott als ihren Herrn bekennen, werden auch seine Gebote ernstnehmen und sich *bemühen*, danach zu leben.

2: Das soll uns jetzt eine Übung begreiflich machen: Schaut noch einmal in ➲ ***AB 35 Nr.2*** in den Text der 10 Gebote. Wir wollen die Gebote etwas *umformulieren*, damit deutlich wird, *wie* sie zu verstehen sind. Das 1. Gebot soll lauten: *Wenn Gott mein Herr ist, dann werde ich* keine anderen Götter neben ihm haben. - Formuliert in dieser Weise die anderen Gebote um:

Wenn Gott mein Herr ist, dann werde ich ...

d) 1: U. erinnert: Wir haben uns viele Stunden lang mit Christus beschäftigt. Jesus hat uns mit Gleichnissen und Taten verkündigt, daß Gott uns - seine Menschenkinder - liebt, daß er barmherzig zu uns ist, wenn wir ihn vergessen, daß er uns immer wieder an sich erinnert und darauf wartet, daß wir zu ihm zurückkommen. Aber auch wenn wir in Gottes Gemeinschaft leben, passiert es immer wieder, daß wir Gottes Gebote nicht beachten. Doch Gott macht uns das nicht zum Vorwurf. Er hat unsere Schuld Christus am Kreuz aufgelastet und sie uns vergeben. So braucht keiner von uns Angst vor Gott zu haben. Sondern wir dürfen auf Gottes Liebe zu uns immer vertrauen. Wenn wir das begriffen haben, daß Gott es gut mit uns meint, dann werden wir *auf seine Liebe zu uns mit unserer Liebe antworten.* Die 10 Gebote wollen uns dabei helfen, ein Leben nach dem *Maßstab der Liebe* zu leben:

2: Übung: Wir wollen die 10 Gebote noch einmal in anderer Weise als zuvor formulieren. Dadurch soll uns deutlich werden, daß wir die Gebote gerade dann halten, wenn wir Gott und unseren Nächsten lieben. Benutzt dabei den ➲ Wortlaut der Gebote in ***AB 35 Nr.2*** als Hilfe.

- Formuliert die Gebote 2-3 nach dem Muster des 1. Gebotes: *Wenn ich Gott liebe, dann werde ich* keine anderen Götter neben ihm haben.

Wenn ich Gott liebe, dann werde ich ...

- Formuliert die Gebote 5-10 nach dem Muster des 4. Gebots: *Wenn ich meinen Nächsten liebe, dann werde ich* Vater und Mutter [= meine „nächsten" Nächsten] ehren.

Wenn ich meinen Nächsten liebe, dann werde ich ...

4. Singen des Liedes „Halleluja, Jesus liebt mich" (Liedersammlung Nr.12) oder des Liedes „Herr, deine Liebe wird mich nie verlassen" (Liedersammlung Nr.17 - nach der Melodie des Liedes „Herr, deine Liebe ist wie Gras und Ufer", doch mit einem am Gleichnis vom verlorenen Sohn [Lk 15,11-24] ausgerichteten Text).

5. Gottesliebe *und* Nächstenliebe: Das Gleichnis vom barmherzigen Samariter (Lk 10,25-37)

Hinweis: Das Gleichnis vom barmherzigen Samariter wird ohne Berücksichtigung der *Ausgangslage* (Lk 10,25-29) leicht moralisch mißverstanden in dem Sinne: „Hilf einem Menschen, wenn er in Not ist." In den das Gleichnis einleitenden Versen Lk 10,25-29 geht es aber um die *Frage, wie man Gott richtig dient*, um - mit den Worten des Schriftgelehrten - "das ewige Leben zu ererben". Der Schriftgelehrte weist - wie Jesus in Mt 22,35-40 - auf das *Doppelgebot der Liebe* zu Gott und zum Nächsten hin. Doch anders als Jesus versucht er, die Nächstenliebe einzugrenzen: „Wer ist denn mein Nächster?" (Lk 10,29). Jesus dreht darum später die Frage um: ‚Wem bin ich der Nächste?' (Lk 10,36).

Das Gleichnis vom barmherzigen Samariter (Lk 10,30-37) enthält eine Fülle von Aussagen, von denen hier nur einige angedeutet werden können. Die Arbeit mit den Konf. am Text wird sich auf die Herausarbeitung der untrennbaren Zusammengehörigkeit von Gottes- *und* Nächstenliebe beschränken. Jesu für den Schriftgelehrten anstößiges Gleichnis bringt zum Ausdruck, daß sich die *Gottesdiener* - der Priester und der Levit (= Tempeldiener/Chorsänger) - als Menschen erweisen, die nicht nach Gottes Willen leben, weil sie sich der Not ihres Nächsten versagen und den Überfallenen links liegen lassen.

Der nach dem Verständnis des Schriftgelehrten falsch glaubende Samaritaner (vgl. z.B. 2.Kön 17,24-41) wird als *wahrer Gottesdiener* geschildert, weil er an der Not seines Nächsten nicht vorübergeht, sondern ihm nach seinen Möglichkeiten hilft. Er ist zugleich ein Beispiel für *Feindesliebe*, denn Juden und Samaritaner lehnten einander ab (z.B. Joh 4,9).

a) 1: Die Konf. sollen **Lk 10,25-28** vorlesen.

2: Erzählt den kurzen Textabschnitt nach.

3: Woran erinnert Euch dieses Gespräch zwischen dem Schriftgelehrten und Jesus? [Mt 22,35-40 - s.o. Nr.3a].

b) 1: U. leitet zum Gleichnis über: Jesus und der Schriftgelehrte stellen heraus, daß Gottesliebe *und* Nächstenliebe gleichermaßen wichtig sind. Aber der Schriftgelehrte scheint mit der Nächstenliebe Probleme zu haben. Als Jesus ihm sagt: „Du hast recht geantwortet; tu das, so wirst du leben", wendet er ein: Gott lieben, das ist klar. Und Nächstenliebe hört sich gut an. Aber „wer ist denn mein Nächster?" Da erzählt Jesus ihm ein Gleichnis.

Damit Ihr es besser versteht, müßt Ihr folgendes wissen: In dem Gleichnis begegnen uns ein *Jude* auf dem Weg von Jerusalem nach Jericho, der durch eine gebirgige Wüste führt; ferner ein *Priester* und ein *Levit* (= ein Tempelsänger), die vom Gottesdienst im Jerusalemer Tempel kamen und zu ihrem Wohnort nach Hause gingen; schließlich ein *Samaritaner*, der vermutlich geschäftlich unterwegs war. Die Samaritaner und die Juden waren verfeindet.

2: Wir lesen **Lk 10,30-37**.

3: Setzt Euch in Kleingruppen zusammen und bearbeitet die (➲ **2.**) Fragen zu Lukas 10,30-37.

① Wie verhalten sich Priester und Levit gegenüber dem Überfallenen?

② Auf Bahnhöfen oder anderswo kommt es vor, daß unschuldige Menschen bedroht oder überfallen werden, *ohne* daß ihnen die in der Nähe befindliche Menschen, die Zeugen solcher Vorfälle werden, zu Hilfe kommen. ● Könnt Ihr - vielleicht sogar aus eigener Beobachtung oder Erfahrung - Begebenheiten nennen, wo Menschen die Not anderer übersehen haben? ● Könnt Ihr Beispiele dafür anführen, daß Menschen die bekannte Not anderer nicht beachten?

③ Warum verhalten sie sich so?

④ Wie reagiert der Samaritaner auf die Not des überfallenen Juden?

⑤ Warum verhält er sich anders als Priester und Levit?

⑥ Priester und Levit verstehen sich als Diener Gottes. Welche Mahnung enthält Jesu Gleichnis für sie?

4: Besprechung der Antworten der Kleingruppen im Plenum.

c) 1: Die Konf. werden gebeten, den (➲ 4.) **Holzschnitt zum Gleichnis vom barmherzigen Samariter** von Hans Georg Anniès eine Zeitlang für sich zu betrachten.

Einige „Sehhilfen“: Ins Auge springt die große *Christusgestalt* oben rechts, die den Betrachter anschaut und mit dem rechten Arm auf einen *Menschen in Not* hinweist. Seine Augen blicken ängstlich. Die verschränkte Haltung der Arme und die über den Mund gelegte linke Hand machen deutlich, daß er nicht mehr ein noch aus weiß. Bindenartig um seinen Leib geschlungene Tücher betonen seine Gebundenheit an die Notsituation. Die Umrahmung dieses Notleidenden mit einem schwarzen Rechteck verstärkt den Eindruck von Enge und Bedrängnis. Die die Grenze des Rechtecks durchbrechenden weißen Striche rechts und links der Gestalt geben der Hoffnung Ausdruck, daß auch die Notsituation dieses Menschen für Hilfe von außen offen ist.

Unter dem auf diesen Notleidenden hinweisenden Arm Jesu ist das Gleichnis vom barmherzigen Samariter in einem hellen Kreis dargestellt, in dem es um konkrete Hilfe für einen in Not geratenen Menschen geht. Im Hintergrund sieht man Priester und Levit Richtung Jericho streben, während sich im Vordergrund der Samariter um den halbtoten Juden kümmert.

Weil er barm*herz*ig ist (Lk 10,37), nimmt er sich die Not dieses Menschen *zu Herzen* und übt praktische Nächstenliebe.

Daß es auf die Haltung der Barm*her*zigkeit ankommt, die uns zur Nächstenliebe bereit macht, bringt Hans Georg Anniès so zum Ausdruck, daß er die größere obere Bildhälfte in Form eines menschlichen *Herzens* mit seinen unterschiedlich großen Hälften darstellt.

Ein waagerechter Balken führt dazu, daß der untere Teil des Herzens unausgeführt bleibt. Das senkrecht durch das Bild gehende Spruchband GEHE HIN UND TUE DESGLEICHEN bildet mit dem waagerechten Balken gemeinsam ein Kreuz. Damit wird an Jesu Kreuzigung erinnert, die als Zeichen der hingebungsvollen Gottes- („Dein Wille geschehe“) und Menschenliebe Jesu („Mein Leib - für euch gegeben. Mein Blut - für euch vergossen“) zu verstehen ist. Wie Jesus einst Menschen aus vielfältiger Not geholfen hat, so hat er uns alle am Kreuz von unserer Schuld Gott gegenüber befreit. Seine Liebe soll nun unsere Lebensart beeinflussen.

Rechts und links von den Worten UND TUE DESGLEICHEN sehen wir fünf Menschen, deren Verhalten von der Liebe Christi geprägt ist. Anniès bringt das so zum Ausdruck: Die Armhaltung der fünf Menschen wiederholt den auf den Notleidenden weisenden rechten Arm *Jesu* und die den Geschundenen bergenden Arme des *Samariters*. Das Herz dieser Menschen wurde bereit, anderen *zum Christus* und zum *barmherzigen Samariter* zu werden. Die Mauer menschlicher Hartherzigkeit (vgl. Priester, Levit) wurde durchbrochen (s. die durchlässigen senkrechten Mauern zwischen den fünf Menschen). Der Hintergrund, in den die fünf Menschen jeweils eingezeichnet sind, erinnert in seiner Form an die *Gebotstafeln*. Für diese Menschen gehören Gottesliebe *und* Nächstenliebe zusammen (s. Lk 10,27).

2: Gespräch: Die Konf. sollen zusammentragen, was sie sehen und erkennen. U. begleitet und vertieft die Gesprächsbeiträge und macht bei Bedarf diesen oder jenen Zug der Darstellung bewußt.

6. Abschluß

Wir sprechen das Gebet aus dem ***Begleitbuch S.69*** gemeinsam.

➲ Aufgabe für Zuhause:

1. Lies aus dem Begleitbuch „Komm und sieh!" die Seiten 93-94 durch: „Die Gebote der Gottes- und Nächstenliebe sind untrennbar".
2. Lerne die 10 Gebote auswendig. Du findest sie auf dem Deckblatt der Arbeitsbögen.

Unterrichtsmaterial: Arbeitsbogen 35 - Kopien Liedersammlung Nr.12 (wenn nicht schon von Stunde 25 her vorhanden) oder Kopien Liedersammlung Nr.17

41. Gebote II: Freiheit in Grenzen

Begleitbuch „Komm und sieh!" S.95-97 / Arbeitsbogen 36

1. Abfragen der 10 Gebote

***Lösung des Rätsels** (Begleitbuch S.94):* Bibel, Blumenstrauß und Spritze tauchen im Gleichnis vom barmherzigen Samariter nicht auf.

2. Die Gebote sind Regeln, die ein gutes Zusammenleben der Menschen mit Gott und der Menschen untereinander ermöglichen wollen

a) 1: Die Konf. sollen ***AB 36*** aufschlagen und die ➲ drei abgebildeten Verkehrssituationen und -zeichen erklären.

2: • Welche Bedeutung haben Verkehrszeichen und -regeln?

• Was würde geschehen, wenn sich niemand an die Vorschriften im Straßenverkehr hielte?

b) 1: Schlagt das ***Begleitbuch S.93*** auf und betrachtet die beiden Gebotstafeln. Wir wollen die 10 Gebote einmal mit den Verkehrsregeln vergleichen. Gespräch:

- Was regeln die Gebote 1-3?
- Was regeln die Gebote 4-10?
- Was geschieht, wenn man die Regeln der Gottesliebe - die Gebote 1-3 - außer acht läßt?
- Was geschieht, wenn man die Regeln der Nächstenliebe - die Gebote 4-10 - außer acht läßt?

2: Die Konf. sollen die neben den Verkehrszeichen stehenden Texte im ***Begleitbuch S.95 und S.96*** vorlesen. Nach der Verlesung eines Gebotes kann *kurz* besprochen werden, warum das jeweilige Verkehrszeichen - manchmal durchaus in humorvoller Weise - diesem Gebot zugeordnet wurde.

3. Leben im Schutzraum der Gebote

Hinweis: ⊗ U. hat die **Grafiken „Gekreuzigter und auferstandener Christus"** von H.G. Anniès (s. im Anhang zu diesem Stundenentwurf) auf DIN A 3-Format und den Text **Gal 3,26** (s. hinter der *Aufgabe für Zuhause*) viermal auf DIN A 4-Format vergrößert und kopiert.

⊗ Vor der Sitzung hat U. ferner **9 Symbolbilder zu den einzelnen Geboten** angefertigt. Die Bilder gewinnt man durch Vergrößerung der im folgenden abgedruckten *Vorschläge* auf dem Kopierer. Die Linien muß man eventuell nachzeichnen, weil bei starker Vergrößerung die Konturen unscharf werden. Man kann die Symbolbilder auch farbig gestalten (lassen). Die Bilder werden im DIN A 4-Format auf Pappe geklebt. Vor dem Zusammenkleben wird ein Stück Schnur zwischen Papier und Pappe gelegt, das an beiden Seiten ungefähr 60 cm lang heraushängt. Als Symbolbilder werden vorgeschlagen:

1.Gebot:

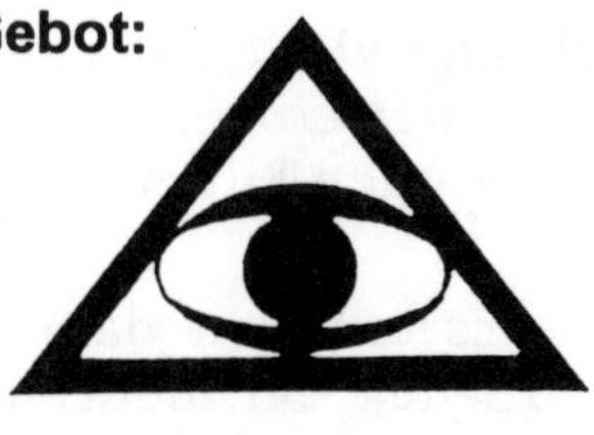

2.Gebot:

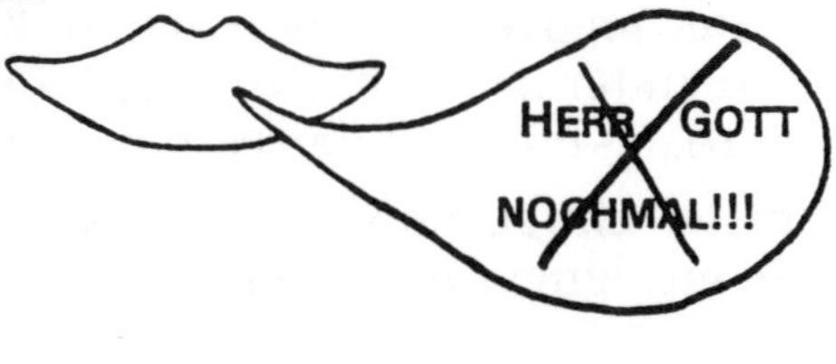

3.Gebot:

4.Gebot:

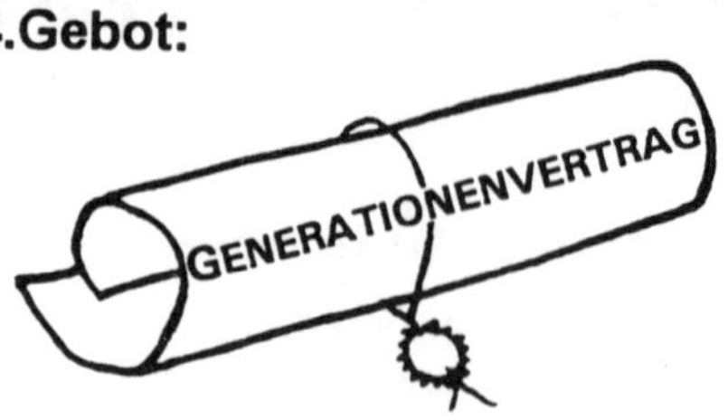

5.Gebot:

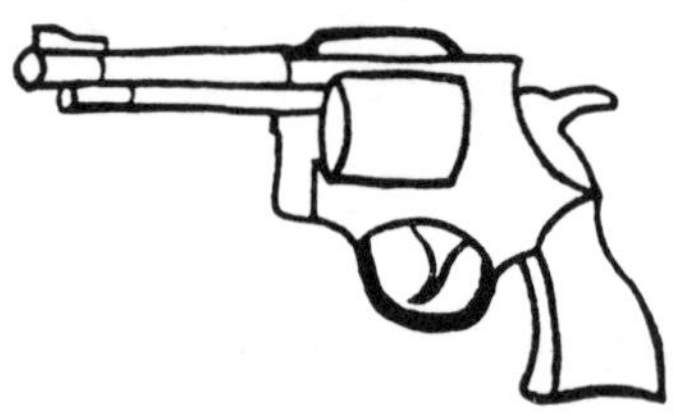

6.Gebot:

7.Gebot:

8.Gebot:

9. und 10.Gebot:

a) 1: Die Tische werden an die Seite gerückt. Die Gruppe bildet einen Stuhlkreis. Die Symbolbilder werden mit der Rückseite nach oben *ungeordnet* (!) übereinander in die Mitte des Kreises gelegt.

2: U. dreht die Symbolbilder *nach und nach* um und fordert die Konf. auf, das jeweilige Bild einem Gebot zuzuordnen. Die Zuweisung eines Symbolbildes zu einem Gebot soll von den Konf. begründet werden.

3: • Danach ist über die *Bedeutung* des jeweiligen Gebots zu sprechen. [U. findet im Begleitbuch „Komm und sieh!" auf den Seiten 98-101 hilfreiche Ausführungen zu den Geboten 1-3 und auf den Seiten 102-112 zu den Geboten 4-10.]

• Nach der Besprechung eines Gebots wird das Symbolbild so an die Erde gelegt, daß alle Bilder am Ende gemeinsam einen *Kreis* bilden.

b) 1: Ist das letzte Gebot besprochen, wird der Kreis, der bislang vielleicht eher an ein Ei erinnerte, zu einem echten Kreis geformt. Der Abstand der einzelnen Bilder voneinander darf nicht zu groß sein, so daß man die Bänder an den Bildern unproblematisch miteinander verknüpfen kann.

2: U. bittet einige Konf., die Bänder zusammenzuknüpfen. - Es entsteht dabei ein Kreis mit einem Innenraum [s. die Abbildung auf der nächsten Seite], der mehrfachen

Sinn hat: ① *Alle* Gebote sind miteinander *verbunden*, denn Gottesliebe und Nächstenliebe kann man nicht trennen [s. die voraufgehende Stunde].

② Die Gebote bilden einen Ring/Kreis um einen großen Raum: einen *Freiraum* oder *Schutzraum* zum Leben, der begrenzt ist [s. Nr.2 dieser Stunde].

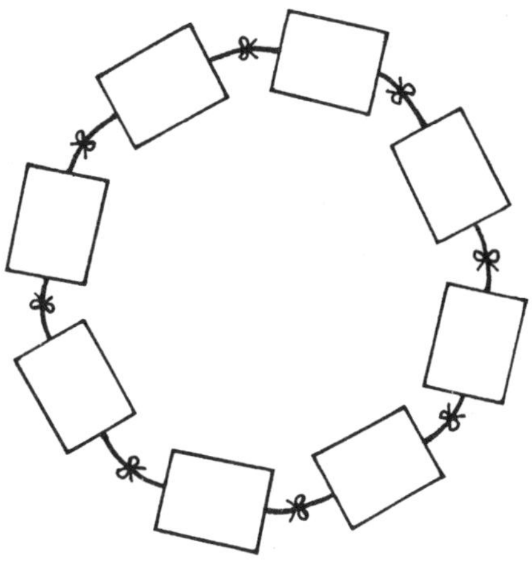

3: Ist der Kreis „geschlossen", fragt U. die Gruppe, was die Anordnung auf dem Boden zum Ausdruck bringen soll. Eventuell muß U. etwas Hilfestellung geben: • Ihr habt die Gebote miteinander *verbunden* ... • Die Gebote *umschließen einen Raum* ...

c) 1: U. legt die den Konf. bereits bekannte **Darstellung des gekreuzigten und auferstandenen Christus** von Hans Georg Anniès in vergrößerter Form in die Mitte des Kreises.

2: Danach führt U. die Gedanken von S.96f des Begleitbuchs (Abschnitt c) etwas aus: Das Wichtigste am christlichen Glauben ist nicht die Beachtung der 10 Gebote, sondern seine Mitte ist das *Vertrauen auf Jesus Christus.* Christus lebte *ganz* nach den 10 Geboten. Er hat Gott und uns Menschen über alles geliebt. Auch *wir* werden uns *Mühe geben,* nach den Geboten zu leben, aber wir werden die Gebote *immer wieder übertreten.* Doch wir wissen: Um unsrer Sünde willen ist Christus gestorben. Gott vergibt uns, wenn wir seinen Willen verletzen. Er macht uns das nicht zum Vorwurf. Christus war *an unserer Stelle* Gott ganz gehorsam. Gott schaut auf Christus, nicht auf unsre Sünde. Darum sind wir Gott stets willkommen, auch in unserer Unvollkommenheit. *Wir gehören* - auch wenn wir uns oft nicht im Sinne der Gottes- und Nächstenliebe verhalten - *zu Gott durch unsern Glauben an Christus.*

3: Um diesen Gedanken zu verstärken, legt U. **vier Spruchbänder** mit den in großen Lettern geschriebenen Worten von Gal 3,26 um das Christusbild herum: *„Durch den Glauben seid ihr alle Gottes Kinder in Christus Jesus" (Galaterbrief 3,26).*

4: Gemeinsames Singen entweder des Kanons „Was Jesus für mich ist" (Liedersammlung Nr.9 [s. Stunde 21]), des „Friedenskanons" (Liedersammlung Nr.15 [s. Stunde 32]) oder des Liedes „Ich möcht', daß einer mit mir geht" (EG 209,1-4 [s. Stunde 21]).

5: Gemeinsames *Vaterunser.*

➲ <u>Aufgabe für Zuhause:</u>

1. Lies aus dem Begleitbuch „Komm und sieh!" die Seiten 95-97durch: „Freiheit in Grenzen: die 10 Gebote".
2. Bearbeite folgende Aufgabe: Streiche die Sätze durch, die Deiner Meinung nach nicht richtig sind: ⇨

① Die 10 Gebote wollen den Menschen helfen, im Leben zurechtzukommen.
② Die Gebote zwingen den Menschen Gottes Willen auf.
③ Die Menschen können auch gut ohne die Beachtung der 10 Gebote leben.
④ Die Gebote wollen den Schwächeren vor der Willkür des Stärkeren schützen.
⑤ Es ist leicht, die 10 Gebote zu halten.
⑥ Die ersten drei Gebote wollen uns helfen, den Kontakt mit Gott aufrechtzuerhalten.
⑦ Gott erwartet von uns die genaue Erfüllung der Gebote 1-3 (Gottesliebe), aber die Beachtung der Gebote 4-10 (Nächstenliebe) stellt er uns frei.
⑧ Die Gebote zeigen uns, in welchem Rahmen wir frei und verantwortlich leben können.
⑨ Die Gebote 4-10 können zusammengefaßt werden in dem Satz: „Liebe Gott von ganzem Herzen".
⑩ Wenn wir an unsre Lebensführung die 10 Gebote als Maßstab anlegen, erkennen wir, daß wir Sünder sind.

Unterrichtsmaterial: Arbeitsbogen 36 - 9 Symbolbilder zu den 10 Geboten - 4 Spruchbänder mit Gal 3,26 - Vergrößerung der Bilder vom gekreuzigten und auferstandenen Christus von H.G.Anniès - Kopien Liedersammlung Nr.9 oder Nr.15 (sofern sie nicht schon von Stunde 21 oder Stunde 32 her vorhanden sind) oder EG

Durch den GLAUBEN seid ihr alle Gottes Kinder in Christus Jesus.

(Galaterbrief 3,26)

(Anhang zu Stunde 41)

Der gekreuzigte und auferstandene Christus

(Hans Georg Anniès)

42. Gebote III: Vorschläge für eine eingehendere Beschäftigung mit den 10 Geboten

Begleitbuch „Komm und sieh!" S.98-112 / Arbeitsbögen 37-44

Hinweis: In den letzten beiden Stunden ging es vor allem darum, *Wesen und Bedeutung der 10 Gebote* herauszuarbeiten und damit den *Hauptsinn der Gebote* zu erschließen. Mit diesen beiden Überblicksstunden über die 10 Gebote wird die Präsentation ausgearbeiteter Stundenentwürfe abgeschlossen. Der KU geht seinem Ende zu. Manche Gruppen benötigen Zeit, einen *Konfirmandenvorstellungsgottesdienst* vorzubereiten. Vielleicht möchte die Gruppe oder U. noch an Themen arbeiten, die bislang nicht vorkamen.

Wer mit seiner Gruppe die Bedeutung der *einzelnen Gebote* näher besprechen möchte, soll im folgenden noch *einige* konkrete Anregungen für die Durchführung dieses Vorhabens erhalten. Diese nur knapp dargestellten Vorschläge orientieren sich an den Ausführungen zu den 10 Geboten im Begleitbuch „Komm und sieh!" S.98-112. Je nach Situation und Zeitlage können auch mehrere Gebote in einer Stunde besprochen werden.

Da es sich bei den Geboten um *Lebensfragen* handelt, besteht die Aufgabe von U. vor allem darin, mit Hilfe von Impulsen (Fragen/Bildanstößen usw.) das *Gespräch* in der Gruppe über die Bedeutung der einzelnen Gebote für unser Leben anzuregen. Zu den einzelnen Geboten liegen jeweils Arbeitsbögen für die Konf. vor.

1. Das erste Gebot *(Begleitbuch „Komm und sieh!" S.98 / Arbeitsbogen 37)*

***Lösung des Rätsels** (Begleitbuch S.97):* Die richtige Reihenfolge: **H - F - B - G - A - I - D - E - C - J.**

1: Wie lautet das 1. Gebot?

2: Was meint Ihr: Ist es leicht, das 1. Gebot zu halten? [Die Aussagen der Konf. undiskutiert im Raum stehen lassen.]

3: Martin Luther hat gesagt: **„Woran dein Herz hängt, das ist eigentlich dein Gott."** Was will Luther uns zu bedenken geben?

4: Könnt Ihr Beispiele dafür nennen, wo etwas einen Menschen so sehr ausfüllt, daß ihm Gott ganz unwichtig wird?

5: Was sagen die ➲ Abbildungen in ***AB 37 oben*** zum 1. Gebot aus?

①

②

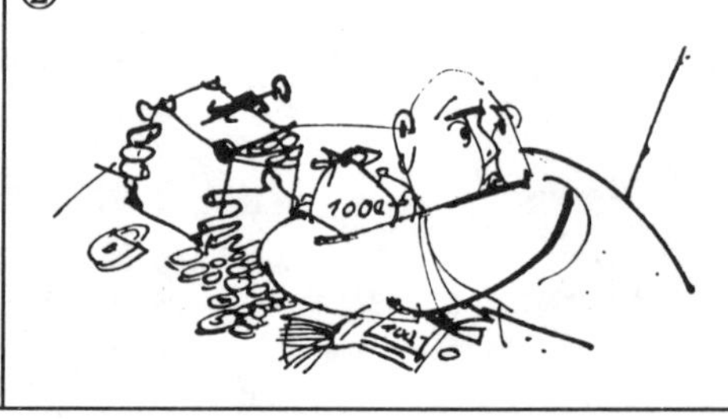

6: Noch einmal: Ist es leicht, das 1. Gebot zu halten?

7: Eine schwierige Frage: Es gibt so vieles, was uns Freude macht: unsere Hobbys, Fernsehen, Sport, Reiten, Musik usw. Wie können wir mit diesem allen so umgehen, daß wir Gott darüber nicht vergessen? - Herausarbeiten: Erkennen, daß Gott damit unser Leben bereichert; alles dankbar aus Gottes Hand nehmen (→ Dankgebet).

8: Singen des „Dankeliedes" (EG 334).

2. Das zweite Gebot *(Begleitbuch „Komm und sieh!" S.99 / Arbeitsbogen 37)*

1: Wie lautet das 2. Gebot?

2: Wann gebrauchen wir den Namen Gottes „nützlich", d.h. sachgemäß?

3: Beschreibt Situationen, wo wir den Namen Gottes „unnützlich" führen, d.h. mißbrauchen.

4: Wie wird es sich auf unser Verhältnis zu Gott auswirken, wenn wir Gottes Namen mißbrauchen? - Herausarbeiten: Wenn wir Gottes Namen nicht ernsthaft im Munde führen, besteht die Gefahr, daß wir Gott selber nicht mehr ernstnehmen. Die Konsequenz („Strafe Gottes") ist, daß Gott selber uns unwichtig wird.

3. Das dritte Gebot *(Begleitbuch „Komm und sieh!" S.99-101 / Arbeitsbogen 38)*

1: Wie lautet das 3. Gebot?

2: Betrachtet den ➲ Grabstein in ***AB 38 Nr.1***. Wie verträgt sich die Inschrift „Nur Arbeit war sein Leben" mit dem dritten Gebot?

3: Das dritte Gebot hat zwei Grundbedeutungen. Versucht, sie mit Hilfe der ➲ Abbildungen von ***AB 38 Nr.2*** zu erschließen.

4: Beten kann man auch zuhause. Warum ist der Gottesdienst so wichtig?

5: • 168 Stunden hat die Woche. Wie verbringen wir diese Zeit?

• Viele Menschen kommen nicht zum Gottesdienst am Sonntag. Mutet Gott uns zuviel zu, wenn er uns *am Feiertag* für *eine Stunde* (von 168 in der Woche) zu sich in den Gottesdienst lädt?

6: • Die Konf. sollen ➲ Luthers Auslegung des 3. Gebots (***AB 38 Nr.3***) vorlesen:

Martin Luther legt das 3. Gebot so aus: „Was ist das? Wir sollen Gott fürchten (= ernstnehmen) und lieben, daß wir die Predigt und sein Wort nicht verachten, sondern es heilig halten, gerne hören und lernen."

• Wie muß man nach Martin Luther die mangelhafte Beteiligung vieler Gemeindeglieder am Gottesdienst verstehen?

• Würdet Ihr die ungefüllten Kirchen ähnlich erklären?

• Womit entschuldigen sich die Leute gewöhnlich, wenn sie selten oder nie zur Kirche gehen?

7: • Betrachtet die ➲ Karikatur „Blitzgottesdienst" von Werner Küstenmacher (***AB 38 Nr.4***). Beschreibt ihre Aussage.

• Was meint Ihr: Würde ein Blitzgottesdienst von 15 Minuten dem Problem der mäßig besuchten Gottesdienste abhelfen?

• Ihr habt in der Konfirmandenzeit viele Gottesdienste besucht. Das Predigthören war bestimmt nicht immer einfach. Sicher habt Ihr auch nicht immer daran gedacht, die **„Frage vor der Predigt"** zu stellen. - Wiederholung [Stunde 3]: Wie lautet diese Frage? [*Was will Gott mir heute durch diese Predigt sagen?*]

• Könnt Ihr Euch an bestimmte Gottesdienste erinnern, in denen Ihr Euch gelangweilt habt?

• Könnt Ihr Euch an bestimmte Gottesdienste erinnern, die Ihr gut fandet?

4. Das vierte Gebot *(Begleitbuch „Komm und sieh!" S.102-103 / Arbeitsbogen 39)*

Lösung des Rätsels (Begleitbuch S.101): Falsch sind: **1:** Telefon auf dem Altar. - **2:** Bibel am Boden. - **3** und **4:** Mikrofone sind nicht benutzbar. - **5:** Wasserhahn am Taufbecken. - **6:** Rabe anstelle der Taube als Symbol für den Heiligen Geist. - **7:** Das Beffchen des Pfarrers ist dreistatt zweigeteilt. - **8:** Der Pfarrer hat noch sein Barett auf. - **9** und **10:** Die angeschlagenen Lieder gibt es im Gesangbuch nicht. - **11:** Der Adventskranz hat fünf Kerzen. - **12** und **13:** Die Paramente (Tücher) an Kanzel und Altar sind beide seitenverkehrt. - **14:** Die Treppe zur Kanzel fehlt. - **15:** Die Kerzen brennen nicht, obwohl Gottesdienst ist. - **16:** Auf dem Altarbild (Darstellung des Paradieses) sind zwei Schlangen. - **17 als Zugabe:** Neben dem Wein auf dem Altar fehlt das Brot.

1: Wie lautet das 4. Gebot?

2: • Wir lesen die in ➲ ***AB 39 Nr.1*** beschriebene Situation:

Zwischen Steffen und seinem Vater gibt es Ärger. Der Vater findet, daß Steffens Haare unbedingt geschnitten werden müßten. Steffen hält den Gang zum Frisör für ausgesprochen verfrüht. „Noch heute nachmittag gehst Du zum Frisör!", erklärt der Vater. Steffen gibt Kontra: „Ich bin doch nicht bescheuert. Kann ich mir ja gleich 'ne Glatze schneiden lassen!" So geht es eine ganze Weile zwischen Steffen und seinem Vater hin und her. Schließlich fragt der Vater: „Hast Du nicht im Konfirmandenunterricht das 4. Gebot gelernt: ‚Du sollst deinen Vater und deine Mutter ehren'? Also bitte: Du hast zu gehorchen. Du gehst noch heute zum Frisör!"

- Was sagt Ihr zu dieser Auseinandersetzung?
- Wie würdet Ihr an Steffens Stelle reagieren?
- Verwendet Steffens Vater das 4. Gebot so, wie es gemeint ist? Was meint Ihr?

3: • Wir lesen ➲ Martin Luthers Auslegung des 4. Gebots (***AB 39 Nr.2***):

Martin Luther legt das 4. Gebot so aus: „Was ist das? Wir sollen Gott fürchten (= ernstnehmen) und lieben, daß wir unsere Eltern ... nicht verachten noch erzürnen, sondern sie in Ehren halten, ihnen dienen, gehorchen, sie lieb und wert haben."

- Was bedeutet „Eltern ehren" nach Martin Luther?

4: • Betrachtet die ➲ Abbildung in ***AB 39 Nr.3.***

- ▪ Was ist dargestellt?
- ▪ Seht Ihr eine Beziehung zwischen dieser Zeichnung und dem 4. Gebot?

- Was heißt „Vater und Mutter ehren" für einen Menschen
- ▪ im Baby- und Kindesalter?
- ▪ in der Jugendzeit (in Eurem Alter)?
- ▪ als junger Erwachsener?
- ▪ als Verheirateter mit Familie?
- ▪ wenn die Eltern alt geworden sind?

5. Das fünfte Gebot *(Begleitbuch „Komm und sieh!" S.103-105 / Arbeitsbogen 40)*

1: Wie lautet das 5. Gebot?

2: Was fällt Euch alles bei dem Stichwort „Töten" ein? - Die Beiträge der Konf. werden an der Tafel oder auf dem TLP festgehalten und nach und nach besprochen, z.B.:

- Was ist *Mord*?
- Was ist *Totschlag*?
- Was treibt einen Menschen zum *Selbstmord*? - Wie ist ihm zu helfen?
- ▪ Was wißt Ihr von *Drogen*?
- ▪ Kennt Ihr Drogenabhängige?
- ▪ Sind jemandem von Euch schon einmal Drogen angeboten worden? (Ihr braucht nicht zu sagen, von wem.)
- Das Stichwort „Krieg" führt zur Erörterung der Frage, ob man *Wehrdienst leisten* oder *Kriegsdienst verweigern* soll (= *Ersatzdienst leisten*). Mit dieser Frage haben sich vor allem die Konfirmanden persönlich auseinanderzusetzen.
- Was bedeutet *Abtreibung*?

3: • Wir lesen ➲ Martin Luthers Erklärung zum 5. Gebot (***AB 40 Nr.1***):

Martin Luther legt das 5. Gebot folgendermaßen aus: „Was ist das? Wir sollen Gott fürchten (= ernstnehmen) und lieben, daß wir unserm Nächsten an seinem Leibe keinen Schaden noch Leid tun, sondern ihm helfen und beistehen in allen Nöten."

- Was bedeutet „nicht töten" nach der Erklärung Martin Luthers positiv?
- Welche Möglichkeiten haben wir, das Leben unserer Mitmenschen zu fördern?

4: • Einführung: Das 5. Gebot will uns nicht nur davon abhalten, einen Menschen zu töten, sondern es will uns nach Martin Luther positiv dazu anhalten, am Leben anderer Menschen nicht achtlos vorüberzugehen, sondern ihr Leben zu fördern und ihnen zu helfen, wo wir es können. Damit entsprechen wir Gottes Willen. Gottes- und Nächstenliebe gehören zusammen.

Im Matthäusevangelium ist vom *Weltgericht Christi* die Rede, das er halten wird, wenn er „kommen wird, zu richten die Lebenden und die Toten". In der Rede vom Weltgericht macht Christus uns in besonderer Weise klar, daß wir *Gott* oder auch *ihn lieben*, wenn wir uns um die Not unseres *Nächsten kümmern*. Christus sagt, daß ER uns in denen begegnet, die unsere Hilfe brauchen.

- Wir lesen **Mt 25,31-40**.
- Versucht, die Aussagen dieses Textes mit Hilfe des (➲ 2.) Holzschnitts von Hans Georg Anniès **„Das habt ihr mir getan"** zu verstehen.

[„Sehhilfen": Die Aussagen des Bildes sind einfach zu erfassen: Die *erbärm*liche, doch ausstrahlende Christusgestalt (s. z.B. den angedeuteten Nimbus um das Haupt) wird von sechs Szenen eingerahmt, die die Aussagen von Mt 25,35-36 abbilden. Die kleine Gestalt Mitte rechts bekleidet den Christus direkt. Mit ihr wird exemplarisch zum Ausdruck gebracht, daß der in allen Szenen dargestellte Dienst an Notleidenden *Christusdienst* ist. Im Gleichnis vom Weltgericht werden Christusliebe und Nächstenliebe miteinander identifiziert.]

6. Das sechste Gebot *(Begleitbuch „Komm und sieh!" S.105-108 / Arbeitsbogen 41)*

Hinweis: Aus Altersgründen spielt das 6. Gebot für die Konf. noch keine existentielle Rolle. Allerdings sind „Scheidungswaisen" vom Auseinanderbrechen der elterlichen Ehe betroffen. Für alle Konf. hat die Ehe der Eltern prägenden Charakter. Die folgende Beschäftigung mit dem 6. Gebot beschränkt sich auf die Herausarbeitung des biblischen Grundverständnisses von Ehe, auf die Förderung des christlichen Verständnisses von Liebe und auf eine kurze Besprechung von Trauung und Traugottesdienst.

Lösung des Rätsels: *Begleitbuch S.103:* Die richtige Reihenfolge lautet: **D - B - A - E - C**; *Begleitbuch S.105:* Alle Menschen brauchen **„L - I - E - B - E"**.

1: Wie lautet das 6. Gebot?

2: ● Wir lesen ➲ **1.Mose 2,18** (***AB 41 Nr.1a***):

1.Mose 2,18: *Und Gott der Herr sprach: „Es ist nicht gut, daß der Mensch allein sei. Ich will ihm eine Hilfe schaffen, die zu ihm paßt."*

● Welchen Sinn gibt Gott der Ehe nach diesem Bibelvers?

● Wir lesen ➲ **1.Mose 2,24** (***AB 41 Nr.1b***):

1.Mose 2,24: *Darum wird ein Mann seinen Vater und seine Mutter verlassen und seiner Frau anhangen, und sie werden sein ein Fleisch.*

● Was ist nach diesem Vers das Ziel einer Ehe?

● Ist dieses Ziel erreicht, wenn zwei Menschen heiraten?

3: ***Bemerkung:*** Um den Konf. die Hemmungen beim Thema „Liebe" zu nehmen und ehrliche Beiträge zu bekommen, empfiehlt sich bei der folgenden Aufgabe die Anwendung der *Zettelmethode*: Auf kleine, gleichgroße und gleichfarbige Zettel sollen die Konf. je *einen* Begriff schreiben, der ihnen beim Stichwort „Liebe" einfällt [es werden sich Begriffe finden wie „Verständnis", „küssen", „miteinander schlafen"]. - Die Zettel werden dann eingesammelt, gemischt und nach übergeordneten Gesichtspunkten sortiert. Das Ergebnis bringt zum Ausdruck, was in der Konfirmandengruppe tatsächlich über Liebe gedacht wird. Das Ergebnis ist sichtbar (Tafel oder TLP) festzuhalten.

● U führt ein: Ein vielgebrauchtes Wort ist das Wort „Liebe". Schreibt auf die [ausgeteilten] Zettel je *ein* Stichwort pro Zettel, das Euch zum Thema „Liebe" einfällt. Dreht danach den beschriebenen Zettel um. Jede(r) arbeitet für sich allein.

● (Einzelarbeit) Die Konf. schreiben Stichworte zum Thema „Liebe" auf.

● Die eingesammelten Zettel werden gemischt, vorgelesen und dabei nach übergeordneten Gesichtspunkten sortiert. Das Ergebnis wird sichtbar festgehalten.

4: ● Walter Trobisch hat in seinem Buch „Ich liebte ein Mädchen" darzustellen versucht, was „Liebe" ist. Wir schlagen ***Begleitbuch S.106*** auf und lesen gemeinsam, was er schreibt. Achtet genau darauf, was Trobisch unter „Liebe" versteht. Anschließend wollen wir über das Gelesene sprechen. *Vorlesen:* „Das Wort ‚Liebe' wird ..." bis „... ‚Ich liebe Dich.'"

● Was bedeutet „Liebe" nach diesen Zeilen?

● Vergleich der Äußerungen der Konf. zum Thema „Liebe" (Tafelanschrieb oder TLP) mit den Aussagen von Walter Trobisch dazu.

5: Welche Bedeutung hat die standesamtliche Trauung?

6: • Wer hat schon einmal einen Traugottesdienst miterlebt? Was geschah da?

• Welchen Sinn hat der kirchliche Traugottesdienst?

• Was will die ➲ Bilderfolge von Werner Küstenmacher (***AB 41 Nr.2***) zum Ausdruck bringen?

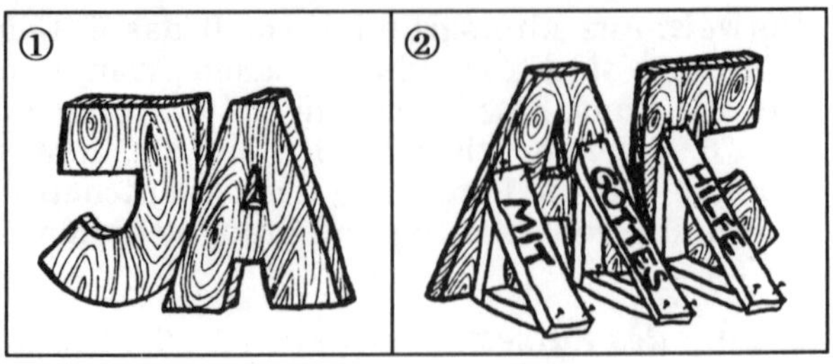

7: Wir haben etwas über die Bedeutung von Ehe und Liebe nachgedacht. Nun zwei Fragen zum 6. Gebot: „Du sollst nicht ehebrechen“:

• Was will das 6. Gebot abwehren?

• Wozu will es ermuntern?

7. Das siebente Gebot *(Begleitbuch „Komm und sieh!" S.108-109 / Arbeitsbogen 42)*

***Lösung des Rätsels** (Begleitbuch S.108):* Es gehören zusammen Sara und Abraham - Rebekka und Isaak - Zippora und Mose - Elisabeth und Zacharias - Saphira und Hananias.

1: Wie lautet das 7. Gebot?

2: „Stehlen": Was kann alles damit gemeint sein? - Tafelanschrieb der genannten Stichworte; darauf hinweisen, daß „stehlen" nicht nur „klauen" meint, sondern überhaupt willkürliche Übergriffe auf das Eigentum anderer: Betrug und Sachbeschädigung z.B. bringen andere Menschen oder auch Organisationen (Versicherungen) um Besitz und Geld.

3: Welches Ziel hat das 7. Gebot?

4: • Wir lesen die beiden in ➲ ***AB 42*** geschilderten Situationen:

① Nach einer Schulfete gehen einige Schüler gegen drei Uhr morgens angetrunken und heiterer Stimmung nach Hause. Es macht ihnen Spaß, bei Autos, an denen sie vorbeikommen, die Antenne zu verbiegen, den Seitenspiegel abzubrechen, die Rückleuchten einzutreten und/oder die Reifen aufzuschlitzen. Niemand bemerkt ihr Treiben. Als die Autobesitzer am frühen Morgen zur Arbeit fahren wollen, entdecken sie die Schäden an ihren Fahrzeugen ...

② Der 17jährige Oliver hat von seiner Großmutter vor drei Jahren zur Konfirmation eine alte, goldene Uhr geschenkt bekommen, die sein Großvater zu Lebzeiten getragen hatte. Oliver trägt die Uhr gerne, weil sie ihn an seinen Großvater erinnert, an dem er sehr gehangen hat. Eines Tages geht Oliver ins Schwimmbad. Bevor er sich ins Wasser begibt, verbirgt er die Uhr seines Großvaters, die nicht wasserdicht ist, unter seinem großen Badetuch. Als Oliver zurückkommt und sich abtrocknen will, muß er feststellen, daß jemand seine Uhr gestohlen hat. Er hat sie nie zurückbekommen ...

• Versucht mit Hilfe dieser Beispiele herauszufinden, wie das „Herz" eines Menschen beschaffen sein muß, der das Eigentum seiner Mitmenschen nicht achtet und sie bestiehlt.

5: Wodurch werden wir Christen davor bewahrt, das 7. Gebot zu übertreten? - Herausarbeiten: Denken vom anderen her; Zufriedenheit durch Dankbarkeit, wobei das *Dankgebet* eine gute Übung ist, dankbar und zufrieden zu werden.

6: Bearbeiten von ➲ ***AB 42 Nr.2***:

Martin Luther legt das 7. Gebot so aus: „Was ist das? Wir sollen Gott fürchten (= ernstnehmen) und lieben, daß wir unseres Nächsten Geld oder Gut nicht nehmen noch mit falscher Ware oder Handel an uns bringen, sondern ihm sein Gut und Nahrung helfen bessern und behüten."

Welches Ziel hat das 7. Gebot nach dieser Erklärung Martin Luthers?

7: Singen eines Dankliedes, z.B. einstimmiges Singen des Kanons „Danket, danket dem Herrn" (EG 336).

8. Das achte Gebot *(Begleitbuch „Komm und sieh!" S.109-111 / Arbeitsbogen 43)*

***Lösung des Rätsels** (Begleitbuch S.109):* **A**: Ein Ägypter tat den Becher auf Anweisung Josefs in den Getreidesack. Die ganze Aktion sollte dazu dienen, Josefs Vater Jakob zusammen mit seinen Söhnen - Josefs Brüdern - nach Ägypten zu Josef zu holen, um sie vor der Hungersnot zu retten.

1: Wie lautet das 8. Gebot?

2: **Jakobusbrief 3,5** steht: *„Siehe, ein kleines Feuer, welch einen Wald zündet's an!".*

- Bei dem „kleinen Feuer" ist an ein Körperorgan gedacht. An welches?
- Wovor will Jakobus die Christen warnen?

3: Wir wollen über den Begriff „falsches Zeugnis" nachdenken. Wir lesen dazu ➲ die drei in ***AB 43 Nr.1*** abgedruckten Beispiele und besprechen sie jeweils kurz.

- ▪ Lesen von Beispiel ➲ ***Nr.1a***:

  Horst Schulze ist wegen Mordverdachts verhaftet worden. Sein Arbeitskollege Karl Bode wird als Zeuge vor Gericht geladen. Karl Bode kann Hans Schulze nicht leiden. In seiner Zeugenaussage erklärt er: „Ich sah Horst Schulze mit dem Ermordeten unmittelbar vor dem Mord am Bahnhof." Dabei ist sich Karl Bode eigentlich nicht ganz sicher, ob da wirklich Horst Schulze an der Seite des wenig später Ermordeten ging, oder ob das jemand war, der nur so ähnlich aussah. Horst Schulze wird verurteilt, unter anderem auch auf Grund der Zeugenaussage von Karl Bode.

  ▪ Wie nennt man das Verhalten von Karl Bode?
  ▪ Warum übertritt der das 8. Gebot?

- ▪ Lesen von Beispiel ➲ ***Nr.1b***:

  Thomas Grimm ist festgenommen worden wegen des Verdachts, an mehreren Kioskeinbrüchen beteiligt gewesen zu sein. Man fand nämlich in seinem in einer Kleingartenanlage gelegenen Gartenhaus auf dem Dachboden einen großen Teil des Diebesguts. Thomas Grimm bestreitet, mit der Sache etwas zu tun zu haben. Er könne nicht dafür verantwortlich gemacht werden, daß andere ohne sein Wissen den Dachboden seines Gartenhauses als Versteck für Diebesgut benutzten. Thomas Grimm wird später freigesprochen aus Mangel an Beweisen. Als er tags darauf an seinen Arbeitsplatz geht, tuscheln einige Arbeitskollegen: „Glaubt Ihr nicht auch, daß er an den Einbrüchen beteiligt war?"

  ▪ Wie nennt man das Verhalten der Arbeitskollegen?
  ▪ Warum verstoßen sie gegen das 8. Gebot?

- ▪ Lesen von Beispiel ➲ ***Nr.1c***:

  In einer Klasse wurde - vermutlich in der Pause - Geld gestohlen. *Bettina* genießt am meisten Ansehen in der Klasse. Sie ist Klassensprecherin. *Karin* beneidet Bettina um ihre Stellung unter den Mitschülerinnen. Zur vermutlichen Tatzeit hat Karin Bettina im Klassenraum gesehen. Als Bettina zur Rektorin unterwegs ist, um den Vorfall zu melden, sagt Karin zu ihren Klassenkameradinnen: „Ich habe zwar nichts weiter gesehen, ich will Bettina auch nicht verdächtigen, aber sie war in der Pause allein im Klassenraum. Man weiß ja nie ..." Die Giftpfeile verfehlen ihre Wirkung nicht. Da kommt Bettina von der Rektorin zurück und betritt den Klassenraum, in dem ihre Mitschülerinnen versammelt sind ...

  ▪ Was passiert jetzt? Phantasiert die Szene zu Ende.
  ▪ Warum verdächtigt Karin ihre Mitschülerin Bettina?

4: Betrachtet die ➲ Abbildungen in ***AB 43 Nr.2***. Worauf wollen sie uns hinweisen? [*Mit* jemandem reden, nicht über ihn!]

5: Ihr kennt das Sprichwort: „Wer einmal lügt, dem glaubt man nicht, und wenn er auch die Wahrheit spricht."

- Was ist eine Lüge? - Herausarbeiten, daß die Lüge der *bewußte Mißbrauch des Vertrauens* ist, das jemand meinen Worten entgegenbringt.
- Welche Wirkung hat die Lüge auf das Zusammenleben von Menschen?

6: Gespräch: • Ist es immer leicht, die Wahrheit zu sagen?

- Ist es immer unbedingt geboten, die Wahrheit zu sagen, oder kann auch der Fall eintreten,
  - daß man die Wahrheit nicht sagen darf?
  - daß man die Wahrheit nicht voll sagen darf?
  - daß man die Wahrheit nur nach und nach sagen darf?

DIE 3 SIEBE

Zu Sokrates kam einmal ein Mann und sagte: „Du, höre, ich muß Dir etwas Wichtiges über Deinen Freund erzählen!"

„*Warte ein bißchen*", unterbrach ihn der Weise. „*Hast Du schon das, was Du mir erzählen willst, durch die drei Siebe hindurchgehen lassen?*"

„Welche drei Siebe?"

„*So höre gut zu! Das erste ist das Sieb der Wahrheit. Bist Du überzeugt, ob alles, was Du mir sagen willst, auch wahr ist?*"

„Das nicht, ich habe es nur von anderen gehört."

„*Aber dann hast Du es wohl durch das zweite Sieb hindurchgehen lassen? Es ist das Sieb der Güte.*"

Der Mann errötete und antwortete: „Ich muß gestehen, nein."

„*Und hast Du an das dritte Sieb gedacht und Dich gefragt, ob es nützlich sei, mir das von meinem Freund zu erzählen?*"

„Nützlich? – Eigentlich nicht."

„*Siehst Du*", versetzte der Weise, „*wenn das, was Du mir erzählen willst, weder wahr, noch gut, noch nützlich ist, dann behalte es lieber für Dich.*"

7: • Wir lesen die ➲ **Geschichte von den drei Sieben** (*AB 43 Nr.3*):

- Wie lauten die drei Kontrollfragen des Sokrates, mit denen wir all unser Reden „sieben" = überprüfen sollen?
- Was will diese Geschichte bei uns bewirken?
- ▪ (Einzelarbeit) Die Konf. sollen ➲ *AB 43 Nr.4* bearbeiten:

  In **Epheserbrief 4,29** heißt es: *„Laßt kein faules Geschwätz aus eurem Mund gehen, sondern redet, was gut ist, was erbaut (= hilft und nützt) und was notwendig ist, damit es Segen bringe denen, die es hören."*

  ① Welche drei kritischen Maßstäbe sollen wir nach diesem Bibelwort an unser Reden anlegen?

  ❶

  ❷

  ❸

  ② Welche Wirkung sollte unser Reden haben?

- ▪ Besprechung der Ergebnisse der Einzelarbeit in der Gruppe.

9. Das neunte und zehnte Gebot *(Begleitbuch „Komm und sieh!" S.111-112 / Arbeitsbogen 44)*

***Lösung des Rätsels** (Begleitbuch S.111):* **B**: Die Frau von Potiphar, dem Chef der Leibwache des Pharao, behauptet fälschlicherweise, Josef habe sich ihr unsittlich genähert.

1: Wie lauten das 9. und 10. Gebot?

2: Betrachtet den ➲ Wortlaut des 9. und 10. Gebots in ***AB 44 Nr.1*** und schreibt in die darunter befindliche Leerzeile die Worte, die beiden Geboten gemeinsam sind.

9. Gebot: *Du sollst nicht begehren deines Nächsten Haus.* - **10. Gebot:** *Du sollst nicht begehren deines Nächsten Weib, Knecht, Magd, Vieh noch alles, was sein ist.*

3: Was ist mit „begehren" gemeint? [**Ich** will unbedingt haben].

4: ● U. muß etwas ausführen: Zuerst beschleicht einen Menschen die Habgier oder der Neid, bevor er ein Gebot übertritt. Diesen Vorgang kann man nicht sehen, sondern er spielt sich in unserem Inneren - „im Herzen" - ab. Hat die Begierde einen Menschen gepackt, dann steht er in der Gefahr, Böses zu tun und Gottes Gebote zu übertreten. Wir wollen das einmal an den Geboten 5-8 durchspielen.

● Fallen Euch Beispiele ein, wo die Begierde Menschen zum Töten veranlaßt (Verletzung des 5. Gebots)?

● Der Zusammenhang zwischen Begierde und Ehebruch (Verletzung des 6. Gebotes) bzw. zwischen Begierde und Stehlen (Verletzung des 7. Gebots) ist offensichtlich. Nennt ein paar Beispiele, die das anschaulich machen können.

● Könnt Ihr Begebenheiten nennen, die deutlich machen, daß auch die Verbreitung von Lügen oder bösen Gerüchten auf menschliche Begierde zurückgehen kann? [Wenn den Konf. nichts einfällt, kann U. entweder das im vierten Absatz auf S.112 des Begleitbuchs stehende Beispiel selber erzählen oder vorlesen lassen.]

5: Welche Hilfen haben wir Christen, das Gebot „Du sollst nicht begehren" ernstzunehmen und zu beachten? - Herausarbeiten, daß *unser Gewissen*, ein ♥ *für andere* und *persönliche Zufriedenheit* uns helfen können, den auch in uns auftretenden Begierden zu widerstehen.

6: ● Die Konf. sollen das in Stunde 41 bereits verwendete ➲ Symbolbild zum 9. und 10. Gebot ein wenig betrachten (***AB 44 Nr.2***).

● Welche besondere Hilfe schenkt Gott uns Christen, zufriedene Menschen zu werden? - Erinnerndes Herausarbeiten: Das bewußte Einüben des *Dankgebets* läßt uns die Güter unseres Lebens wahrnehmen und macht uns zu fröhlichen, zufriedenen und dankbaren Menschen.

● Vertiefung: Die Konf. lesen den letzten Absatz auf ***S.112 des Begleitbuchs*** vor.

7: *Singen* des Liedes zu **Ps 139** „Schaue mich an, Gott, erkenne mein Herz" (Liedersammlung Nr.18 [Die Konf. lernen und singen den *Refrain*, während U. die *Strophen* vorsingt]) oder gemeinsames *Gebet* von **Ps 139,23-24** [Bibel benutzen lassen].

Arbeitsbögen zum Konfirmandenkurs „KOMM UND SIEH!“

Für: ____.

Geboren am: ____________________. **Getauft am:** ____________________.

Konfirmation am: ________________. **Unterricht bei:** ________________.

Kirchengemeinde: ____________________________________.

Meine Konfirmandengruppe:

VATER UNSER

Vater unser im Himmel.
Geheiligt werde dein Name.
Dein Reich komme.
Dein Wille geschehe,
wie im Himmel, so auf Erden.
Unser tägliches Brot gib uns heute.
Und vergib uns unsre Schuld,
wie auch wir vergeben unsern Schuldigern.
Und führe uns nicht in Versuchung,
sondern erlöse uns von dem Bösen.
Denn dein ist das Reich und die Kraft und die Herrlichkeit in Ewigkeit.
Amen.

GLAUBENSBEKENNTNIS

Ich glaube an ***Gott***,
den Vater, den Allmächtigen,
den Schöpfer des Himmels
und der Erde.

Und an ***Jesus Christus***,
seinen eingeborenen Sohn,
unsern Herrn,
empfangen durch den
Heiligen Geist,
geboren von der
Jungfrau Maria,
gelitten unter Pontius Pilatus,
gekreuzigt, gestorben
und begraben,
hinabgestiegen in das
Reich des Todes,
am dritten Tage auferstanden
von den Toten,
aufgefahren in den Himmel;
er sitzt zur Rechten Gottes,
des allmächtigen Vaters;
von dort wird er kommen,
zu richten die Lebenden
und die Toten.

Ich glaube an den
Heiligen Geist,
die heilige christliche Kirche,
Gemeinschaft der Heiligen,
Vergebung der Sünden,
Auferstehung der Toten
und das ewige Leben. Amen.

DIE ZEHN GEBOTE

1. Ich bin der Herr, dein Gott. Du sollst nicht andere Götter haben neben mir.

2. Du sollst den Namen des Herrn, deines Gottes, nicht unnütz gebrauchen; denn der Herr wird den nicht ungestraft lassen, der seinen Namen mißbraucht.

3. Du sollst den Feiertag heiligen.

4. Du sollst deinen Vater und deine Mutter ehren, auf daß dir's wohlgehe und du lange lebest auf Erden.

5. Du sollst nicht töten.

6. Du sollst nicht ehebrechen.

7. Du sollst nicht stehlen.

8. Du sollst nicht falsch Zeugnis reden wider deinen Nächsten.

9. und **10.** Du sollst nicht begehren, [was deinem Nächsten gehört].

Arbeitsbogen 1 (Einführungsstunde)

Warum nehme ich am Konfirmandenunterricht teil?

Kreuze die Aussagen an, die für Dich zutreffen. Du kannst auch mehrere Kreuze machen.

- ○ Meine Eltern haben mich geschickt.
- ○ Meine Klassenkameraden gehen auch in den Konfirmandenunterricht.
- ○ Ich möchte gerne mehr über Gott, Christus und die Bibel erfahren.
- ○ Ich freue mich auf die Konfirmationsfeier und die vielen Geschenke.
- ○ Ich bin mir in Glaubensfragen unsicher. Ich hoffe, daß mir der Konfirmandenunterricht zu mehr Klarheit und Gewißheit verhilft.

Aufgabe für Zuhause:

Interviewe Deine Mutter und (oder) Deinen Vater. Schreibe ihre Antworten stichwortartig hinter die folgenden Fragen:

❶ **In welchem Jahr seid Ihr konfirmiert worden?** Mutter: __________; Vater: __________.

❷ **Habt Ihr an Euren Konfirmandenunterricht gute oder schlechte Erinnerungen?**

Mutter: __________________________________ Vater: __________________________________.

❸ **Was hat Dir gefallen?** Mutter: ____

____

______________________________ Vater: ______________________________

____

____

❹ **Was hat Dich gestört?** Mutter: ____

____

____

Vater: ____

____

____

❺ **Wie sollte der Konfirmandenunterricht *heute* aussehen?**

Mutter: ____

____

____

Vater: ____

____

____

Arbeitsbogen 2 (Gottesdienst I)

1. Sprechen und Nichtsprechen

Wir spielen drei unterschiedliche Situationen. Beobachtet, wie sich die Spieler *verhalten* und was sie *sagen*:

① Bärbel und Claudia sind Freundinnen. Sie wollen am Nachmittag, wenn sie die Schularbeiten fertighaben, gemeinsam etwas unternehmen. Sie haben sich um 16 Uhr bei Bärbel verabredet. Pünktlich trifft Claudia bei Bärbel ein ...

Menschen, die einander verstehen, ____.

② Karsten und Sylvia können sich nicht ausstehen. Beide treffen sich zufällig beim Einkaufen am Käsestand im Supermarkt ...

Menschen, die nichts miteinander zu tun haben wollen, ______________________________

____.

③ Klaus (12 Jahre alt) und Jürgen (11 Jahre alt) sind Geschwister. In der kleinen Wohnung ihrer Eltern haben sie ein gemeinsames Zimmer. Klaus hat auf dem Fußboden des gesamten Zimmers seine Eisenbahn aufgebaut und spielt damit. Jürgen ist ins Zimmer gestürmt und hat dabei mit dem Fuß gegen die Schienenanlage getreten, so daß sie kaputtgegangen ist. Klaus schimpft seinen Bruder aus, ob er nicht besser aufpassen könne. Jürgen fühlt sich nicht schuldig, denn Klaus hat die Eisenbahn auch in der Hälfte des Zimmers aufgebaut, die Jürgen gehört. Beide streiten sich, schreien sich an, und verziehen sich danach ein jeder schmollend in seine Zimmerecke. Die Mutter ruft zum Abendessen. Beide Jungen nehmen schweigend am Abendessen teil. Als sie wieder auf ihr Zimmer gehen, hören sie die Mutter noch rufen: „Nun einigt euch doch wieder!" Jetzt sind sie wieder allein in ihrem Zimmer ...

Menschen, die sich streiten, ____

____

____.

2. Gutes Verhältnis zwischen Menschen

Mit dieser Zeichnung soll dargestellt werden, wie ein gutes Verhältnis zwischen zwei Menschen aussieht. Welche Angaben müssen noch ergänzt werden, damit das Schaubild verständlich wird?

(Arbeitsbogen 2/2)

3. Gutes Verhältnis zwischen Gott und uns Menschen

Mit diesem Schaubild soll das gute Verhältnis zwischen Gott und Mensch zum Ausdruck gebracht werden. Welche Angaben müssen ergänzt werden, damit das Schaubild verständlich wird?

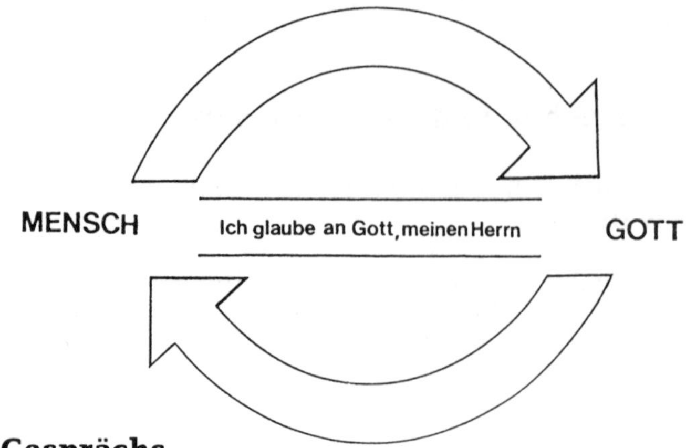

4. Der Gottesdienst – ein Ort des Gesprächs

Der Gottesdienst ist ein *besonderer Ort des Gesprächs mit Gott.* Gott spricht mit uns, und wir sprechen mit Gott. • Füllt zunächst die Pfeile im Schaubild aus. • Nehmt dann das **Gottesdienstblatt** zur Hand und ordnet die einzelnen Teile des Gottesdienstes den beiden Gesichtspunkten des Schaubildes zu:

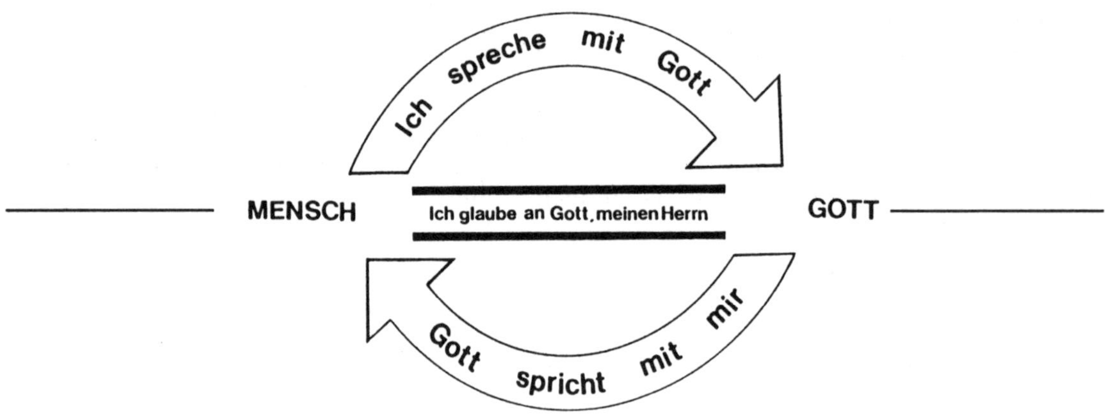

Aufgabe für Zuhause:

1. **a)** Lies aus dem Begleitbuch „Komm und sieh!" die Seiten 5–7 durch: „Die Bedeutung des Gottesdienstes".

   b) Beschreibe den Sinn des Schaubilds:

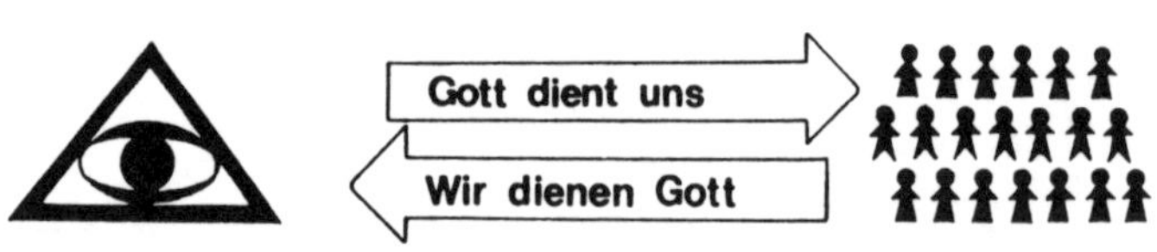

2. Schneide die einzelnen Kästen des Gottesdienstblattes ohne die Umrahmungen aus, so daß nur die Worte übrigbleiben. Stecke sie in einen Briefumschlag und bringe sie – zusammen mit etwas Klebstoff – zur nächsten Stunde mit.

Gottesdienstblatt (Anhang zu Arbeitsbogen 2)

Glaubensbekenntnis

Lied

Predigt

Predigtlied

Gehet hin im Frieden...
Gott sei ewiglich Dank
Segen

Orgelnachspiel

Stilles Gebet

Eingangslied

Ehre sei dem Vater...

Kyrie eleison
- *Herr, erbarme dich*

Christe eleison
- *Christe, erbarme dich*

Kyrie eleison
- *Herr, erbarm' dich über uns*

Allein Gott in der Höh' sei Ehr'

Stilles Gebet

Orgelvorspiel

(Begrüßung)

Der Herr sei mit euch
- *Und mit deinem Geist*

Eingangsgebet

1. Lesung (Epistel)
Halleluja

Lied

Ehre sei dir, Herre
2. Lesung (Evangelium)
Lob sei dir, o Christe

Bekanntmachungen

Lied (dabei Einsammeln der Kollekte)

Fürbittengebet

Vater unser

Arbeitsbogen 3 (Gottesdienst II)

1. Die Gottesdienstordnung

Klebt die ausgeschnittenen Teile des Gottesdienstblattes in der richtigen Reihenfolge des Gottesdienstverlaufs in den Kasten:

(Arbeitsbogen 3/2)

Aufgabe für Zuhause:

1. Lerne ein „stilles Gebet“ auswendig, das Du in Zukunft am Beginn des Gottesdienstes sprechen möchtest. Du kannst das nachfolgend abgedruckte Gebet nehmen. Du kannst Dir aber auch ein eigenes Gebet ausdenken und auswendiglernen.

HILF, HERR MEINES LEBENS, DASS ICH NICHT VERGEBENS IN DER KIRCHE BIN. AMEN.

2. Präge Dir die „Frage vor der Predigt“ ein:

Was will Gott mir heute durch diese Predigt sagen?

3. Lerne Lied EG 179,1 auswendig (s. Arbeitsbogen 3/3 Nr.③).

4. Martina und Elisabeth haben schon ein Jahr lang Konfirmandenunterricht. Nach einem Gottesdienstbesuch unterhalten sie sich auf dem Nachhauseweg. „Ich finde Gottesdienste toll“, sagt Martina. „Ich nicht“, entgegnet Elisabeth, „es ist immer dasselbe. Finde ich langweilig!“ Martina wird sauer: „Das ist doch Quatsch, was Du sagst, Elisabeth, daß Gottesdienst immer dasselbe ist. Wenn Du genau aufgepaßt hättest, dann wäre Dir schon längst aufgefallen, daß ...“

   Wie wird Martina fortfahren? Schreibe Ihre Gedanken in dem folgenden Kasten auf. Wenn Du nicht darauf kommst, dann frage Deine Eltern.

„Wenn Du genau aufgepaßt hättest, dann wäre Dir schon längst aufgefallen, daß ...

5. Bastle einen **Kalender zum Kirchenjahr**. Du findest alles dazu Nötige im Anhang von Arbeitsbogen Nr.3.

2. Verstehenshilfen für den Gottesdienst

①

„Amen" kommt vom hebräischen אָמֵן und bedeutet: „gewiß" – „es steht fest" – „es ist wahr – „so ist es".

②

„Kyrie eleison" stammt aus dem Griechischen:

Κύριε, ἐλέησόν

Was bedeuten diese Worte?

Warum finden sich griechische Worte in unserem Gottesdienst?

③

Lied EG 179 Strophe 1

(Nicolaus Decius, 1522)

An welche bekannte biblische Geschichte erinnert Euch dieses Lied?

④ 

Liturg: Der Herr sei mit euch
Gemeinde: und mit deinem Geist.

⑤ **„Epistel"** kommt vom griechischen ἐπιστολή und heißt auf Deutsch: „Brief".

Welche Briefe werden im Gottesdienst vorgelesen?

⑥ 

Hallelu-ja, Halle-lu - ja, Hallelu - ja, Hal-le-lu - ja.

Warum findet sich ein hebräisches Wort in unserem Gottesdienst?

„Halleluja" stammt vom hebräischen הַלְלוּ יָהּ und heißt auf Deutsch: „Lobe den Herrn!"

⑦ **„Evangelium"** kommt vom griechischen εὐαγγέλιον und bedeutet soviel wie „frohe Botschaft", „gute Nachricht".

- Von wem handelt die „frohe Botschaft"?
- Wie heißen die Verfasser der Evangelien des Neuen Testaments?

Gemeinde: Eh - re sei dir, Herre.
Liturg (Lektor) liest das Evangelium.
Gemeinde: Lob sei dir, o Christe.

⑧ 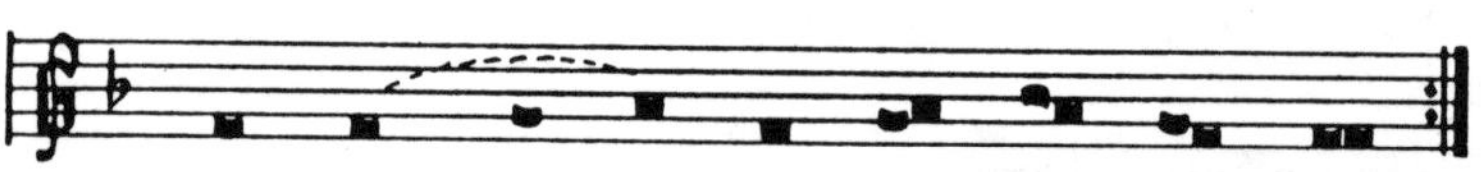

Liturg: Ge - het hin im Frie - den des Herrn.
Gemeinde: Gott________ sei e - wig - lich Dank.

☞ Die ***Hausaufgabe*** befindet sich auf ***Arbeitsbogen 3 Seite 2.***

(Anhang zu Arbeitsbogen 3)

Bastelanleitung für einen Kirchenjahreskalender

- Schneide den Kreis und den Zeiger grob aus und klebe sie auf eine dünne Pappe.
- Schneide danach den Kreis und den Zeiger sauber aus.
- Bringe mit der spitzen Hälfte der Schere im Zeiger (O), im Mittelpunkt des Kreises (O) und in der Aufhängevorrichtung (O) behutsam Löcher an.
- Verbinde Zeiger und Kreis mit einer Metallklammer ( ).
- Hänge den Kalender zum Kirchenjahr in Deinem Zimmer auf. Du kannst ihn durch Weiterdrehen des Zeigers stets auf dem laufenden halten.

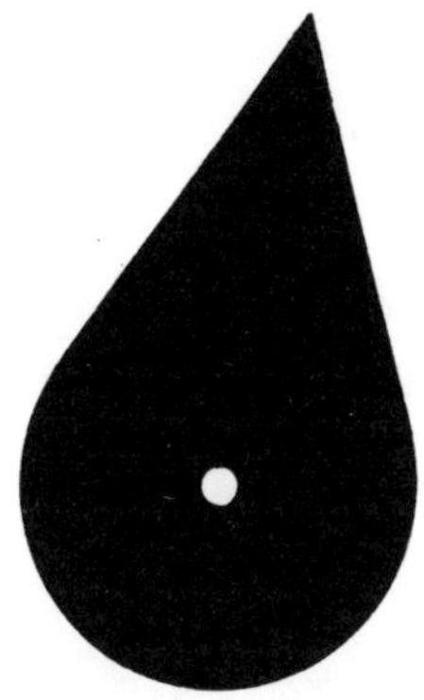

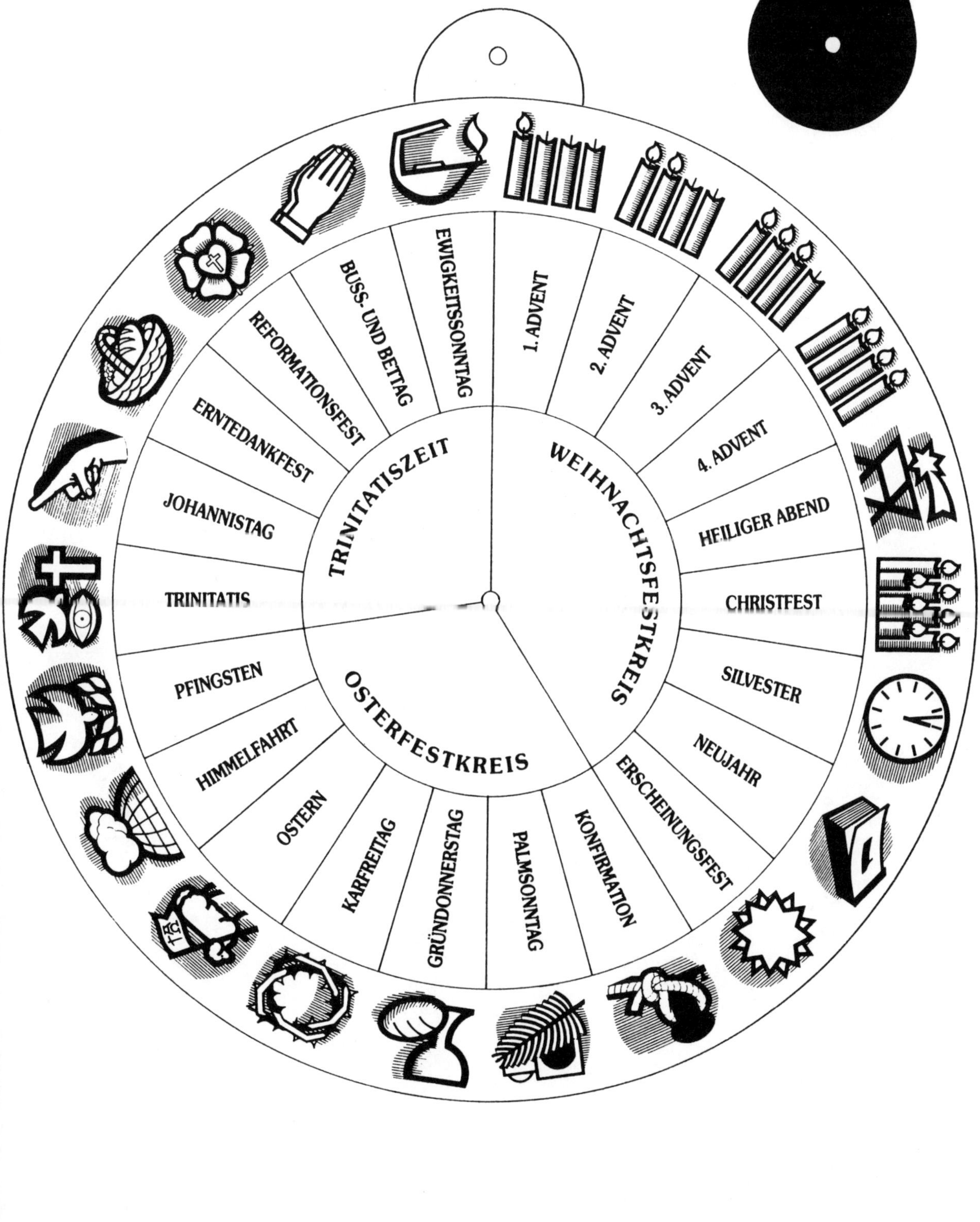

Arbeitsbogen 4 (Bibel I)

1. Die Bibel – ein besonderes Buch

Legt die Bibel und das Begleitbuch „Komm und sieh!“ vor Euch. Vergleicht beide Schriften miteinander:

Bibel	**Begleitbuch**
① Verfasser:	① Verfasser:
② Titel:	② Titel:
③ Wann *zum ersten Mal* erschienen?	③ Wann *zum ersten Mal* erschienen?
④ Erscheinungsort:	④ Erscheinungsort:

2. Umfang der Bibel

① Wieviele Bücher enthält das Alte Testament?

② Wieviele Bücher enthält das Neue Testament?

③ Schlagt den Anfang des Neuen Testaments auf (Matthäus 1), damit Ihr den unterschiedlichen Umfang des Alten und Neuen Testaments seht.

3. Die Ursprachen der Bibel

Altes Testament - *Psalm 103,1-2:*

1 לְדָוִ֨ד ׀
בָּרְכִ֣י נַ֭פְשִׁי אֶת־יְהוָ֑ה וְכָל־קְ֝רָבַ֗י אֶת־שֵׁ֥ם קָדְשֽׁוֹ׃
2 בָּרְכִ֣י נַ֭פְשִׁי אֶת־יְהוָ֑ה וְֽאַל־תִּ֝שְׁכְּחִ֗י כָּל־גְּמוּלָֽיו׃

Neues Testament - *Matthäus 6,9-11:*

Οὕτως οὖν προσεύχεσθε ὑμεῖς·

Πάτερ ἡμῶν ὁ ἐν τοῖς οὐρανοῖς,
ἁγιασθήτω τὸ ὄνομά σου,
ἐλθέτω ἡ βασιλεία σου,
γενηθήτω τὸ θέλημά σου,
ὡς ἐν οὐρανῷ καὶ ἐπὶ γῆς.
Τὸν ἄρτον ἡμῶν τὸν ἐπιούσιον δὸς ἡμῖν σήμερον·

➡

(Arbeitsbogen 4/2)

Aufgabe für Zuhause:

1. **a)** Lies aus dem Begleitbuch „Komm und sieh!" die Seiten 8-10 durch: „Die Bibel: eine Bibliothek mit tausendjähriger Entstehungszeit".

   b) ❶ In welchem Zeitraum wurde das Alte Testament aufgeschrieben?

   ❷ Wie lautet der Name der Schrift, in der bereits *vor* der Abfassung der vier Evangelien Worte Jesu schriftlich festgehalten wurden?

2. Lerne das *verkürzte* **Inhaltsverzeichnis zum Alten Testament** auswendig:

Geschichtsbücher:	Lehrbücher (Dichtung):	Prophetische Bücher:
1. bis 5. Mosebuch Josua Richter 1. und 2. Samuelbuch 1. und 2. Königsbuch Esra Nehemia	Hiob Psalmen Sprüche	Jesaja Jeremia Hesekiel Die 12 kleinen Propheten

3. Bastle beim Lernen von Nr.2 eine **Schriftrolle** mit Hilfe des ***Schriftrollenblatts***:

- Schneide die beiden Streifen aus.
- Klebe sie aneinander.
- Befestige an beiden Seiten zwei kleine Rundhölzer mit etwas Klebstoff. Sie sollten oben *und* unten etwa 1 cm länger sein als die Schriftrolle. Rundhölzer gewinnt man z.B. aus abgeschnittenen und danach geschälten Ästen/Zweigen eines Busches/Baumes.
- Rolle die Schriftrolle von beiden Enden her zur Mitte hin zusammen und streife ein Gummiband darüber.
- Deine Schriftrolle ist fertig. Bringe sie zur nächsten Stunde mit.

Schriftrollenblatt (Anhang zu Arbeitsbogen 4)

Altes Testament hier aufkleben!

Ἀρχὴ τοῦ εὐαγγελίου Ἰησοῦ Χριστοῦ

Anfang des Evangeliums von Jesus Christus

(Markus 1,1)

Rundholz mit diesem Papier umkleben!

Rundholz mit diesem Papier umkleben!

בְּרֵאשִׁית בָּרָא אֱלֹהִים

Am Anfang schuf Gott [Himmel und Erde]

(1.Mose 1,1)

Arbeitsbogen 5 (Bibel II)

1. Entdeckungen an den Evangelien

Schließt Euch mit Eurem Nachbarn (Nachbarin) zusammen und bearbeitet die folgenden Aufgaben:

① Schlagt das **Markusevangelium** (vor 70 n. Chr.) auf. Blättert etwas darin.

② Enthält das Markusevangelium lange oder kurze Geschichten von Jesus?

③ Viele oder wenige?

④ Was kann man aus diesen Beobachtungen für die Entstehung des Markusevangeliums ableiten?

⑤ Wie viele Kapitel hat das Markusevangelium?

⑥ Schlagt das **Matthäusevangelium** (um 80 n. Chr.) auf. Blättert etwas darin.

⑦ Bei Markus folgt eine kürzere Geschichte auf die andere. Wie ist es bei Matthäus?

⑧ Wie viele Kapitel hat das Matthäusevangelium?

⑨ Was kann man aus dem unterschiedlichen Umfang von Markus- und Matthäusevangelium schließen?

⑩ • In Matthäus 5,1 beginnt die *Bergpredigt*. Wo endet sie?

• Bei Markus findet sich die Bergpredigt nicht. Was kann man aus dieser Tatsache schließen?

2. Die Entstehungsgeschichte der ersten drei Evangelien im Überblick

Markusevangelium	*Redenquelle*
Matthäusevangelium	*Lukasevangelium*
Sondergut des Mt	*Sondergut des Lk*

(Arbeitsbogen 5/2)

3. Dreimal die gleiche Geschichte - doch dreimal verschieden berichtet (Mt 20,29-34 / Mk 10,46-52 / Lk 18,35-43)

Matthäusevangelium (80 n. Chr.) **Mt 20,29-34**	**Markusevangelium** (vor 70 n. Chr.) **Mk 10,46-52**	**Lukasevangelium** (90 n. Chr.) **Lk 18,35-43**
29 Und als sie von Jericho wegzogen, folgte ihm viel Volk nach.	**46** Und sie kamen nach Jericho. Und als er und seine Jünger und viel Volk von Jericho hinwegzogen,	**35** Es begab sich aber, als er sich Jericho näherte,
30 Und siehe, zwei Blinde, die am Wege saßen,	saß der Sohn des Timäus, Bartimäus, ein blinder Bettler, am Wege.	da saß ein Blinder am Weg und bettelte.
hörten, daß Jesus vorüberging,	**47** Als der hörte, daß es Jesus der Nazarener sei,	**36** Und als dieser das Volk vorüberziehen hörte, erkundigte er sich, was das sei. **37** Da teilten sie ihm mit, Jesus, der Nazoräer gehe vorüber.
und schrien: Herr, erbarme dich unser, du Sohn Davids! **31** Das Volk aber bedrohte sie, sie sollten schweigen. Sie schrien jedoch noch mehr: Herr, erbarme dich unser, du Sohn Davids!	fing er an zu schreien: Sohn Davids, Jesus, erbarme dich meiner! **48** Und es bedrohten ihn viele, er solle schweigen; er schrie jedoch noch vielmehr: Sohn Davids, erbarme dich meiner!	**38** Und er rief: Jesus, du Sohn Davids, erbarme dich meiner! **39** Und die Voranziehenden bedrohten ihn, er solle schweigen; er schrie jedoch noch viel mehr: Sohn Davids, erbarme dich meiner!
32 Und Jesus stand still, rief sie	**49** Und Jesus stand still und sagte: Rufet ihn! Und sie rufen den Blinden und sagen zu ihm: Sei getrost, steh auf; er ruft dich! **50** Der aber warf seinen Mantel ab, sprang auf und kam zu Jesus.	**40** Da blieb Jesus stehen und befahl, man solle ihn zu ihm führen. Als er aber nahe herangekommen war,
und sprach: Was wollt ihr, daß ich euch tun soll? **33** Sie sagten zu ihm: Herr, daß unsere Augen geöffnet werden.	**51** Und Jesus begann und sprach zu ihm: Was willst du, daß ich dir tun soll? Der Blinde aber sagte zu ihm: Rabbuni, daß ich wieder sehen kann.	fragte er ihn: **41** Was willst du, daß ich dir tun soll? Er antwortete: Herr, daß ich wieder sehen kann.
34 Da hatte Jesus Erbarmen mit ihnen und berührte ihre Augen;	**52** Da sprach Jesus zu ihm: Geh hin; dein Glaube hat dich gerettet.	**42** Und Jesus sprach zu ihm: Werde wieder sehend! Dein Glaube hat dich gerettet.
und alsbald sahen sie wieder und folgten ihm nach.	Und alsbald sah er wieder und folgte ihm auf dem Wege nach.	**43** Und sofort wurde er wieder sehend, und er folgte ihm nach und pries Gott. Und alles Volk, das zusah, gab Gott die Ehre.

4. Gebet:

Gott, zu dir rufe ich.
In mir ist es dunkel, aber bei dir ist das Licht.
Ich bin einsam, aber du verläßt mich nicht.
Ich bin kleinmütig, aber bei dir ist die Hilfe.
Ich verstehe deine Wege nicht, aber du weißt den Weg für mich.
Gott, zu dir rufe ich.
In mir ist es dunkel, aber bei dir ist das Licht. AMEN.

➡

(Arbeitsbogen 5/3)

Aufgabe für Zuhause:

1. **a)** Lies aus dem Begleitbuch „Komm und sieh!“ die Seiten 11-13 durch: „Die Entstehung der Evangelien“.

   b) Für wen schrieb Markus sein Evangelium? Begründe Deine Antwort.

2. Lerne das *verkürzte* **Inhaltsverzeichnis zum Neuen Testament** auswendig:

Geschichtsbücher:	Lehrbücher (Briefe):	Prophetisches Buch:
Matthäusevangelium Markusevangelium Lukasevangelium Johannesevangelium Apostelgeschichte	Römerbrief (Paulus) 1. und 2. Korintherbrief (Paulus) Galaterbrief (Paulus) Philipperbrief (Paulus) 1. Thessalonicherbrief (Paulus) Hebräerbrief 1. Petrusbrief 1. Johannesbrief	Offenbarung des Johannes

Arbeitsbogen 6 (Bibel III)

1. Alter Bund – Neuer Bund

① Was stellt die Zeichnung dar? (⇨)

② Was bedeutet „Testament“?

③ Mit welchen Menschen schließt Gott im *Alten Testament* einen Bund?

④ Wer ist der Bundesmittler?

⑤ Von welchem Bund ist im *Neuen Testament* die Rede?

⑥ Wer ist der Bundesmittler?

2. Wovon berichtet das Alte Testament?

1:

2:

3:

4:

5:

6:

(Arbeitsbogen 6/2)

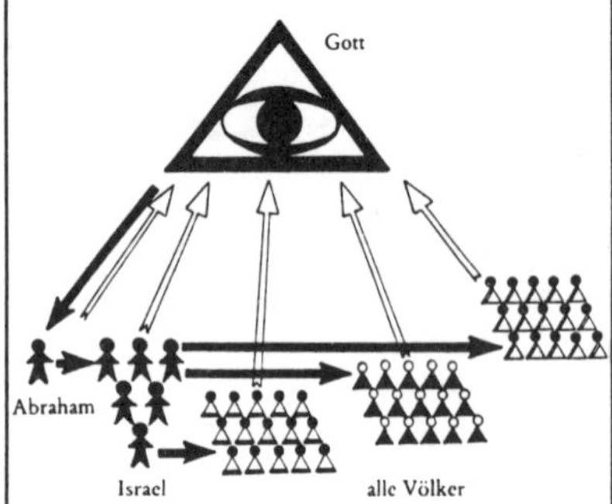

7:

8:

9:

10:

11:

12:

13.

14:

15:

(Arbeitsbogen 6/3)

16:

17:

18: Der Gott Ba-al

19: Prophet

20: Zerstörung Jerusalems

21:

22:

Aufgabe für Zuhause:

1. **a)** Lies aus dem Begleitbuch „Komm und sieh!" die Seiten 14-16 durch: „Wovon berichtet das Alte Testament?"

   b) Welchen Auftrag gab Gott seinem Volk Israel?

   c) Immer wieder wandte sich Israel von seinem Gott ab. Durch welche Menschen versuchte Gott, Israel in seine Gemeinschaft zurückzurufen?

2. Wiederhole die verkürzten *Inhaltsverzeichnisse zum Alten und Neuen Testament.* Wir werden in der nächsten Stunde einen kleinen **Bibelaufschlagewettbewerb** durchführen, bei dem Du die Inhaltsverzeichnisse gut im Kopf haben mußt. Der/die Gewinner(in) erhält einen schönen *Preis*!

Arbeitsbogen 7 (Bibel IV)

1:

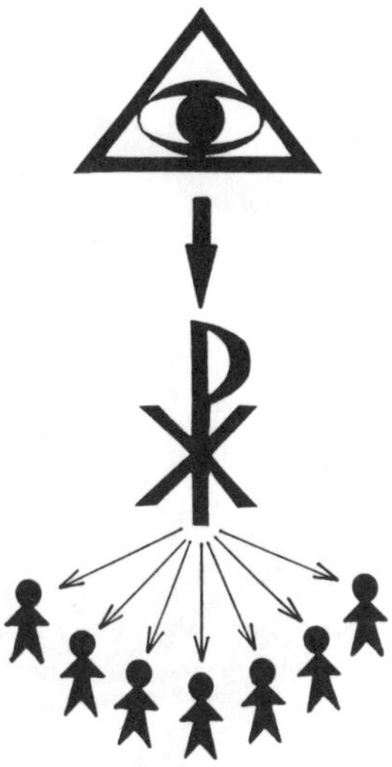

2:

3:

4:

(Arbeitsbogen 7/2)

5:

6:

7:

(Arbeitsbogen 7/3)

8:

9:

10:

11:

12:

13:

14:

15:

(Arbeitsbogen 7/4)

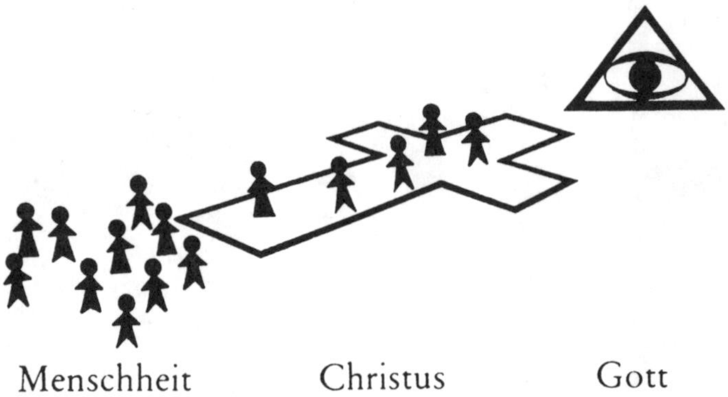

16:

17:

18:

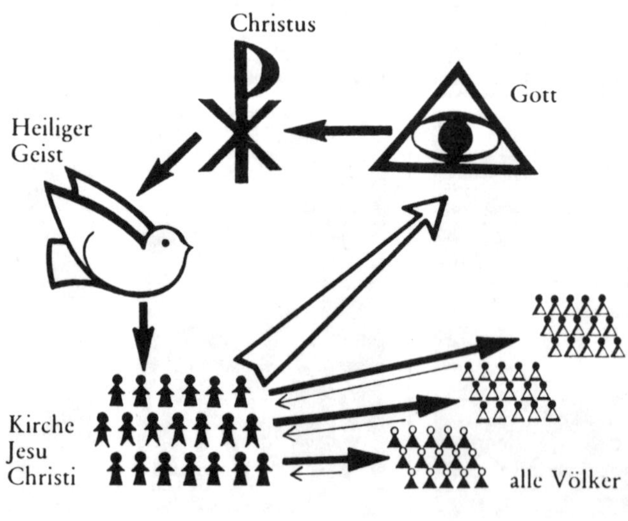

19:

(Arbeitsbogen 7/5)

20: DER WIRKUNGSBEREICH DES APOSTELS PAULUS

21:

Aufgabe für Zuhause:

1. Male das Meer in der Karte oben (Nr.20) blau an.
2. Lies aus dem Begleitbuch „Komm und sieh!" die Seiten 17-18 durch: „Wovon berichtet das Neue Testament?"
3. Beantworte dann die Fragen:

   a) Wodurch unterscheidet sich Jesus von uns und allen anderen Menschen?

   b) ❶ Welchen Namen hat der große Heidenapostel (= Heidenmissionar), von dem das Neue Testament berichtet?

   ❷ Wo im Neuen Testament steht etwas *über* das Wirken dieses Apostels, und in welchen Schriften kommt er selber zu Wort?

Arbeitsbogen 8 (Bibel V)

1. Psalm 78,1-7:

1. Höre, mein Volk, meine Unterweisung,
neiget eure Ohren zu der Rede meines Mundes!
2. Ich will meinen Mund auftun zu einem Spruch
und Geschichten verkünden aus alter Zeit.
3. Was wir gehört haben und wissen
und unsre Väter uns erzählt haben,
4. das wollen wir nicht verschweigen ihren Kindern;
wir verkünden dem kommenden Geschlecht
den Ruhm des HERRN und seine Macht
und seine Wunder, die er getan hat.
5. Er richtet ein Zeugnis auf in Jakob (= Israel)
und gab ein Gesetz in Israel
und gebot unsern Vätern,
es ihre Kinder zu lehren,
6. damit es die Nachkommen lernten,
die Kinder, die noch geboren würden;
die sollten aufstehen
und es auch ihren Kindern verkündigen,
7. daß sie setzten auf Gott ihre Hoffnung
und nicht vergäßen die Taten Gottes,
sondern seine Gebote hielten.

2. Fragen zu Psalm 78,1-7

Beantwortet die nachstehenden Fragen mit Hilfe der oben abgedruckten Verse aus dem 78. Psalm.

① *Worüber* wollen die biblischen Schreiber berichten?

② *An wen* wendet sich ihr Bericht?

③ *Welches Ziel* hat ihr Bericht?

④ Wie erfahren *wir Menschen heute* etwas von Gott und Christus?

⑤ Unterstreicht die Aussagen im 78. Psalm, die zu der nebenstehenden Zeichnung passen. (⇨)

3.

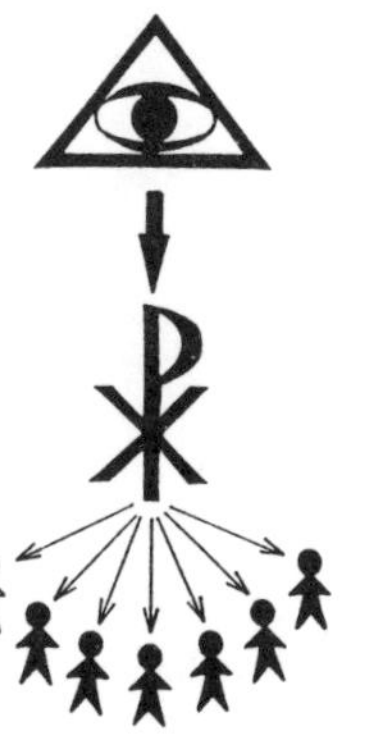

(Arbeitsbogen 8/2)

4. Das Gleichnis vom verlorenen Schaf in Bildern von Ekkehard Stier

(Arbeitsbogen 8/3)

5. Fragen zu Lukas 15,1-7

① An wen denkt Jesus, wenn er vom *verlorenen Schaf* und vom *suchenden Hirten* spricht?

- Verlorenes Schaf:
- Suchender Hirte:

② Der Hirte findet das Schaf und bringt es wieder nach Hause zur Herde zurück. Wer ist mit der *Herde* gemeint?

③ Wann ist das Verhältnis von *Hirte und Schaf* (= von *Gott und Mensch*) „in Ordnung"?

④ Das Gleichnis sagt, daß ein von seinem Hirten und der Herde getrenntes Schaf (= ein von Gott und der Kirche getrennt lebender Mensch) „verloren" ist? Könnt Ihr näher beschreiben, warum ein Mensch ohne Gott und die Gemeinschaft der Christen „verloren" ist?

⑤ Der Hirte freut sich über das wiedergefundene Schaf. Gott freut sich, wenn Menschen in seine Gemeinschaft zurückfinden. Könnt Ihr Wege beschreiben, wie Gott *heute* Menschen nachgeht, die ihn aus den Augen verloren haben?

Aufgabe für Zuhause:

1. **a)** Lies aus dem Begleitbuch „Komm und sieh!" die Seiten 19-21 durch: „Gott spricht zu uns Menschen durch die Bibel".

   b) Wozu wurde die Bibel aufgeschrieben?

2. Lerne den 23. Psalm auswendig:

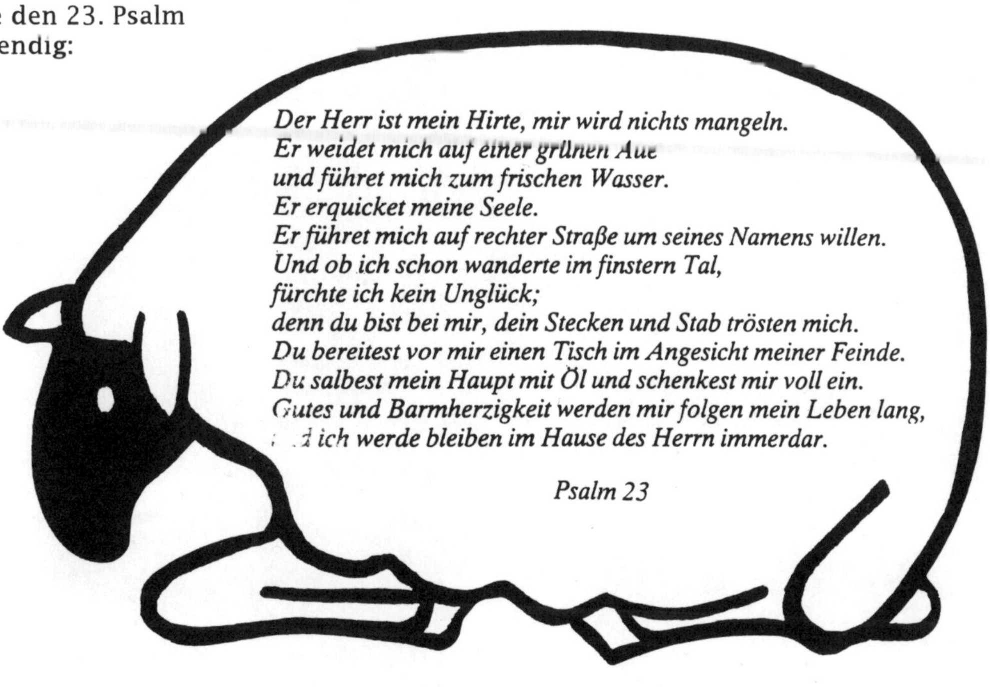

3. Bringe zur nächsten Stunde eine *weiche Unterlage* (Wolldecke / Isomatte oder dergleichen) mit. Wir benötigen sie für eine Meditation über Psalm 23.

Arbeitsbogen 9 (Gebet I)

1. Wie denkst Du über das Gebet?

Lies die sechs Meinungen über das Beten durch und kreuze dabei an, was Du für richtig und nicht richtig hältst.

Meinungen über das Beten:	*Meine ich auch*	*Meine ich nicht*
❶ Ich bete, um Gott meine Wünsche mitzuteilen.	○	○
❷ Man sollte nur beten, wenn man selber keinen Ausweg mehr findet.	○	○
❸ Beten hat keinen Zweck. Das Gebet kommt nicht aus dem Raum heraus, in dem es gesprochen wird.	○	○
❹ Beim Beten muß man immer die Hände falten.	○	○
❺ Durch das Gebet kann ich in einer schwierigen Situation Kraft erhalten oder Trost, wenn ich traurig bin.	○	○
❻ Wenn ich bete, frage ich manchmal auch, was Gott von mir will.	○	○

2. Warum Menschen nicht beten

Menschen geben unterschiedliche Gründe an, warum sie nicht beten. Lies die sechs Gründe durch und kreuze dabei an, welche der Gründe Du für überzeugend hältst.

Gründe, warum Menschen nicht beten:	*Überzeugend:*
❶ Sie glauben nicht an Gott. Darum finden sie Beten sinnlos.	○
❷ Beten ist nicht üblich unter ihren Freunden.	○
❸ Sie haben es im Elternhaus nicht gelernt.	○
❹ Sie wissen nicht, wie man betet.	○
❺ Sie haben so viel zu tun, daß sie zum Beten wirklich keine Zeit haben.	○
❻ Sie meinen, in ihrem Leben auch ohne Gott zurechtzukommen.	○

3.	

(Arbeitsbogen 9/2)

4. Fragen zum „Gebet einer Mutter im Alltag“ (Begleitbuch S.23 Mitte)

① Warum wendet sich die Mutter im Gebet an Gott?

② Was erhofft sie sich vom Beten in diesem Moment?

③ Ist am Wortlaut des Gebets etwas davon zu erkennen, daß das Gebet der Mutter geholfen hat? Wenn ja: an welcher Stelle?

6. Grafik von Hans Georg Anniès

(Arbeitsbogen 9/3)

Aufgabe für Zuhause:

1. Lies aus dem Begleitbuch „Komm und sieh!“ die Seiten 22-24 durch: „Wir besprechen unser Leben mit Gott im Gebet“.

2.

Diese Darstellungen wollen zwei sehr unterschiedliche Haltungen zum Ausdruck bringen, die ein Mensch Gott gegenüber im Gebet einnehmen kann. Finde sie heraus.

• Haltung von „Pray-o-mat 2000“ (Karikatur von Werner „Tiki“ Küstenmacher[1]):	• Haltung von Grafik „Hände“:

• Welche der beiden Haltungen ist Gott gegenüber angemessen, wenn wir zu ihm beten?

Arbeitsbogen 10 (Gebet II)

1. Grafik von Hans Georg Anniès

2. „Dreiklang des Gebets“

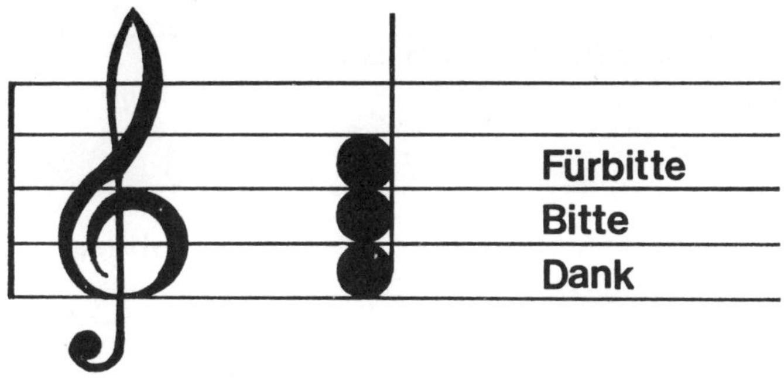

3. Karikaturen von Werner „Tiki“ Küstenmacher[1]

①

②

Aufgabe für Zuhause:

1. Lies aus dem Begleitbuch „Komm und sieh!“ die Seiten 25-27 durch: „Beten kann man lernen“.
2. Beantworte dann die Frage: Welche positive Wirkung hat das tägliche Gespräch mit Gott auf unser Leben?

→ 4.

(Arbeitsbogen 10/2)

4. Beten kann man einüben

① Vor dem Einschlafen läßt Du den vergangenen Tag noch einmal an Dir vorüberziehen. Was Du im Bett in Gedanken machst, sollst Du jetzt einmal stichwortartig aufschreiben:

❶ ***Was habe ich gestern gemacht?***	
Morgens:	*Mittags:*
Nachmittags:	*Abends:*
❷ ***Ist etwas Besonderes passiert?*** *Wenn ja: was?*	
❸ ***Was habe ich an Schönem erlebt?***	
❹ ***Was war schwierig?***	
❺ • ***Welchen Menschen bin ich begegnet?***	
• ***Wie geht es ihnen?***	

② Nachdem Du zurückgeblickt hast, willst Du diesen Tag im Gebet beschließen. Schreibe stichwortartig auf, worüber Du mit Gott sprechen wirst:

❶ **Wofür kann ich Gott danken?**
❷ **Worüber möchte ich mit Gott reden – wofür ihn bitten?**
❸ **Für wen möchte ich beten?**
❹ **Was könnte *ich* für jemanden Gutes tun?**

Arbeitsbogen 11 (Glaube I)

1. Das Wort „glauben" in unserem Sprachgebrauch

① Das Wort „glauben" kann in unserem Sprachgebrauch sehr Unterschiedliches bedeuten: *raten, überzeugt sein, nicht sicher wissen, sich an etwas halten, vermuten, tippen, vertrauen auf, als wahr ansehen, darauf hoffen, meinen, denken, annehmen, schätzen ...*

Schreibe in die Klammer ein anderes, passendes Wort für „glauben":

❶ Ich *glaube* (________________________), daß ich mich verfahren habe.

❷ Der Arzt sagt, daß es keine gefährliche Krankheit ist, und ich *glaube* (__________________________________), daß er die Wahrheit sagt.

❸ Frage: „Können Sie mir sagen, ob diese Straße in die Stadtmitte führt?" Antwort: „Ja, das *glaube* ich (______________________________), aber ich wohne erst seit drei Wochen hier."

❹ Jeder Mensch muß etwas haben, woran er glaubt (____), sonst könnte er nicht leben.

② In der Bibel ist viel vom „Glauben" die Rede. Welche der oben angegebenen Worte für „glauben" gibt Deiner Meinung nach zutreffend wieder, was wohl die Bibel unter *(an Gott) glauben* versteht? Schreibe sie hier auf:

2. Das Wort „glauben" in der Bibel

① **1.Mose 15,1-2.4-6a: 1:** (Einst) kam zu Abraham das Wort des HERRN in einer Offenbarung: „Fürchte dich nicht, Abraham! Ich bin dein Schild und dein sehr großer Lohn." **2:** (Der hochbetagte) Abraham sprach aber: „HERR, mein Gott, was willst du mir geben? Ich gehe dahin ohne Kinder, und mein Knecht Eliëser von Damaskus wird mein Haus besitzen (= mein Erbe sein)." **4:** Und siehe, der HERR sprach zu ihm: „Er soll nicht dein Erbe sein, sondern der von deinem Leibe kommen wird (= dein eigenes Kind), der soll dein Erbe sein." **5:** Und er hieß ihn hinausgehen und sprach: „Sieh gen Himmel und zähle die Sterne; kannst du sie zählen? ... So zahlreich sollen deine Nachkommen sein." **6:** (Und) Abraham *glaubte* dem HERRN.

Glaube bedeutet nach diesem Text:

② **Matthäus 9,27-30a: 27:** Und als Jesus von dort weiterging, folgten ihm zwei Blinde, die schrien: „Ach, du Sohn Davids, erbarme dich unser!" **28:** Und als er heimkam, traten die Blinden zu ihm. Und Jesus sprach zu ihnen: „*Glaubt* ihr, daß ich das tun kann?" Da sprachen sie zu ihm: „Ja, Herr." **29:** Da berührte er ihre Augen und sprach: „Euch geschehe nach eurem *Glauben*!" **30:** Und ihre Augen wurden geöffnet.

Glaube bedeutet nach diesem Text:

③ **Johannes 20,24-29: 24:** Thomas aber, ... einer der Zwölf, war nicht bei ihnen (= den Jüngern), als (der auferstandene) Jesus kam. **25:** Da sagten die anderen Jünger zu ihm: „Wir haben den Herrn gesehen." Er aber sprach zu ihnen: „Wenn ich nicht in seinen Händen die Nägelmale sehe und meinen Finger in die Nägelmale lege und meine Hand in seine (von der Lanze durchbohrte) Seite lege, kann ich's nicht *glauben*." **26:** Und nach acht Tagen waren seine Jünger abermals drinnen (im Hause) versammelt, und Thomas war bei ihnen. Kommt Jesus, als die Türen verschlossen waren, und tritt mitten unter sie und spricht: „Friede sei mit euch!" **27:** Danach spricht er zu Thomas: „Reiche deinen Finger her und sieh meine Hände und reiche deine Hand her und lege sie in meine Seite, und sei nicht *ungläubig*, sondern *gläubig*!" **28:** Thomas antwortete und sprach zu ihm: „Mein Herr und mein Gott!" **29:** Spricht Jesus zu ihm: "Weil du mich gesehen hast, Thomas, darum *glaubst* du. Selig sind, die nicht sehen und doch *glauben*!"

Glaube bedeutet nach diesem Text:

(Arbeitsbogen 11/2)

3.

4. Von der Wahrheit des christlichen Glaubens

Im Johannesevangelium sagt Jesus: „Ich bin der *Weg* und die *Wahrheit* und das *Leben*; niemand kommt zum (himmlischen) Vater außer durch mich" (14,6).

❶ Welche Bedeutung hat Jesus nach diesem Bibelwort für uns Menschen?

❷ Können wir beweisen, daß wir nur durch Jesus in die Gemeinschaft des *einen und wahren Gottes* gelangen?

Aufgabe für Zuhause:

1. **a)** Lies aus dem Begleitbuch „Komm und sieh!" die Seiten 28-29 durch: „Glauben heißt Gott vertrauen".

   b) Auf welche Weise verhilft Gott uns Menschen dazu, daß wir an ihn glauben?

2. Lerne das **Glaubensbekenntnis** auswendig. Du findest es innen auf dem Deckblatt der Arbeitsbögen.

Arbeitsbogen Nr.12 (Glaube II)

Grafik von Hans Georg Anniès

(Arbeitsbogen 12/2)

Aufgabe für Zuhause:

① Bastle eine Pyramide: Gestalte zuerst die Felder mit den drei Symbolen verschiedenfarbig. Schneide die Skizze dann zunächst grob aus und klebe sie auf eine dünne Pappe oder ein festes Stück Papier. Schneide die Skizze danach sauber aus. Ziehe die Linien zur Unterseite und zu den schraffierten Flächen behutsam mit einem Messer oder einer Schere nach und knicke sie dann so, daß die 3 Dreiecke eine Pyramide bilden. Klebe die Pyramide mit den schraffierten Flächen zusammen.

② Was könnte mit dieser Pyramide gemeint sein?

③ Bringe Deine Pyramide zur nächsten Stunde in einer kleinen Schachtel mit.

Arbeitsbogen 13 (Glaube III)

1.

2. Vom Neuen Testament zum Glaubensbekenntnis

Matthäus 28,19: Der auferstandene Christus beauftragt seine Jünger:

„Darum gehet hin und machet zu Jüngern alle Völker: *Taufet sie auf den Namen des Vaters und des Sohnes und des heiligen Geistes.*"

2.Korinther 13,13: Paulus beschließt den zweiten Korintherbrief mit dem Wunsch:

„Die Gnade unseres Herrn Jesus Christus und die Liebe Gottes und die Gemeinschaft des heiligen Geistes sei mit euch allen."

Ich glaube an Gott, den Vater,
den Allmächtigen, den Schöpfer des Himmels
und der Erde.

Und an Jesus Christus,
seinen eingeborenen Sohn, unseren Herrn,
empfangen durch den Heiligen Geist,
geboren von der Jungfrau Maria,
gelitten unter Pontius Pilatus,
gekreuzigt, gestorben und begraben,
hinabgestiegen in das Reich des Todes,
am dritten Tage auferstanden von den Toten,
aufgefahren in den Himmel;
er sitzt zur Rechten Gottes,
des allmächtigen Vaters;
von dort wird er kommen,
zu richten die Lebenden und die Toten.

Ich glaube an den Heiligen Geist,
die heilige christliche Kirche,
Gemeinschaft der Heiligen,
Vergebung der Sünden,
Auferstehung der Toten
und das ewige Leben.

3. Das Bekenntnis zum dreieinigen Gott

1. Artikel:	Ich glaube an Gott, den Vater, den Allmächtigen, den Schöpfer des Himmels und der Erde.
2. Artikel:	Und an Jesus Christus, seinen eingeborenen Sohn, unseren Herrn, empfangen durch den Heiligen Geist, geboren von der Jungfrau Maria ...
3. Artikel:	Ich glaube an den Heiligen Geist, die heilige christliche Kirche, Gemeinschaft der Heiligen, Vergebung der Sünden ...

① ❶ Mit dem 1. Artikel bekennen wir uns zu ____________________.

❷ Mit dem 2. Artikel bekennen wir uns zu ____________________.

❸ Mit dem 3. Artikel bekennen wir uns zu ____________________.

② Ordnet die neben dem Glaubensbekenntnis befindlichen Symbole den drei Artikeln des Glaubensbekenntnisses zu:

❶  : __. Artikel.	❷  : __. Artikel.	❸  : __. Artikel.

③ Zeichnet Pfeile ein, die von den einzelnen Symbolen neben dem Glaubensbekenntnis zu „ihrem" Artikel führen.

(Arbeitsbogen 13/2)

4. Den dreieinigen Gott erfahren

Wir erfahren Gott als ______________________________.

Wir erfahren Gott als ______________________________.

Wir erfahren Gottes Geist als __________________________,

______________________________.

5. ①

(Arbeitsbogen 13/3)

6. Meine Stellung zum Apostolischen Glaubensbekenntnis

① Unterstreiche alle Aussagen, die für Dich persönlich wichtige Bekenntnissätze sind: <u>XYZXYZ</u>

② Klammere die Aussagen ein, die Du für nebensächlich hältst: (XYZXYZ)

③ Streiche die Aussagen durch, die Deinem Verständnis vom christlichen Glauben widersprechen: ~~XYZXYZ~~

④ Male Schlangenlinien unter die Aussagen, die Deiner Meinung nach unverständlich sind und anders oder neu formuliert werden müßten: XYZXYZ

Ich glaube an Gott, den Vater,
den Allmächtigen, den Schöpfer des Himmels und der Erde.

Und an Jesus Christus,
seinen eingeborenen Sohn, unseren Herrn,
empfangen durch den Heiligen Geist,
geboren von der Jungfrau Maria,
gelitten unter Pontius Pilatus,
gekreuzigt, gestorben und begraben,
hinabgestiegen in das Reich des Todes,
am dritten Tage auferstanden von den Toten,
aufgefahren in den Himmel;
er sitzt zur Rechten Gottes,
des allmächtigen Vaters;
von dort wird er kommen,
zu richten die Lebenden und die Toten.

Ich glaube an den Heiligen Geist,
die heilige christliche Kirche,
Gemeinschaft der Heiligen,
Vergebung der Sünden,
Auferstehung der Toten
und das ewige Leben.

7. Gebet (Römerbrief 11,33-34+36):

„O welch eine Tiefe des Reichtums, ... der Weisheit und der Erkenntnis Gottes!
Wie unbegreiflich sind seine Gerichte und unerforschlich seine Wege!
(Welcher Mensch) hat den Sinn des Herrn erkannt, oder wer ist sein Ratgeber gewesen? Denn von ihm und durch ihn und zu ihm sind alle Dinge.
Ihm sei Ehre in Ewigkeit! Amen."

<u>Aufgabe für Zuhause:</u>

1. Lies aus dem Begleitbuch „Komm und sieh!" die Seiten 30-31 durch: „Glaubensbekenntnis und persönlicher Glaube".
2. Beschäftige Dich noch einmal mit der Geschichte: „In der Wüste". Du findest sie auf der letzten Seite dieses Arbeitsbogens. Beantworte danach die Frage: *Welche Botschaft enthält diese Geschichte für uns?* Schreibe Deine Antwort hier auf:

3. Vorbereitung für die nächste Stunde: Lies die Schöpfungsgeschichten vom Anfang der Bibel durch: **1.Mose 1,1 - 2,4a** (1. Schöpfungsgeschichte); **1.Mose 2,4b-9 und 2,15-25** (2. Schöpfungsgeschichte).
4. Bringe zur nächsten Stunde ein Bild (aus der Zeitung, einer Illustrierten / ein Foto, auf das Du verzichten kannst) mit, mit dem Du eine Aussage zum Thema „Schöpfung" machen kannst.

(Arbeitsbogen 13/4)

Ein moderner Mensch verirrte sich in einer Wüste. Tage- und nächtelang irrte er umher. Ständig überlegte er: ‚Wie lange braucht man, um zu verhungern und zu verdursten?‘ Die unbarmherzige Sonnenglut hatte ihn ausgedörrt. Er fieberte. Wenn er erschöpft ein paar Stunden schlief, träumte er von Wasser, von Orangen und Datteln. Dann erwachte er zu schlimmerer Qual und taumelte weiter.

Da sah er in einiger Entfernung eine Oase. ‚Aha, eine Fata Morgana‘, dachte er, ‚eine Luftspiegelung, die mich narrt und zur Verzweiflung treiben wird, denn in Wirklichkeit ist gar nichts da.‘ Er näherte sich der Oase, aber sie verschwand nicht. Sie wurde im Gegenteil immer deutlicher. Er sah Dattelpalmen, Gras und Felsen, aus denen eine Quelle entsprang.

‚Es kann natürlich auch eine Hungerphantasie sein, die mir mein halb wahnsinniges Hirn vorgaukelt‘, dachte er, ‚solche Phantasien entstehen ja in meinem Zustand. Natürlich - jetzt höre ich sogar das Wasser sprudeln. Eine Gehörhalluzination. Wie grausam die Natur ist!‘ Bei diesem Gedanken brach er zusammen. Er starb mit einem lautlosen Fluch auf die Sinnlosigkeit des Lebens.

Eine Stunde später fanden ihn zwei Beduinen. „Kannst du so etwas verstehen?" sagte der eine zum andern. „Die Datteln wachsen ihm ja beinahe in den Mund - er hätte nur die Hand auszustrecken brauchen. Und dicht neben der Quelle liegt er, mitten in der schönsten Oase - verhungert und verdurstet. Wie ist das nur möglich!" „Er war ein moderner Mensch", antwortete der andere Beduine, „er hat nicht daran geglaubt."

Arbeitsbogen 14 (Schöpfung I)

1. Weltbilder in der Entwicklung

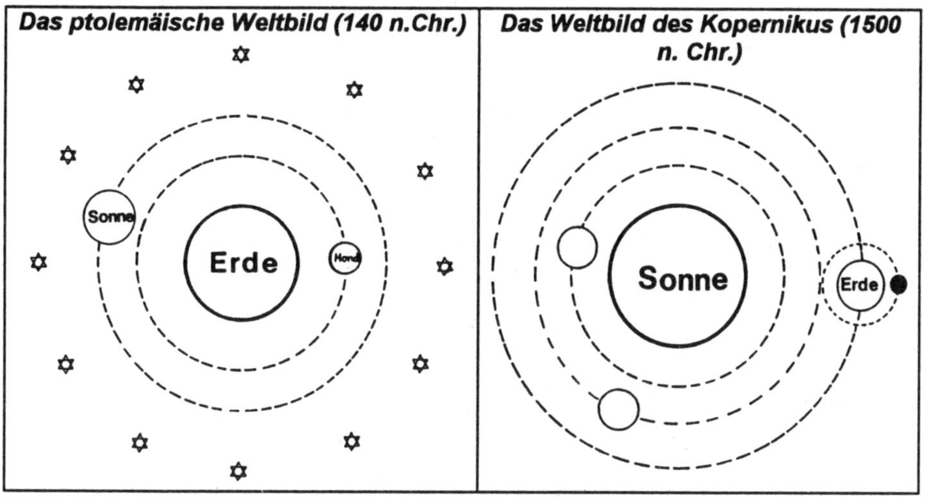

Das ptolemäische Weltbild (140 n.Chr.) — *Das Weltbild des Kopernikus (1500 n. Chr.)*

Die Urknalltheorie (Gegenwart)

2. Mit Büchern sachgemäß umgehen!

Vervollständige die Sätze:

① Wenn ich telefonieren muß und die ***Nummer*** nicht weiß, dann schaue ich in ____.

② Wenn ich naturwissenschaftlich interessiert bin und ***Genaueres über die Weltentstehung*** erfahren möchte, dann schaue ich in ____.

③ Wenn ich die ***Melodie*** eines Liedes herausfinden will, dann schaue ich in ____.

④ Wenn mich die Frage nach dem ***Sinn des Lebens*** beschäftigt und ich wissen möchte, ***wozu*** Erde und Menschen da sind, dann schaue ich in ________________________________.

(Arbeitsbogen 14/2)

3. Unterschiede / Gemeinsames zwischen beiden Schöpfungsgeschichten

① Welche Unterschiede zwischen beiden Schöpfungsgeschichten habt Ihr bemerkt?

② Welche Gemeinsamkeiten verbinden beide Geschichten?

③ Welche Stellung innerhalb der Geschöpfe hat der Mensch:

1.Mose 2,4b-25 (Paradiesgarten):

1.Mose 1,1 - 2,4a (Schöpfung in 7 Tagen):

④ Warum haben die Überlieferer der biblischen Geschichten beide so unterschiedlichen Schöpfungsdarstellungen nebeneinandergestellt bzw. nebeneinander stehen lassen?

4. Das „Weltbild des Auges"

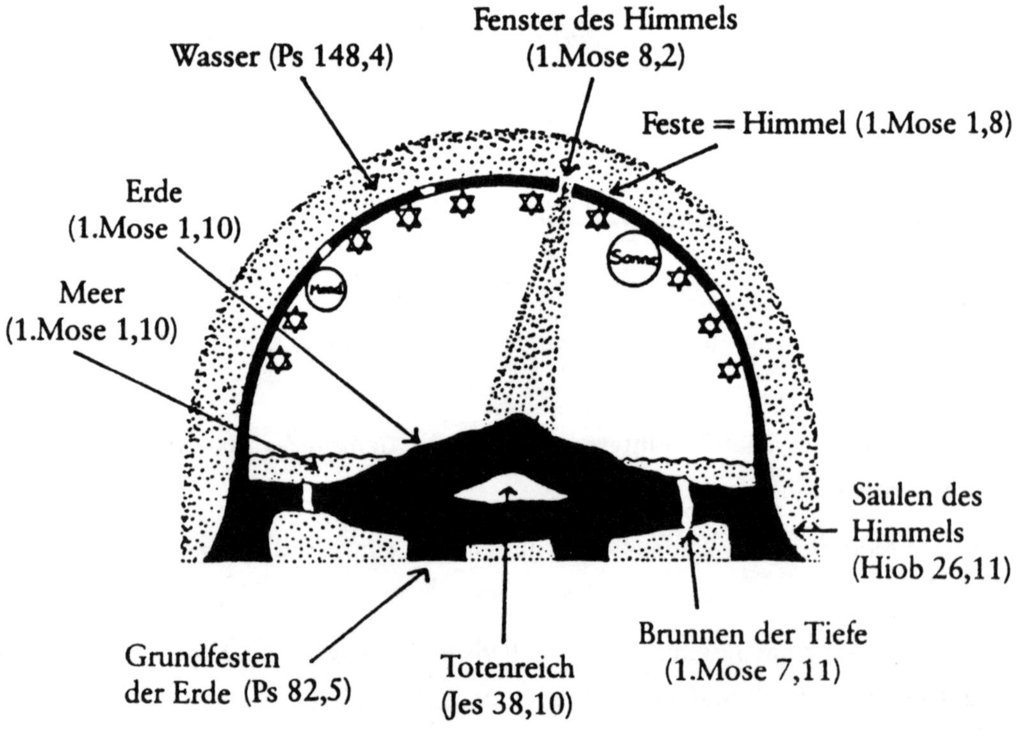

(Arbeitsbogen 14/3)

5. Aus der ersten Schöpfungsgeschichte (1.Mose 1,1–19)

1: Am Anfang schuf Gott Himmel und Erde.

2: Und die Erde war wüst und leer, und es war finster auf der Tiefe; und der Geist Gottes schwebte auf dem Wasser.

3: Und Gott sprach: Es werde Licht! Und es ward Licht.

4: Und Gott sah, daß das Licht gut war. Da schied Gott das Licht von der Finsternis

5: und nannte das Licht Tag und die Finsternis Nacht. Da ward aus Abend und Morgen der erste Tag.

6: Und Gott sprach: Es werde eine Feste zwischen den Wassern, die da scheide zwischen den Wassern.

7: Da machte Gott die Feste und schied das Wasser unter der Feste von dem Wasser über der Feste. Und es geschah so.

8: Und Gott nannte die Feste Himmel. Da ward aus Abend und Morgen der zweite Tag.

9: Und Gott sprach: Es sammle sich das Wasser unter dem Himmel an besondere Orte, daß man das Trockene sehe. Und es geschah so.

10: Und Gott nannte das Trockene Erde, und die Sammlung der Wasser nannte er Meer. Und Gott sah, daß es gut war.

11: Und Gott sprach: Es lasse die Erde aufgehen Gras und Kraut, das Samen bringe, und fruchtbare Bäume auf Erden, die ein jeder nach seiner Art Früchte tragen, in denen ihr Same ist. Und es geschah so.

12: Und die Erde ließ aufgehen Gras und Kraut, das Samen bringt, ein jedes nach seiner Art, und Bäume, die da Früchte tragen, in denen ihr Same ist, ein jeder nach seiner Art. Und Gott sah, daß es gut war.

13: Da ward aus Abend und Morgen der dritte Tag.

14: Und Gott sprach: Es werden Lichter an der Feste des Himmels, die da scheiden Tag und Nacht und geben Zeichen, Zeiten, Tage und Jahre

15: und seien Lichter an der Feste des Himmels, daß sie scheinen auf die Erde. Und es geschah so.

16: Und Gott machte zwei große Lichter: ein großes Licht, das den Tag regiere, und ein kleines Licht, das die Nacht regiere, dazu auch die Sterne.

17: Und Gott setzte sie an die Feste des Himmels, daß sie schienen auf die Erde

18: und den Tag und die Nacht regierten und schieden Licht und Finsternis. Und Gott sah, daß es gut war.

19: Da ward aus Abend und Morgen der vierte Tag.

(Arbeitsbogen 14/4)

Aufgabe für Zuhause:

1. **a)** Lies aus dem Begleitbuch „Komm und sieh!“ die Seiten 32-34 durch: „Biblische Schöpfungsberichte und Naturwissenschaft“.

   b) Auf welche Fragen antworten die biblischen Schöpfungsgeschichten?

   c) An welcher Fragestellung sind sie nicht interessiert?

2. Der erste Artikel des Glaubensbekenntnisses lautet: *Ich glaube an Gott, den Vater, den Allmächtigen, den Schöpfer des Himmels und der Erde.* - Der Konfirmand Thorsten liest den Anfang der Erklärung **Martin Luthers** zu diesem ersten Abschnitt des Glaubensbekenntnisses: „Was bedeutet das? *Ich glaube, daß mich Gott geschaffen hat* zusammen mit allen Geschöpfen, mir Leib und Seele, Augen und Ohren und alle Glieder, Vernunft und alle Sinne gegeben hat und noch erhält ...“

   Thorsten überlegt: Haben nicht meine Eltern mich gezeugt? Hat mich nicht meine Mutter geboren? Wieso kann Luther dann sagen: *Ich glaube, daß mich **Gott** geschaffen hat*?

   Was würdest Du Thorsten auf seine Fragen antworten?

Arbeitsbogen 15 (Schöpfung II)

1.

2. Der Mensch: Mitarbeiter in Gottes Schöpfung

① **1.Mose 1,28:** „Und Gott segnete sie und sprach zu ihnen: Seid fruchtbar und mehret euch und füllet die Erde und machet sie euch untertan und herrschet über die Fische im Meer und über die Vögel unter dem Himmel und über das Vieh und über alles Getier, das auf Erden kriecht."

②

Aufgabe	*Begabung/Fähigkeiten*

③ **1.Mose 2,15:** „Und Gott der HERR nahm den Menschen und setzte ihn in den Garten Eden, daß er ihn *bebaute und bewahrte.*"

(Arbeitsbogen 15/2)

3. Der Mensch: Gottes Gesprächspartner (= Ebenbild)

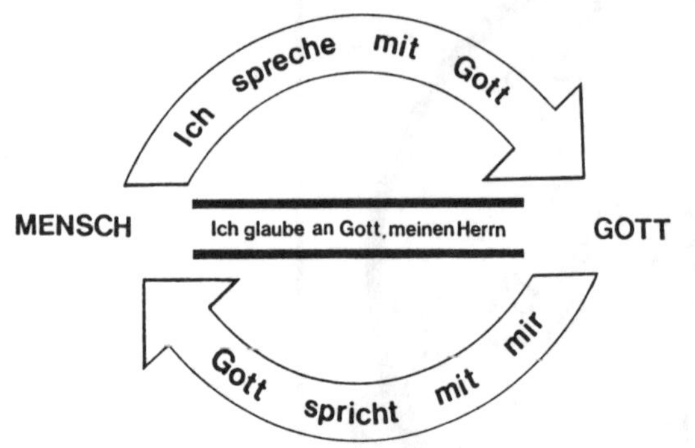

4. Der Mensch: Gottes Gegenüber (= Ebenbild)

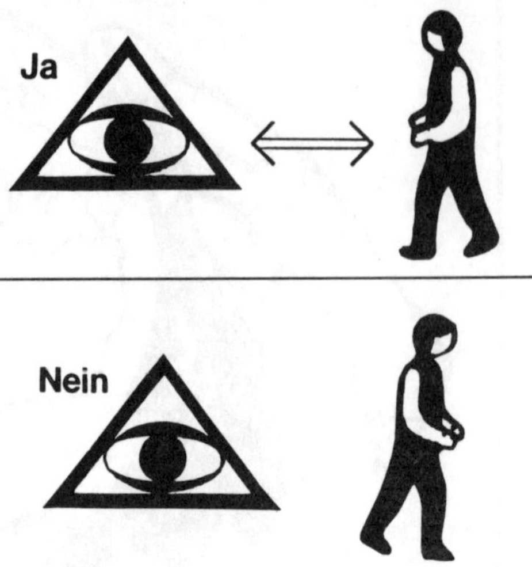

5. Grafik von Hans Georg Anniès zu 1.Mose 1,27

(Arbeitsbogen 15/3)

Aufgabe für Zuhause:

1. **a)** Lies aus dem Begleitbuch „Komm und sieh!" die Seiten 35-37 durch: „Der Mensch in Gottes Schöpfung".

b) Der Mensch ist von Gott mit einem schöpferischen Geist befähigt worden. Nenne stichwortartig Beispiele für seine schöpferischen Fähigkeiten:

c) Was ist mit der biblischen Aussage: *„Und Gott schuf den Menschen nach seinem Bilde"* gemeint?

2. Lies als Vorbereitung für die nächste Stunde **1.Mose 3,1-24** durch.

3. Schneide die unten abgebildeten Figuren und Zeichen aus. Bringe sie zur nächsten Stunde in einem Briefumschlag mit. Du mußt nicht ganz genau ausschneiden.

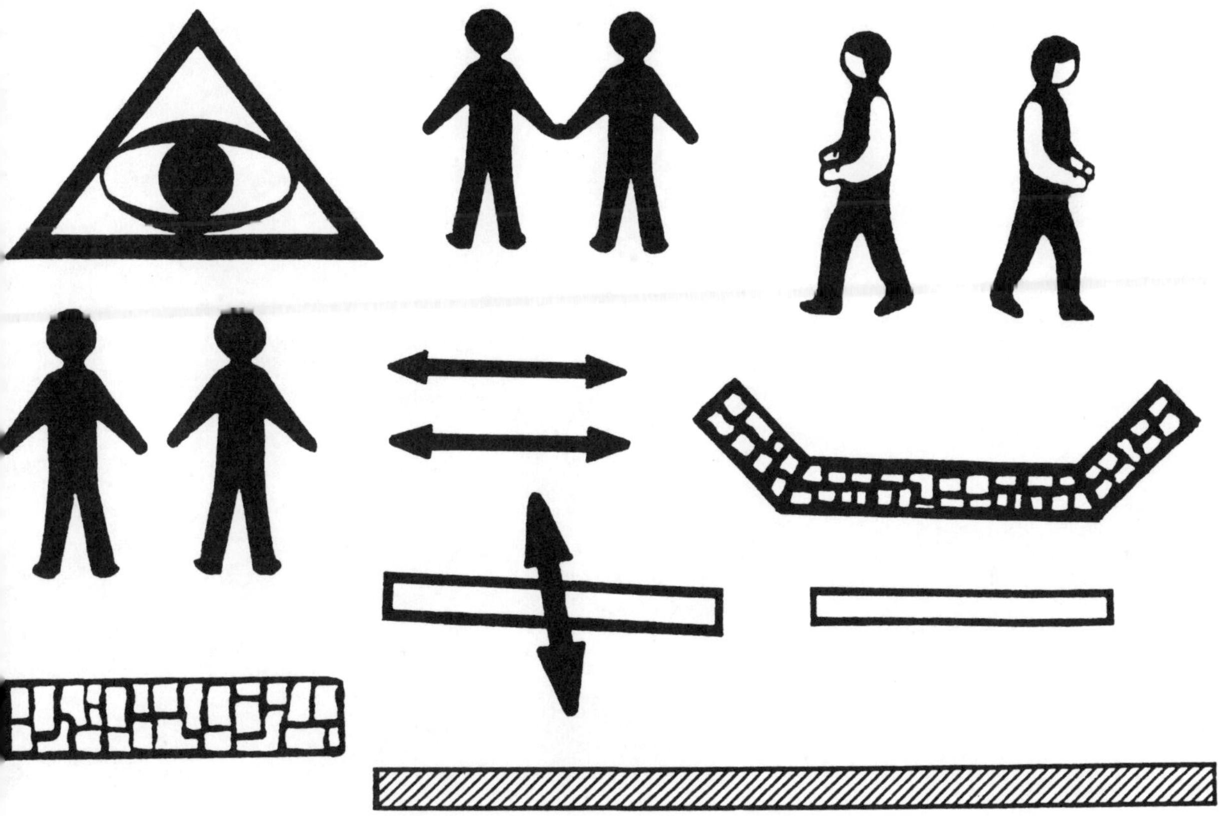

Arbeitsbogen 16 (Schöpfung III)

1. Adam und Eva: Menschen wie wir

- „Adam“ und „Eva“ sind keine Eigennamen, sondern mit dem Menschenpaar vom Anfang der Bibel wird uns dargestellt, was für uns Menschen *typisch* ist.
- „Adam“ kommt vom hebräischen „adamah“ (= Erde) - „adam“ bedeutet also „der Irdische“.
- „Eva“ kommt vom hebräischen „chawwa“, das dem hebräischen Wort für „Leben“ sehr ähnelt. Durch die Kinder gebärende Frau wird das menschliche *Leben* also weitergegeben.

2. Die Geschichte vom Sündenfall: 1.Mose 3

① Gott schenkt den Menschen Freiheit in Verantwortung (1.Mose 2,16–17)	*16: Und Gott der HERR gebot dem Menschen und sprach: Du darfst essen von allen Bäumen im Garten,* *17: aber von dem Baum der Erkenntnis des Guten und Bösen sollst du nicht essen; denn an dem Tage, da du von ihm issest, mußt du des Todes sterben.*
② Die Menschen werden versucht, Gottes Gebot zu übertreten (1.Mose 3,1–5)	*1: Aber die Schlange war listiger als alle Tiere auf dem Felde, die Gott, der HERR, gemacht hatte, und sprach zu dem Weibe: Ja, sollte Gott gesagt haben: ihr sollt nicht essen von allen Bäumen im Garten?* *2: Da sprach das Weib zu der Schlange: Wir essen von den Früchten der Bäume im Garten;* *3: aber von den Früchten des Baumes mitten im Garten hat Gott gesagt: Esset nicht davon, rühret sie auch nicht an, daß ihr nicht sterbet!* *4: Da sprach die Schlange zum Weibe: Ihr werdet keineswegs des Todes sterben,* *5: sondern Gott weiß: an dem Tage, da ihr davon esset, werden eure Augen aufgetan, und ihr werdet sein wie Gott und wissen, was gut und böse ist.*
③ Die Menschen erliegen der Versuchung (1.Mose 3,6)	*6: Und das Weib sah, daß von dem Baum gut zu essen wäre und daß er eine Lust für die Augen wäre und verlockend, weil er klug machte. Und sie nahm von der Frucht und aß und gab ihrem Mann, der bei ihr war, auch davon, und er aß.*
④ Konsequenz der Gebotsübertretung I: Die Menschen gehen voreinander „in Deckung“ (1.Mose 3,7)	*7: Da wurden ihnen beiden die Augen aufgetan, und sie wurden gewahr, daß sie nackt waren, und flochten Feigenblätter zusammen und machten sich Schurze.*
⑤ Konsequenz der Gebotsübertretung II: Die Menschen gehen vor Gott „in Deckung“ (1.Mose 3,8)	*8: Und sie hörten Gott den HERRN, wie er im Garten ging, als der Tag kühl geworden war. Und Adam versteckte sich mit seinem Weibe vor dem Angesicht Gottes des HERRN unter den Bäumen im Garten.*
⑥ Gott fordert die Menschen auf, sich vor ihm zu verantworten (1.Mose 3,9–13)	*9: Und Gott der HERR rief Adam und sprach zu ihm: Wo bist du?* *10: Und er sprach: Ich hörte dich im Garten und fürchtete mich; denn ich bin nackt, darum versteckte ich mich.* *11: Und er (Gott) sprach: Wer hat dir gesagt, daß du nackt bist? Hast du nicht gegessen von dem Baum, von dem ich dir gebot, du solltest nicht davon essen?* *12: Da sprach Adam: Das Weib, das du mir zugesellt hast, gab mir von dem Baum, und ich aß.* *13: Da sprach Gott der HERR zum Weibe: Warum hast du das getan? Das Weib sprach: Die Schlange betrog mich, so daß ich aß.*

(Arbeitsbogen 16/2)

⑦ Konsequenz der Gebotsübertretung III: Die Menschen können nicht mehr in Gottes direkter Gemeinschaft leben (1.Mose 3,22-24)	*22: Und Gott der HERR sprach: Siehe, der Mensch ist geworden wie unsereiner und weiß, was gut und böse ist. Nun aber, daß er nur nicht ausstrecke seine Hand und breche auch von dem Baum des Lebens und esse und lebe ewiglich!* *23: Da wies ihn Gott der Herr aus dem Garten Eden, daß er die Erde bebaute, von der er genommen war.* *24: Und er trieb den Menschen hinaus und ließ lagern vor dem Garten Eden die Cherubim (= Engelwesen) mit dem flammenden, blitzenden Schwert, zu bewachen den Weg zu dem Baum des Lebens.*
⑧ Gnade vor Recht (1.Mose 2,16-17 und 3,22-23)	*2,16-17: Und Gott der HERR gebot dem Menschen und sprach: Du darfst essen von allen Bäumen im Garten, aber von dem Baum der Erkenntnis des Guten und Bösen sollst du nicht essen; denn an dem Tage, da du von ihm issest, mußt du des Todes sterben.* *3,22-23: Und Gott der HERR sprach: Siehe, der Mensch ist geworden wie unsereiner und weiß, was gut und böse ist. Nun aber, daß er nur nicht ausstrecke seine Hand und breche auch von dem Baum des Lebens und esse und lebe ewiglich! Da wies ihn Gott der HERR aus dem Garten Eden, daß er die Erde bebaute, von der er genommen war.*

Aufgabe für Zuhause:

1. Lies aus dem Begleitbuch „Komm und sieh!" die Seiten 38-40 durch: „Die Menschen lehnen sich gegen Gott auf (die Geschichte vom Sündenfall)".
2. Beantworte dann die Fragen:
   a) Warum übertreten die Menschen nach der Sündenfallgeschichte Gottes Gebot?

   b) Gott schenkt uns Menschen Freiheit zum Guten wie zum Bösen. Findest Du es gut, daß Gott uns soviel Freiheit schenkt? Kreuze Deine Meinung an:

   O Ja   O Nein

   c) Ein betrunkener Autofahrer überfährt ein kleines Kind. Die Eltern fragen verzweifelt: „Wie konnte Gott das zulassen?"

   Wie würdest Du auf ihre Frage antworten?

3. Lies als Vorbereitung für die nächste Stunde 1.Mose 4,1-16 durch.
4. Bringe den Briefumschlag mit den ausgeschnittenen Figuren und Zeichen zur nächsten Stunde wieder mit.

Arbeitsbogen 17 (Schöpfung IV)

1. Un-heil

① ***Das Leben der Menschen ist der Vergänglichkeit unterworfen (1.Mose 3,22)***	*22: Und Gott der HERR sprach: Siehe, der Mensch ist geworden wie unsereiner und weiß, was gut und böse ist. Nun aber, daß er nur nicht ausstrecke seine Hand und breche auch von dem Baum des Lebens und esse und lebe ewiglich!*
② ***Das gute Verhältnis der Menschen untereinander zerbricht (1.Mose 4,1–16)*** **Information:** „Kain" und „Abel" sind keine Eigennamen, sondern mit diesem Bruderpaar soll – wie bei „Adam" und „Eva" – Typisches über uns Menschen ausgesagt werden: ● Kain = Lanze: er tötet seinen Bruder (= der Gewaltmensch). ● Abel = Hauch: er haucht sein Leben aus (= das Opfer).	
③ ***Das gute Verhältnis der Menschen zur Umwelt zerbricht (1.Mose 3,1–15)***	*15: Und ich (Gott) will Feindschaft setzen zwischen dir (dem Tier Schlange) und dem Weibe und zwischen deinem Nachkommen und ihrem Nachkommen; der soll dir den Kopf zertreten, und du wirst ihn in die Ferse stechen.* *16: Und zum Weibe sprach er: Ich will dir viel Mühsal schaffen, wenn du schwanger wirst; unter Mühen sollst du Kinder gebären. Und dein Verlangen soll nach deinem Manne sein, aber er soll dein Herr sein.* *17: Und zum Manne sprach er: Weil du gehorcht hast der Stimme deines Weibes und gegessen von dem Baum, von dem ich dir gebot und sprach: Du sollst nicht davon essen –, verflucht sei der Acker um deinetwillen! Mit Mühsal sollst du dich von ihm nähren dein Leben lang. 18: Dornen und Diesteln soll er dir tragen, und du sollst das Kraut auf dem Felde essen. 19: Im Schweiße deines Angesichts sollst du dein Brot essen, bis du wieder zu Erde werdest, davon du genommen bist. Denn du bist Erde und sollst zu Erde werden.*

2.

Probleme:

→ 4. Grafik von Hans Georg Anniès

(Arbeitsbogen 17/2)

→ 3. Die Folgen des „Sündenfalls"

❶ *Folgen für das Verhältnis* ***Mensch — Gott:***	
❷ *Folgen für das Verhältnis* ***Mensch — Mensch:***	
❸ *Folgen für das Verhältnis* ***Mensch — Umwelt:***	

→ 5. Grafik von Heinrich Schröder

Aufgabe für Zuhause:

1. **a)** Lies aus dem Begleitbuch „Komm und sieh!" die Seiten 41-43 durch: „Die Folgen der Entfremdung der Menschen von Gott und ihre Überwindung".

   b) Warum unterwirft Gott das Leben der Menschen der Vergänglichkeit?

   c) Welches Bibelwort ermahnt uns zum Umweltschutz?

2. Die folgenden Sätze enthalten richtige oder falsche Angaben. Streiche die Sätze durch, die Deiner Meinung nach fehlerhafte Aussagen enthalten:

① Die zweite Schöpfungsgeschichte und die Geschichte vom Sündenfall wollen über die *ersten* Menschen berichten, die Adam und Eva hießen.

② Die Geschichte vom Sündenfall sagt, daß wir Menschen gerne von Gott unabhängig sein wollen.

③ Der Mann gibt der Schlange die Schuld daran, daß er das Gebot übertrat.

④ Das Verhältnis zwischen Gott und Mensch wird durch die Sünde (= Übertretung des Gebotes Gottes) gestört.

⑤ Nach der Verbannung aus dem Garten Eden schließen sich die Menschen eng zusammen, damit nicht auch noch ihr Verhältnis untereinander Schaden leidet.

⑥ Abel erschlägt Kain.

⑦ Trotz des gestörten Verhältnisses von Mensch und Gott bleibt der Schöpfungsauftrag des Menschen unverändert bestehen: die Erde zu füllen, dienstbar zu machen und zu pflegen.

⑧ Die Schöpfungsgeschichten der Bibel sagen uns genau, *wie* die Welt entstanden ist.

⑨ Bei der Frucht, die Adam und Eva aßen, handelte es sich um einen Apfel.

⑩ Es ist die Aufgabe Jesu Christi, die Kluft zwischen uns Menschen und Gott zu überbrücken.

Arbeitsbogen 18 (Jesus 1)

1. „O du fröhliche ..."

1: O du fröhliche, o du selige, gnadenbringende Weihnachtszeit! Welt ging verloren, Christ ward geboren, freue, freue dich, o Christenheit!

2: O du fröhliche, o du selige, gnadenbringende Weihnachtszeit! Christ ist erschienen, uns zu versühnen, freue, freue dich, o Christenheit!

Beantworte mit Hilfe dieser Liedstrophen die Frage: Was tut Gott zur Überwindung des Unheils in dieser Welt?

2. Johannes 3,17: *„Denn Gott hat seinen Sohn nicht in die Welt gesandt, daß er die Welt richte, sondern daß die Welt durch ihn gerettet werde."*

3. Kreidezeichnung von Hans Georg Anniès zu Matthäus 2,1-12

(Arbeitsbogen 18/2)

<u>Aufgabe für Zuhause:</u>

1. **a)** Lies aus dem Begleitbuch „Komm und sieh!“ die Seiten 44-46 durch: „Gott kommt als Mensch zu seinen Menschenkindern“.

   b) Welche Propheten haben das Kommen des Messiaskönigs oder Friedefürsten angekündigt?

2. Beantworte mit Hilfe der angegebenen Bibelstellen die folgenden Fragen:

   ① **Lukas 2,1-14:** ● Wo wurde Jesus geboren?

   ● Wie hieß der römische Kaiser, der damals regierte?

   ② **Lukas 4,16:** In welchem Ort ist Jesus aufgewachsen?

   ③ **Johannes 4,9:** Zu welchem Volk gehörte Jesus?

   ④ **Markus 6,3:** ● Wieviele Geschwister hatte Jesus mindestens?

   ● Welchen Beruf hat Jesus erlernt?

   ⑤ **Markus 1,14-21:** Wo ist Jesus zuerst öffentlich aufgetreten?

   ⑥ **Markus 14,22-42:** Was geschah am Abend vor Jesu Verhaftung?

   ⑦ **Markus 15,22:** Wie heißt die Richtstätte bei Jerusalem, wo Jesus gekreuzigt wurde?

   ⑧ **Lukas 24,13-35:** Was erlebten die Jünger nach dem Tod Jesu?

Arbeitsbogen 19 (Jesus 3)

1. 

2. **Mk 1,15:** *Die Zeit ist erfüllt und das Reich Gottes ist herbeigekommen. Kehrt um und glaubt an das Evangelium (= an diese gute Nachricht).*

3. **Lk 17,20-21:** *Als er aber von den Pharisäern gefragt wurde: „Wann kommt das Reich Gottes?", antwortete er ihnen und sprach: „Das Reich Gottes kommt nicht so, daß man's beobachten kann; man wird auch nicht sagen: Siehe, hier ist es! oder: Da ist es! Denn siehe, das Reich Gottes ist mitten unter euch."*

4. Bürger von Gottes Reich werden

a) Mt 13,45-46: *Mit dem Himmelreich (= Reich Gottes) verhält es sich wie mit einem Kaufmann, der gute Perlen suchte, und als er **eine** kostbare Perle fand, ging er hin und verkaufte alles, was er hatte, und kaufte sie.*

① Wer ist mit dem suchenden Kaufmann gemeint?

② Was bedeutet die Aussage, daß der Kaufmann **eine** kostbare Perle fand?

③ Wie ist die Aussage zu verstehen, daß der Kaufmann alles hingibt, um die **eine** Perle zu erwerben?

(Arbeitsbogen 19/2)

b) Mt 13,44: *Mit dem Himmelreich (= Reich Gottes) verhält es sich wie mit einem Schatz, verborgen in einem Acker, den ein Mensch fand und verbarg; und in seiner Freude ging er hin und verkaufte alles, was er hatte, und kaufte den Acker.*

① Wer ist mit dem Landarbeiter gemeint?

② Was bedeutet die Aussage, daß der Landarbeiter einen kostbaren Schatz fand?

③ Wie ist die Aussage zu verstehen, daß der Landarbeiter alles hingibt, um den Acker mit dem Schatz zu erwerben?

c) Vergleicht beide Gleichnisse miteinander:

① Welche Züge haben beide Gleichnisse gemeinsam?

② Welche Unterschiede bemerkt Ihr?

d) Betrachtet die beiden Abbildungen und ordnet sie je einem der Gleichnisse zu:

❶

❷

5. Fragen zum Gleichnis vom großen Abendmahl (Lukas 14,15–24):

① Wer ist mit dem Mann gemeint, der ein großes Festmahl veranstaltet?

② Was meint die Einladung zum Festmahl?

③ Wie deutet Ihr den Knecht, der die Einladung überbringt?

⇨

(Arbeitsbogen 19/3)

④ In dem Gleichnis gibt es Menschen, die die Einladung zum Festmahl annehmen, die sich aber entschuldigen, nicht kommen zu können, als das Festmahl beginnen soll. Sodann werden Menschen geschildert, die die Einladung annehmen und zum Festmahl kommen.

- Vergleicht beide Menschengruppen miteinander und findet heraus, warum sie sich so unterschiedlich verhalten.

- Was will dieser Zug des Gleichnisses zum Ausdruck bringen?

6. Lukas 14,15–24

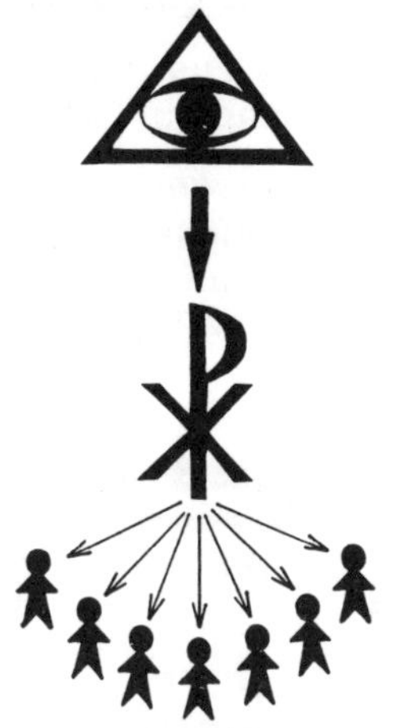

8. Grafik zu Markus 4,1–20 von Hans Georg Anniès

(Arbeitsbogen 19/4)

Aufgabe für Zuhause:

1. **a)** Lies aus dem Begleitbuch „Komm und sieh!" die Seiten 50–52 durch: „Jesus lädt uns Menschen in Gottes Reich ein".

   b) Beantworte dann die Frage: Du lädtst Deine(n) Freund(in) ein, mit Dir gemeinsam zum Gottesdienst zu gehen. Dein(e) Freund(in) antwortet: „Ach, geh doch allein, ich kann nicht mitkommen. Wenigstens einmal in der Woche möchte ich ausschlafen!"
   Was wirst Du ihr/ihm antworten?

2. Betrachte nebenstehende Abbildung.

   ❶ Was will sie zum Ausdruck bringen?

   ❷ An welches Gleichnis, das wir besprochen haben, erinnert Dich diese Abbildung?

Arbeitsbogen 20 (Jesus IV)

1. Was habe ich in meiner Kindheit am häufigsten über Gott gehört?

2. „Der liebe Gott" (Äußerung des siebenjährigen Thomas)

„Der liebe Gott - das ist einer, der auf uns Menschen aufpaßt. Wenn wir etwas stehlen oder sonst was tun, was er in seinen Geboten verboten hat, dann wird der liebe Gott sauer und bestraft uns: Daß wir krank werden oder eine schlechte Arbeit schreiben. Wenn wir mit dem lieben Gott schimpfen, dann wird er sich rächen und uns noch doller strafen."

3. Hörspiel zu Matthäus 18,23-27

Sprecher: Der große Schuldner ist vor den König gerufen worden. Zu Hause ist seine Frau zurückgeblieben - allein mit ihren bangen Gedanken.

Frau des grossen Schuldners: Es kann sein, daß ich ihn nicht mehr sehe. Denn das Gesetz ist hart. Es zieht den, der seine Schuld nicht bezahlen kann, erbarmungslos zur Verantwortung. Wir werden alles verlieren, was unser Eigentum ist: Haus, Hab und Gut, Ansehen und Dienerschaft ... Wer seine Schuld nicht bezahlen kann, muß selbst arbeiten als Sklave, sagt das Gesetz, er und seine Frau und seine Kinder ... Ach, wir haben alles zu leicht genommen, haben uns mit Plänen getröstet, die sich nicht erfüllen konnten, und von Hoffnungen gelebt, die uns trogen. Jetzt ist die Stunde da, an die wir nie denken wollten und von der wir doch wußten, daß sie kommen werde.

Kämmerer: Du bist vor den König gerufen, großer Schuldner?

Grosser Schuldner: Ja.

Kämmerer: Komm.

Grosser Schuldner: Jetzt ist die Stunde da, an die ich nie denken wollte, und von der ich doch wußte, daß sie kommen werde.

Kämmerer: Hier. Tritt ein.

König: Komm näher. Ich habe dich rufen lassen, weil ich wissen will, was aus dem wurde, was ich dir gab.

Grosser Schuldner: Herr, - ich, - Ihr müßt verstehen, ich bitte Euch -

König: Wie groß ist deine Schuld?

Grosser Schuldner: Es war alles gegen mich -

König: Kämmerer, wie groß ist seine Schuld?

Kämmerer: Zehntausend Goldpfunde, Herr.

König: Zehntausend Goldpfunde ... Gib sie mir zurück.

Grosser Schuldner: Herr, es war, als hätte sich alles gegen mich verbündet. Was ich geplant hatte, schlug fehl, und es waren gute Pläne.

Herr, ich wurde betrogen und ausgenützt. Es ist nicht meine Schuld, Herr, es ist bestimmt nicht meine Schuld, - bestimmt, Herr, es ist nicht meine Schuld ...

König: Du kannst mir nicht zurückgeben, was du erhalten hast?

Grosser Schuldner: Nein, Herr.

König: Was sagt das Gesetz, Kämmerer?

Kämmerer: Das Gesetz sagt: Wer eine Schuld nicht zurückzahlen kann, wenn die gesetzte Zeit dafür abgelaufen ist, der soll mit seinem ganzen Eigentum und mit seiner Person dafür einstehen. Was er hat, soll verkauft werden. Reicht das nicht aus, so soll er selbst verkauft werden als Sklave, er und seine Frau und seine Kinder, daß die Schuld von dem Erlös beglichen werde, und daß der Gerechtigkeit Genüge geschehe.

König: Das sagt das Gesetz. Und so soll es geschehen.

Grosser Schuldner: Nein, Herr, habt Erbarmen! Seht: ich liege Euch zu Füssen. Kniefällig flehe ich Euch an: Laßt mir Zeit, ein Jahr nur, und ich will alles bezahlen.

Kämmerer: Wie willst du das machen: zehntausend Goldpfunde in einem Jahr verdienen? Schweig und steh auf.

Grosser Schuldner: Herr, habt Geduld mit mir, ich bitte Euch, schont mich und die Meinen, und ich will alles bezahlen ...

König: Das wirst du nicht können. Die Summe, die du mir schuldest, ist zu groß. Du kannst sie mir heute nicht zurückgeben, du wirst es auch morgen nicht können, nicht in einem Jahr und nicht in deinem ganzen Leben. Dennoch - ich will barmherzig sein. Steh auf. Du bist frei. Und die Schuld ist dir erlassen. Die ganze Schuld.

(Aus: Biblische Szenen. Aus der Schulfunk-Arbeit des Süddeutschen Rundfunks, hg. v. H. Ehinger / J. Kuhn, Burckhardthaus-Laetare Verlag, Offenbach 1964, S.145-147).

4. Fragen zu Matthäus 18,23-27:

Schlagt Matthäus 18,23-27 auf. Beantwortet die folgenden Fragen und schaut bei Bedarf in Eure Bibeln:

① Wie ist der *König* in dem Gleichnis zu deuten?

② Wer ist mit dem *hochverschuldeten Verwalter (Knecht)* gemeint?

③ Was ist unter der *Abrechnung* zu verstehen?

④ Was bedeutet die *große Schuld von 10.000 Talenten* (= 2 Millionen Mark)?

⑤ Wie reagiert der König auf die große Schuld des Verwalters?

⑥ Was tut der Verwalter, als der König ihm seine riesengroße Schuld vorhält?

⑦ Wie reagiert der König auf die Bitte des Verwalters?

(Arbeitsbogen 20/3)

5. Matthäus 18,21-22 (E. Stier)

Aufgabe für Zuhause:

1. Lies aus dem Begleitbuch „Komm und sieh!“ die Seiten 53-55 durch: „Mit seiner Predigt ...“
2. Frank sagt in einer Diskussion: „Es ist egal, wie ich mich verhalte. Gott liebt mich ja. Er vergibt mir, wenn ich Böses tue. *Darum kann ich tun und lassen, was ich will.*“

   Vergleiche Franks Äußerung mit dem Gleichnis vom barmherzigen König und seinem unbarmherzigen Knecht (Matthäus 18,23-34):

6. Bildgeschichte zu Matthäus 18,23-34 von Ekkehard Stier

Arbeitsbogen 21 (Jesus V)

1. „Jesus sucht Zachäus auf": Bildgeschichte von Ekkehard Stier

(Arbeitsbogen 21/2)

2. Die Heilung eines Gelähmten (Mk 2,1-12) - dargestellt von H.G. Anniès

(Arbeitsbogen 21/3)

3. „The Temple“ aus der Rock-Oper „Jesus Christ Superstar“

„Nur herein, kleine Preise hier, komm zu mir, beste Ware hier.
Einen Schluck hier vom besten Wein, setz dein Geld für den Hahn dort ein.
Nur herein, kleine Preise hier, komm zu mir, beste Ware hier.
Einen Schluck hier vom besten Wein, setz dein Geld für den Hahn dort ein.
Mach den Preis, ich hab alles hier, schnell, sonst wirst du der Letzte sein.
Bargeld leihst du am besten hier, komm, mein Vorrat wird schon klein!“

JESUS: „Mein Tempel sollte ein Gebetshaus sein,
aber ihr habt es zu einer Räuberhöhle gemacht.
Raus! Raus!
Meine Zeit ist schon fast herum,
nur wenig bleibt mir noch zu tun
nach alledem, was ich in drei Jahren zu tun versuchte;
sie kommen mir vor wie dreißig Jahre.“

4. Das Lied von der Barmherzigkeit Gottes (Ps 103,1-13)

I Lobe den HERRN, meine Seele, und was in mir ist, seinen heiligen Namen!

II Lobe den HERRN, meine Seele, und vergiß nicht, was er dir Gutes getan hat:

I der dir alle deine Sünde vergibt und heilet alle deine Gebrechen,

II der dein Leben vom Verderben erlöst, der dich krönet mit Gnade und Barmherzigkeit,

I der deinen Mund fröhlich macht, und du wieder jung wirst wie ein Adler.

II Der HERR schafft Gerechtigkeit und Recht allen, die Unrecht leiden.

I Er hat seine Wege Mose wissen lassen, die Kinder Israel sein Tun.

II Barmherzig und gnädig ist der HERR, geduldig und von großer Güte.

I Er wird nicht für immer hadern noch ewig zornig bleiben.

II Er handelt nicht mit uns nach unsern Sünden und vergilt uns nicht nach unsrer Missetat.

I Denn so hoch der Himmel über der Erde ist, läßt er seine Gnade walten über denen, die ihn fürchten.

II So fern der Morgen ist vom Abend, läßt er unsre Übertretungen von uns sein.

I + II Wie sich ein Vater über Kinder erbarmt, so erbarmt sich der HERR über die, die ihn fürchten. AMEN.

Aufgabe für Zuhause:

1. **a)** Lies aus dem Begleitbuch „Komm und sieh!“ die Seiten 56-58 durch: „Jesus gibt Gottes Liebe an seine Mitmenschen weiter und schafft sich damit Feinde“.

   b) In diesem Abschnitt stehen drei biblische Geschichten im Mittelpunkt: **Zachäus** (Lk 19, 1-10) - **Heilung eines Gelähmten** (Mk 2,2-12) - **Tempelreinigung** (Mk 11,15-18).
   Welche dieser drei Geschichten beeindruckt Dich am meisten, und warum?

2. Lies als Vorbereitung für die nächste Stunde **Markus 8,27-33** durch.

3. „The Temple" aus der Rock-Oper „Jesus Christ Superstar"

[illegible]

Arbeitsbogen 22 (Jesus VI)

1. Fragen zu Markus 8,27–33

❶ Die Jünger glauben, daß Jesus der von Gott im Alten Testament versprochene **Messias** (= **Christus**) ist. Welches Verhalten erwarten sie von Jesus?

❷ Petrus ist der Sprecher der Jünger. Er bekennt stellvertretend für alle: „Du bist der Christus.“ Warum ermahnt Jesus seine Jünger, mit niemandem darüber zu sprechen?

❸ Wie versteht Jesus seine Aufgabe als „Christus“?

❹ Jesus will uns Menschen wieder mit Gott unserem himmlischen Vater zusammenbringen. Darum malt er uns den *barmherzigen Gott* vor Augen, dem wir Menschen vertrauen können wie Kinder liebevollen Eltern. Jesus hat uns Menschen in die Gemeinschaft des barmherzigen Gottes *eingeladen*, aber niemandem Gottes Gemeinschaft aufgezwungen. *Frage:* Warum verzichtet Jesus darauf, die Menschen mit Druck oder Gewalt zum Glauben an Gott zu bewegen?

2. Grafik von Hans Georg Anniès

Markus 8,31: *Der Menschensohn muß viel leiden und verworfen werden von den Ältesten und Hohenpriestern und Schriftgelehrten und getötet werden und nach drei Tagen auferstehen.*

3. Matthäus 28,18–20

Mir ist (von Gott) gegeben alle Gewalt im Himmel und auf Erden. Darum gehet hin und machet zu Jüngern alle Völker: Taufet sie auf den Namen des Vaters und des Sohnes und des heiligen Geistes und lehret sie halten alles, was ich euch befohlen habe. Und siehe, ich bin bei euch alle Tage bis an der Welt Ende.

Aufgabe für Zuhause:

1. **a)** Lies aus dem Begleitbuch „Komm und sieh!“ die Seiten 59–60 durch: „Die Jünger verstehen Jesu Auftrag falsch“.

   b) Stell Dir vor, Du wärst Petrus. Wie würdest Du Dich nach der Begebenheit in Cäsarea Philippi fühlen?

2. Lies als Vorbereitung für die nächste Stunde *gründlich* durch:
   - **Matthäus 26,17–29** (Abendmahl);
   - **Matthäus 26,30–35** (Gang zum Ölberg);
   - **Matthäus 26,36–50.56** (Gebet Jesu im Garten Gethsemane und seine Gefangennahme);
   - **1.Mose 2,8.16–17; 3,1–8** (aus der Paradiesgeschichte).

Arbeitsbogen 23 (Jesus VII)

1. Abendmahl **2. Gang zum Ölberg**

Grafiken von Hans Georg Anniès

3. „Im Garten Gethsemane" aus der Rock-Oper „Jesus Christ Superstar"

JESUS: „Will keiner von euch mit mir wachen, Petrus, Johannes und Jakobus? Will keiner von euch mit mir warten, Petrus, Johannes und Jakobus?

Ich möchte nur sagen: Wenn es eine Möglichkeit gibt, dann nimm diesen Kelch von mir. Ich möchte sein Gift nicht trinken. Fühl doch, wie es mich verbrennt!

Ich habe mich verändert, ich bin nicht mehr so gewiß als wie zu der Zeit, da wir begannen. Damals war ich begeistert, jetzt bin ich verzagt und müde.

Höre, ich habe wohl zuviel erwartet. Das, was ich in drei Jahren zu tun mich bemühte, kommt mir so vor, als hätte ich dazu dreißig Jahre gebraucht. Kannst du von irgend jemand sonst soviel verlangen? Doch wenn ich nun sterbe, dann mache deine Weissagungen wahr und tu die Dinge, die du von mir verlangst. Laß sie mich hassen, mich schlagen, mich verletzen, mich an dein Kreuz nageln!

Ich möchte es wissen, ich möchte es wissen, mein Gott, ich möchte es sehen, ich möchte es sehen, mein Gott, *warum* ich sterben soll. Wird mir danach mehr Beachtung geschenkt als je zuvor? Werden die Dinge, die ich gesagt und getan habe, dann noch von Bedeutung sein? - Ich muß es wissen, ich muß es wissen, mein Gott, ich muß es sehen, ich muß es sehen, mein Gott, wenn ich sterbe, worin wird mein Lohn bestehen? Ich muß es wissen, ich muß es wissen, mein Gott, warum ich sterben soll. Kannst du mir nicht zeigen, daß ich nicht vergeblich getötet werde? Gib mir doch ein wenig von deinem allgegenwärtigen Geist ab! Zeige mir doch den Grund dafür, warum du willst, daß ich sterbe! Doch du begnügst dich mit dem ‚Wo' und ‚Wie' und läßt mich mit dem ‚Warum' allein. - Gut, ich sterbe; sieh mich hier sterben, sieh, wie ich sterbe!

Damals war ich begeistert, jetzt bin ich verzagt und müde. Drei Jahre habe ich mich bemüht, die mir jetzt wie neunzig vorkommen. Warum nur schrecke ich jetzt davor zurück, das zu vollenden, was *ich* begann? Nein, was *du* begannst, ich begann es nicht. - Gott, dein Wille ist hart, doch dein Wille geschehe! Ich will deinen Giftkelch trinken. Nagle mich an dein Kreuz, zerbrich mich, laß mich verbluten, schlage mich, töte mich, nimm mich jetzt hin, bevor ich es mir anders überlege!"

① Was wird musikalisch ausgedrückt?

② Wird das Gethsemanegebet angemessen wiedergegeben?

(Arbeitsbogen 23/2)

4. Adam und Christus

Vergleicht das Verhalten der Menschen im *Garten Eden* und das Verhalten Jesu im *Garten Gethsemane* miteinander. Welche Gemeinsamkeiten, welche Unterschiede entdeckt Ihr?

Adam	**Christus**

5. Jesus in Gethsemane
(Hans Georg Anniès)

Aufgabe für Zuhause:

1. **a)** Lies aus dem Begleitbuch „Komm und sieh!" die Seiten 61-63 durch: „Dein Wille geschehe".
   b) Deute die Abbildung von Begleitbuch S.63 oben:

2. Lies als Vorbereitung für die nächste Stunde gründlich durch:
   - **Matthäus 26,57-75** (Verurteilung Jesu durch den „Hohen Rat" [= die oberste jüdische Behörde] - Petrus verleugnet Jesus);
   - **Matthäus 27,1-2.11-14.27-61** (Verhör, Verurteilung, Kreuzigung und Grablegung Jesu).

Arbeitsbogen 24 (Jesus VIII)

1. Petrus verleugnet seine Zugehörigkeit zu Jesus

① Haben die anderen Jünger Petrus wohl Vorwürfe gemacht, daß er Jesus verleugnet hatte?

② Hätten wir uns in der Lage des Petrus anders verhalten als er?

③ Könnt Ihr Situationen nennen, in denen es auch uns schwerfallen würde, uns zu unserem Glauben an Christus zu bekennen?

2. Jesus leidet und stirbt für uns (Grafiken von Hans Georg Anniès)

1. „Geißelung“	2. „Jesus mit der Dornenkrone“	3. „Gekreuzigter“	4. „Kreuzabnahme“

Aufgabe für Zuhause:

1. **a)** Lies aus dem Begleitbuch „Komm und sieh!“ die Seiten 64-66 durch: „Jesus leidet und stirbt für uns“.

   b) Beantworte auf der Rückseite dieses Blattes folgende Frage: Wie haben sich die Jünger nach der Kreuzigung Jesu gefühlt?

2. **a)** Lies als Vorbereitung für die nächste Stunde die Auferstehungsgeschichten **Johannes 20,19-21** und **Lukas 24,13-35** aufmerksam durch.

   b) Beschäftige Dich ferner mit den folgenden Texten und finde heraus, was ihnen *gemeinsam* ist:

Matthäus 28,17
Markus 16,9-14
Lukas 24,9-12
Lukas 24,36-43
Johannes 20,24-29

Gemeinsames:

Arbeitsbogen 25 (Jesus IX)

1. Unterschiedliche Deutungen des leeren Grabes

① Das Grab Jesu war leer. Die Christen sagten: Es ist deswegen leer, weil ________________

____.

② Andere Menschen erklärten es anders. Sie sagten: Es ist deswegen leer, weil ___________

____.

[Wenn Du nicht darauf kommst, dann schlage Matthäus 28,13+15 auf!]

2. Die Bedeutung des Kreuzes Jesu für uns

3. Die Bedeutung der Auferstehung Jesu für uns

Die Auferweckung Jesu durch Gott zeigt uns Menschen, daß *Gottes Macht stärker* ist als der Tod. Wie Gott Christus von den Toten auferweckte, so will er *auch uns* nach unserem Tod auferwecken. Schreibe Deine Gedanken und Empfindungen dazu hier auf:

4.

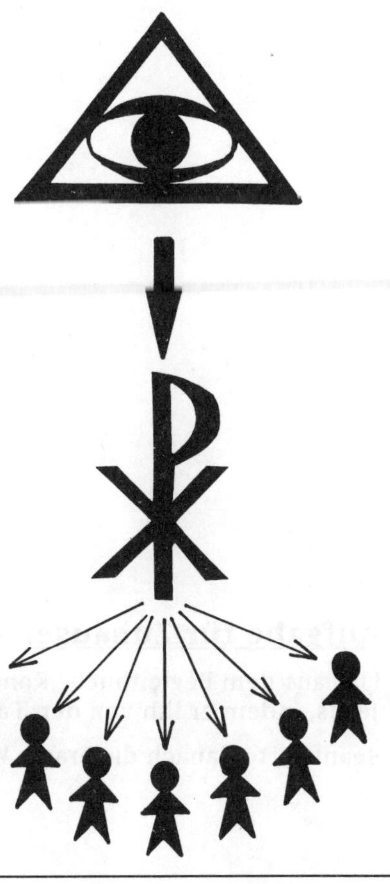

(Arbeitsbogen 25/2)

5. Grafik zu Lukas 24,13-35 von Hans Georg Anniès:

➲ Aufgabe für Zuhause:

1. Lies aus dem Begleitbuch „Komm und sieh!" die Seiten 67-69 durch: „Gott bekennt sich zu Jesus, indem er ihn von den Toten auferweckt".
2. Beantworte danach die Frage: Warum hat Gott Jesus von den Toten auferweckt?

Arbeitsbogen 26 (Jesus X)

1. „Aufgefahren in den Himmel"

① Im Deutschen kennen wir nur das Wort „Himmel". Im Englischen gibt es für „Himmel" zwei Worte:

❶ *sky* =	❷ *heaven* =

② Welche der beiden Bedeutungen von „Himmel" paßt zur *Himmelfahrt Jesu* am besten?

③ Was meint dann der Satz des Glaubensbekenntnisses, daß Jesus *in den Himmel aufgefahren* ist?

2. Die Bedeutung der Himmelfahrt Jesu nach Mt 28,18–20

Und (der auferstandene) Jesus trat herzu und sprach zu ihnen (den Jüngern): Mir ist (von Gott) gegeben alle Gewalt im Himmel und auf Erden. Darum gehet hin und machet zu Jüngern alle Völker: Taufet sie auf den Namen des Vaters und des Sohnes und des heiligen Geistes und lehret sie halten alles, was ich euch befohlen habe. Und siehe, ich bin bei euch alle Tage bis an der Welt Ende.

4. Die Himmelfahrt Jesu nach Apostelgeschichte 1,8–14

Jesus sprach zu seinen Jüngern: ***8:*** *Ihr werdet die Kraft des heiligen Geistes empfangen, der auf euch kommen wird, und werdet meine Zeugen sein in Jerusalem und in ganz Judäa und Samarien und bis an das Ende der Erde.* ***9:*** *Und als er das gesagt hatte, wurde er zusehends aufgehoben, und eine Wolke nahm ihn vor ihren Augen weg.* ***10:*** *Und als sie ihm nachsahen, wie er gen Himmel fuhr, siehe, da standen bei ihnen zwei Männer in weißen Gewändern.* ***11:*** *Die sagten: Ihr Männer von Galiläa, was steht ihr da und seht zum Himmel? Dieser Jesus, der von euch weg gen Himmel aufgenommen wurde, wird so wiederkommen, wie ihr ihn habt gen Himmel fahren sehen.* ***12:*** *Da kehrten sie nach Jerusalem zurück von dem Berg, der heißt Ölberg und liegt nahe bei Jerusalem, einen Sabbatweg entfernt.* ***13:*** *Und als sie hineinkamen, stiegen sie hinauf in das Obergemach des Hauses, wo sie sich aufzuhalten pflegten: Petrus, Johannes, Jakobus und Andreas, Philippus und Thomas, Bartholomäus und Matthäus, Jakobus, der Sohn des Alphäus, und Simon der Zelot und Judas, der Sohn des Jakobus.* ***14:*** *Diese alle waren stets beieinander einmütig im Gebet samt den Frauen und Maria, der Mutter Jesu, und seinen Brüdern.*

3. Jesus nimmt Abschied von seinen Jüngern (Hans Georg Anniès)

(Arbeitsbogen 26/2)

5. Christus der Weltenrichter

Aufgabe für Zuhause:

1. Lies aus dem Begleitbuch „Komm und sieh!" die Seiten 70-71 durch: „Jesus erhält Anteil an Gottes Macht".
2. Beantworte dann die folgenden Fragen:

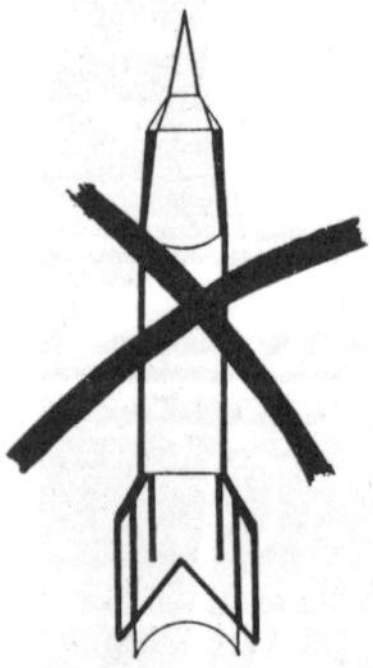

a) Die nebenstehende Zeichnung will ein Mißverständnis der Himmelfahrt Jesu abwehren. Welches?

b) Was meint das Glaubensbekenntnis, wenn es sagt, daß Jesus *in den Himmel aufgefahren* ist?

c) Welche Bedeutung hat Jesu Himmelfahrt *für uns*?

3. Wir haben uns in den letzten Monaten mit Christus beschäftigt und dabei viele Jesusgeschichten kennengelernt (Begleitbuch S.44-71). Suche Dir *eine* dieser Geschichten, die Dir besonders gefällt, heraus und lies sie noch einmal in der Bibel durch. Du kannst Dir auch eine andere Jesusgeschichte aus den Evangelien auswählen, die Du gut findest. *In der nächsten Stunde* sollst Du die von Dir ausgesuchte Geschichte in besonderer Weise darstellen:

   ❶ Du kannst sie *zeichnerisch* gestalten (z.B. mit Tusche, Filzstiften oder Buntstiften).

   ❷ Du kannst sie *modellieren* (z.B. mit Ton oder Knetgummi, Papier oder Pappe).

   ❸ Du kannst sie zu einem *Hörspiel* verarbeiten, das mit verteilten Rollen vorzulesen ist.

   Entscheide Dich für *Deine* Jesusgeschichte und bringe zur nächsten Stunde alles Nötige mit, was Du zu ihrer Darstellung brauchst.

Arbeitsbogen 27 (Jesus XII)

Aufgabe für Zuhause:

Schreibe ohne viel zu überlegen *alles* auf, was Dir beim Stichwort **„Geist“** einfällt:

Arbeitsbogen 28 (Heiliger Geist)

1. Hans Georg Anniès: Das Gleichnis vom reichen Kornbauern

2. Der Einfluß des Heiligen Geistes auf uns Menschen

① **1.Korinther 12,3:** *„Keiner kann sagen: ‚Jesus ist der Herr' (= keiner kann an Jesus glauben), wenn er nicht vom Heiligen Geist erfüllt ist."*

❶ Was bewirkt der Heilige Geist nach diesem Bibelwort in uns Menschen?

❷ Was fehlt einem Menschen nach diesem Bibelwort, wenn er Glaubensschwierigkeiten hat?

❸ Wie wird Gott darauf reagieren, wenn ein zweifelnder Mensch ihn um den Heiligen Geist bittet? Lies zur Beantwortung dieser Frage Lukas 11,13.

② **Römer 5,5:** Gott *„hat unsere Herzen mit seiner Liebe erfüllt, als er uns seinen Heiligen Geist geschenkt hat."*

Welches *Verhältnis zu Gott* hat nach diesem Bibelwort ein Mensch, der durch das unsichtbare Band des Heiligen Geistes mit Gott verbunden ist?

③ **Galater 5,22-23:** *„Der Geist Gottes ... läßt als Frucht (in uns) eine Fülle von Gutem wachsen, nämlich Liebe, Freude, Frieden, Geduld, Freundlichkeit, Güte, Treue, Nachsicht (mit anderen) und Selbstbeherrschung."*

Welche Wirkung hat der Einfluß des Heiligen Geistes nach diesem Bibelwort auf das *Leben eines Christen*?

→ 4. „Herr, mache mich zum Werkzeug deines Friedens"

Herr, mache mich zum Werkzeug deines Friedens:
daß ich Liebe übe da, wo man sich haßt;
daß ich verzeihe da, wo man sich beleidigt;
daß ich verbinde da, wo Streit ist;
daß ich Hoffnung erwecke, wo Verzweiflung quält;
daß ich ein Licht anzünde, wo die Finsternis regiert;
daß ich Freude bringe, wo der Kummer wohnt.

Ach Herr, laß du mich trachten:
nicht daß ich getröstet werde, sondern daß ich tröste;
nicht daß ich verstanden werde, sondern daß ich verstehe;
nicht daß ich geliebt werde, sondern daß ich liebe.
Denn wer hingibt, der empfängt;
wer sich selbst vergißt, der findet;
wer verzeiht, dem wird verziehen,
und wer da stirbt, der erwacht zum ewigen Leben. Amen.

→ 3.

(Arbeitsbogen 28/2)

→ 3. Grafik von Hans Georg Anniès: „Der Prophet“

Aufgabe für Zuhause:

1. Lies aus dem Begleitbuch „Komm und sieh!“ die Seiten 72–74 durch: „Ich glaube an den Heiligen Geist“.
2. Im folgenden findest Du vier Strophen des Liedes **„O komm, du Geist der Wahrheit“** (EG 136). Unterstreiche alle Worte und Wendungen, in denen die Wirkung des Heiligen Geistes auf unser Leben zum Ausdruck kommt.

1. O komm, du Geist der Wahrheit, und kehre bei uns ein, verbreite Licht und Klarheit, verbanne Trug und Schein. Gieß aus dein heilig Feuer, rühr Herz und Lippen an, daß jeglicher getreuer den Herrn bekennen kann.

2. O du, den unser größter Regent uns zugesagt: komm zu uns, werter Tröster, und mach uns unverzagt. Gib uns in dieser schlaffen und glaubensarmen Zeit die scharf geschliffnen Waffen der ersten Christenheit.

3. Unglaub und Torheit brüsten sich frecher jetzt als je; darum mußt du uns rüsten mit Waffen aus der Höh. Du mußt uns Kraft verleihen, Geduld und Glaubenstreu und mußt uns ganz befreien von aller Menschenscheu.

4. Es gilt ein frei Geständnis in dieser unsrer Zeit, ein offenes Bekenntnis bei allem Widerstreit, trotz aller Feinde Toben, trotz allem Heidentum zu preisen und zu loben das Evangelium.

Arbeitsbogen 29 (Kirche I)

1. Die „heilige christliche Kirche"

① *„Kirche"* kommt vom griechischen κυριακή (sprich: küriakä). Dieses Wort hängt mit κύριος (sprich: kürios = der Herr) zusammen und bedeutet *„zum Herrn gehörig"*.

❶ Was bedeutet demnach „Kirche"?

❷ Für „Ich gehöre zur Kirche" könnte man auch sagen: Ich ...

② *„Heilig"* heißt *„zu Gott gehörig"*. Was will das Glaubensbekenntnis über die Kirche aussagen, wenn es von der *„heiligen* christlichen Kirche" spricht?

2. Die Kirche Jesu Christi

3. Christus erteilt der Kirche einen Auftrag

① **Mt 28,18-20:** *Und (der auferstandene) Jesus trat herzu und sprach zu ihnen (den Jüngern): Mir ist (von Gott) gegeben alle Gewalt im Himmel und auf Erden. Darum geht hin und macht zu Jüngern alle Völker: Tauft sie auf den Namen des Vaters und des Sohnes und des heiligen Geistes und lehrt sie halten alles, was ich euch befohlen habe. Und siehe, ich bin bei euch alle Tage bis an der Welt Ende.*

② Schließe Dich mit Deinem(r) Nachbar(i)n zusammen und beantworte die Fragen zu Mt 28, 18-20:

❶ Welchen Auftrag erteilt Christus der Kirche (= den Jüngern) nach diesem Text?

❷ Wer soll den Auftrag ausführen?

❸ Welche Hilf*en* gibt Christus nach Matthäus 28,18-20 der Kirche, seinen Auftrag durchzuführen?

❹ Wie wird ein Mensch nach diesem Text Mitglied der Kirche (= Jünger)?

(Arbeitsbogen 29/2)

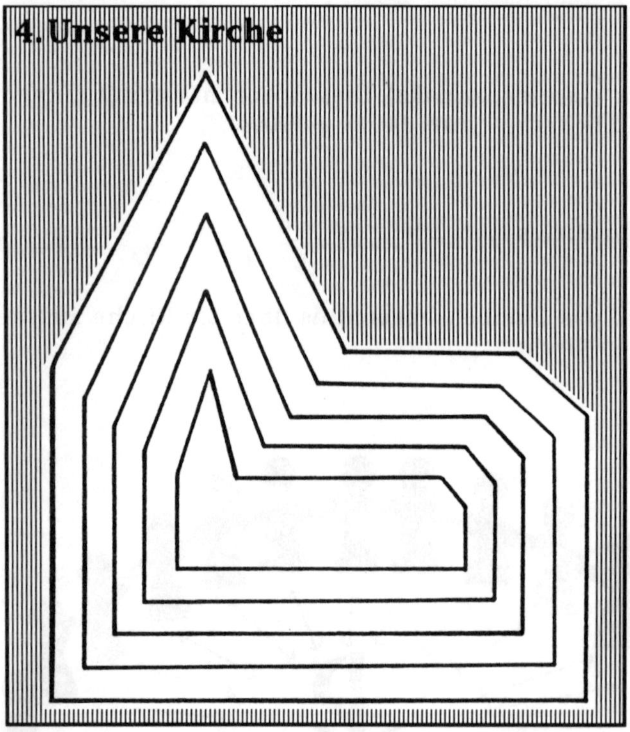

① Welchen Namen hat unsere Kirchengemeinde?

② Wer leitet sie?

③ Zu welchem Kirchenkreis gehört unsere Gemeinde?

④ Wie lautet der Name unserer Landeskirche?

⑤ Wie heißt unser Bischof?

Aufgabe für Zuhause:

1. Lies aus dem Begleitbuch „Komm und sieh!" die Seiten 75-77 durch: „Die ‚heilige christliche Kirche'".
2. In unserer Kirchengemeinde arbeiten viele Menschen mit, damit auch bei uns der Auftrag erfüllt wird, den Christus seiner Kirche gegeben hat (Mt 28,18-20). Suche nach einer *Terminabsprache* in den nächsten Tagen

   den/die ____ auf
   und befrage ihn/sie über seinen/ihren Aufgabenbereich. Halte die Angaben stichwortartig fest, damit Du in der nächsten Stunde über dieses Aufgabenfeld unserer Kirchengemeinde kurz berichten kannst.

Zum Aufgabenfeld des/der ______________________________ gehören:

Arbeitsbogen 30 (Kirche II)

1. Lebendiges Christsein

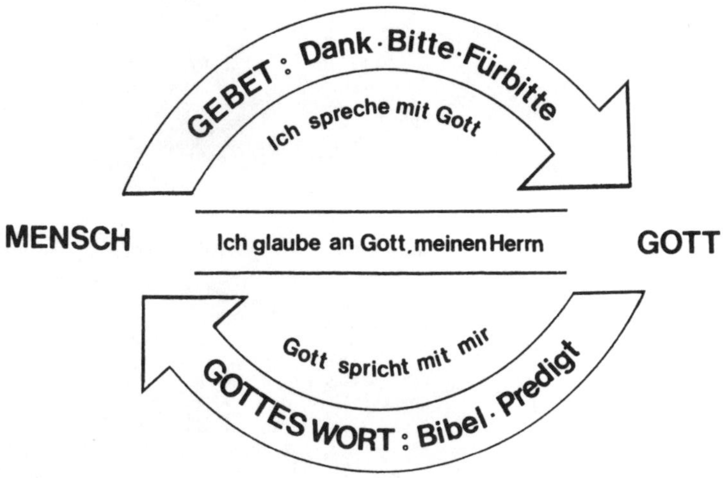

2. Welche Kirche willst Du?

Aufgabe für Zuhause:

1. **a)** Lies aus dem Begleitbuch „Komm und sieh!" die Seiten 78-79 durch: „Die ‚Gemeinschaft der Heiligen'".

   b) Warum brauchen wir Menschen die Kirche?

2. Vorbereitung für die nächste Stunde: Lies aus dem Begleitbuch „Komm und sieh!" den wiederholenden Teil über die Sünde und über Geschichten durch, in denen Jesus Menschen die Sünde vergibt (S.80 Abschnitt a erster und zweiter Absatz).

Arbeitsbogen 31 (Vergebung I: Taufe)

1. Besinnung über die Bedeutung von „Wasser"

2. Markus 1,4-5 / Apostelgeschichte 8,36-38

Markus 1,4-5: *„Johannes der Täufer war in der Wüste und predigte die Taufe der Buße zur Vergebung der Sünden. Und es ging zu ihm hinaus das ganze jüdische Land und alle Leute von Jerusalem und ließen sich von ihm taufen im Jordan und bekannten ihre Sünden."*

Apostelgeschichte 8,36-38: Philippus hat einem äthiopischen Kämmerer (= Minister) das Evangelium von Jesus Christus verkündigt. Dabei fand der Kämmerer zum Glauben. *„Und als sie auf der Straße dahinfuhren, kamen sie an ein Wasser. Da sprach der Kämmerer: ‚Siehe, da ist Wasser; was hindert's, daß ich mich taufen lasse?' Und er ließ den Wagen halten, und beide stiegen in das Wasser hinab, Philippus und der Kämmerer, und er taufte ihn."*

3. Säuglingstaufe

4. Die Bedeutung der Taufe nach einigen Bibelstellen

In der Bibel wird die Taufe als **Ersäufen des Sünders** und als **Reinwaschen von der Sünde** verstanden. Lies die folgenden Bibelstellen durch und schreibe auf, welche Anschauung von der Taufe in dem jeweiligen Text zum Ausdruck kommt.

Römer 6,3-4: Paulus schreibt an die Christen in Rom: *„Oder wißt ihr nicht, daß alle, die wir auf Christus Jesus getauft sind, die sind in seinen Tod getauft. So sind wir ja mit ihm begraben durch die Taufe in den Tod, damit, wie Christus auferweckt ist von den Toten ..., auch wir in einem neuen Leben wandeln."* ***Taufe =***	**Apostelgeschichte 22,16:** Paulus fordert einen römischen Obersten auf: *„Und nun, was zögerst du? Steh auf und rufe seinen (Jesu) Namen an und laß dich taufen und deine Sünden abwaschen."* ***Taufe =***
1.Korinther 6,11: Paulus schreibt an die Christen in Korinth: *„Ihr seid reingewaschen, ihr seid geheiligt (= ihr gehört zu Gott), ihr seid gerecht geworden (= eure Sünden sind euch vergeben) durch den Namen des Herrn Jesus Christus und durch den Geist unseres Gottes."* ***Taufe =***	**Kolosser 2,12:** Paulus schreibt an die Christen in Kolossä: *„Mit ihm (Christus) seid ihr begraben worden durch die Taufe; mit ihm seid ihr auch auferstanden durch den Glauben aus der Kraft Gottes, der ihn auferweckt hat von den Toten."* ***Taufe =***

(Arbeitsbogen 31/2)

5. Matthäus 28,18-20:

„Und (der auferstandene) Jesus trat herzu und sprach zu ihnen (den Jüngern): ‚Mir ist (von Gott) gegeben alle Gewalt im Himmel und auf Erden. Darum gehet hin und machet zu Jüngern alle Völker: Taufet sie auf den Namen des Vaters und des Sohnes und des heiligen Geistes und lehret sie halten alles, was ich euch befohlen habe. Und siehe, ich bin bei euch alle Tage bis an der Welt Ende.'"

6. Aus dem Lied „Ich bin getauft auf deinen Namen"

Mein treuer Gott, auf deiner Seite
bleibt dieser Bund wohl feste stehn;
wenn aber ich ihn überschreite,
so laß mich nicht verlorengehn;
nimm mich, dein Kind, zu Gnaden an,
wenn ich hab einen Fall getan. Amen.

Aufgabe für Zuhause:

1. **a)** Lies aus dem Begleitbuch „Komm und sieh!" die Seiten 80 (ab drittem Absatz) bis Seite 83 durch: „Die Taufe".

   b) Beantworte danach die Fragen:

   ❶ In der Taufe wird der Kopf des Täuflings mit Wasser besprengt. Welche Bedeutung hat diese symbolische Handlung?

   ❷ Welcher Zusammenhang besteht zwischen der Taufe und dem Konfirmandenunterricht?

   ❸ Welcher Zusammenhang besteht zwischen der Taufe und dem Konfirmationsgottesdienst?

2. Vorbereitung für die nächste Stunde:

   a) Lies noch einmal aus dem Begleitbuch „Komm und sieh!" Seite 61 Abschnitt a durch: „Jesus stirbt für uns: das Abendmahl".

   b) Lies ferner *gründlich* **Lukas 15** durch.

Arbeitsbogen 32 (Vergebung II: Abendmahl)

1. Die Einsetzung des Abendmahls

a)

> *Unser Herr Jesus Christus, in der Nacht, als er verraten wurde, nahm er das Brot, dankte und brach es und gab es seinen Jüngern und sprach:* ***„Nehmet hin und esset, das ist mein Leib, der für euch gegeben wird. Solches tut zu meinem Gedächtnis.“***
>
> *Desgleichen nahm er auch den Kelch nach dem Abendmahl, dankte, gab ihnen den und sprach:* ***„Nehmet hin und trinket alle daraus, dieser Kelch ist das Neue Testament (= der Neue Bund) in meinem Blut, das für euch vergossen wird zur Vergebung der Sünden. Solches tut, sooft ihr's trinket, zu meinem Gedächtnis.“***

b) Beantwortet die folgenden Fragen:

① Wie deutet Jesus das Zerbrechen des Brotes?

② Wie deutet Jesus den roten Wein im Kelch?

③ Wie versteht Jesus seinen unmittelbar bevorstehenden Tod?

④ Als Jesus das Abendmahl mit seinen Jüngern feierte, nahm er Abschied von ihnen. Wenig später wurde er gekreuzigt. Welche Worte des Einsetzungsberichts vom Abendmahl bringen zum Ausdruck, daß das Abendmahl dennoch keine einmalige Angelegenheit war, sondern nach Jesu Willen immer wieder gefeiert werden soll? Unterstreicht sie.

⑤ Wer ist zum Abendmahl eingeladen?

⑥ Wer ist der Gastgeber, wenn wir heute im Gottesdienst Abendmahl feiern?

2. Vergleich zwischen Taufe und Abendmahl

Taufe und Abendmahl bezeichnet man im kirchlichen Sprachgebrauch auch als **Sakramente** (= heilige Handlungen).

① Was haben beide Sakramente - Taufe und Abendmahl - gemeinsam?

② Wodurch unterscheiden sich Taufe und Abendmahl voneinander?

<u>Aufgabe für Zuhause:</u>

1. Lies aus dem Begleitbuch „Komm und sieh!“ die Seiten 84-86 durch: „Das Abendmahl“.
2. Beantworte danach die Fragen:

❶ Das Abendmahl ist ein Erinnerungsmahl. Woran sollen wir uns erinnern?

❷ Was will die Abbildung in der Mitte von Seite 85 des Begleitbuchs zum Ausdruck bringen?

❸ Taufe und Abendmahl nennt man auch die „Sakramente“.
Was bedeutet dieser Name?

→ 3.

(Arbeitsbogen 32/2)

3. „Einladung“: Hans Georg Anniès stellt das Abendmahl dar

Arbeitsbogen 33 (Vergebung III: Beichte)

1.

b	e	i	c	h	t	e	n
b	e	j	a	h		e	n

2.

⑦ ● Wem erzählte Jesus dieses Gleichnis?

● Wie werden seine Hörer auf das Gleichnis reagiert haben?

3. Fragen zu Lukas 18,9–14

① Zwei sehr unterschiedliche Menschen beten in diesem Gleichnis zu Gott: Was sind das für Menschen?

② Wie denkt der Pharisäer über sein Verhältnis zu Gott?

③ Wie denkt der Zöllner über sein Verhältnis zu Gott?

④ Beide – Pharisäer und Zöllner – haben keine Angst vor Gott.

- Worauf setzt der Pharisäer sein Vertrauen?
- Worauf setzt der Zöllner sein Vertrauen?

⑤ Jesus sagt: Gott erhört das Gebet des sündigen Zöllners, das des frommen Pharisäers aber nicht. Was findet Jesus an dem Zöllner so gut?

⑥ Was fehlt dem Pharisäer nach der Meinung Jesu

- in seiner Beziehung zu seinem Nächsten, dem Zöllner?
- in seiner Beziehung zu sich selbst?
- in seiner Beziehung zu Gott?

⑧ Welche Einstellung ist Eurer Meinung nach *heute* verbreiteter: die des Pharisäers oder die des Zöllners?

⑨ In welchem dieser beiden Menschen könnt Ihr Euch wiederfinden?

4. Ent-schuldigung?

①

②

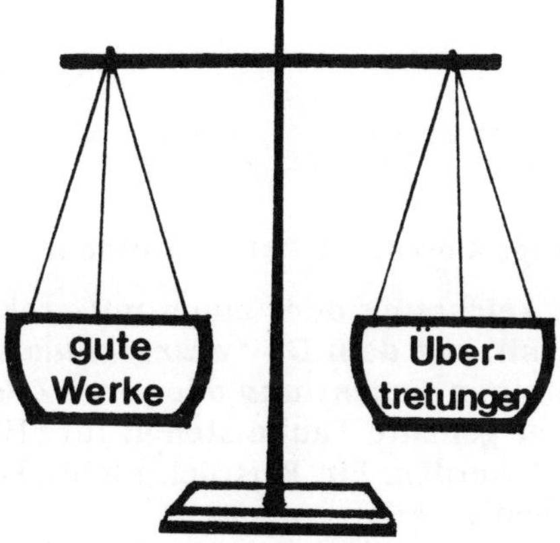

③

(Arbeitsbogen 33/2)

5.

6. Allgemeines Beichtgebet

Ich bekenne vor dir, mein Gott:
Ich vergesse dich oft.
Oft glaube ich nicht, daß du mich siehst.
Ich höre nicht, wenn du mich rufst.
Vor deinem Urteil kann ich nicht bestehen.
Darum bitte ich dich: Gott, sei mir Sünder gnädig.

Ich bekenne vor dir, mein Gott:
Ich bin nicht so, wie du mich haben willst.
Ich bin oft lieblos.
Ich täusche andere.
Ich denke schlecht von anderen und rede über sie.
Ich übersehe ihre Not und drücke mich,
wo ich helfen sollte.
Darum bitte ich dich: Gott, sei mir Sünder gnädig.

Ich bitte dich, mein Gott:
Laß mein Leben nicht verderben, bringe es zurecht.
Richte mich auf, wenn ich den Mut verliere.
Rette mich, wenn ich verzweifle.
Hilf mir, deiner Gnade zu vertrauen. AMEN.

7. **Matthäus 22,35-40:** Ein Schriftgelehrter fragte Jesus: *„,Meister, welches ist das wichtigste Gebot im (alttestamentlichen) Gesetz?' Jesus antwortete: ,Du sollst den Herrn, deinen Gott, lieben von ganzem Herzen, von ganzer Seele und mit deinem ganzen Verstand. Dies ist das größte und wichtigste Gebot. Das zweite ist* **gleich wichtig**: *Liebe deinen Nächsten wie dich selbst. In diesen beiden Geboten ist alles enthalten, was das Gesetz des Mose und die Lehren der Propheten über Gottes Willen aussagen.'"*

Aufgabe für Zuhause:

1. **a)** Lies aus dem Begleitbuch „Komm und sieh!" die Seiten 87-89 durch: „Die Beichte."

   b) Warum können wir Christen zugeben, daß wir Sünder sind?

   c) Welche Formen der Beichte kennst Du?

2. Vorbereitung für die nächste Stunde:

   a) Schneide Todesanzeigen aus der Zeitung aus und bringe sie zur nächsten Stunde mit.

   b) Bringe zur nächsten Stunde einen Gegenstand, eine Zeichnung oder einen mit großen Buchstaben auf ein Blatt Papier geschriebenen Begriff mit, mit dem Du *veranschaulichen* kannst, wie Du Dir die **Ewigkeit** vorstellst. Beispiele für einen *Gegenstand* oder eine *Zeichnung*: ein Musikinstrument oder eine auf ein Blatt Papier gemalte Taube stehen für „Harmonie" und „Frieden". *Begriffe* sollen positiv formuliert werden. Ein Beispiel: nicht „kein Krieg", sondern „friedliches Zusammenleben der Menschen".

(Anhang zu Arbeitsbogen 33)

Die zehn Gebote

1. Tafel
Gottesliebe

1. Ich bin der Herr, dein Gott. Du sollst nicht andere Götter haben neben mir.

2. Du sollst den Namen des Herrn, deines Gottes, nicht unnützlich führen; denn der Herr wird den nicht ungestraft lassen, der seinen Namen mißbraucht.

3. Du sollst den Feiertag heiligen.

2. Tafel
Nächstenliebe

4. Du sollst deinen Vater und deine Mutter ehren, auf daß dir's wohlergehe und du lange lebest auf Erden.
5. Du sollst nicht töten.
6. Du sollst nicht ehebrechen.
7. Du sollst nicht stehlen.
8. Du sollst nicht falsch Zeugnis reden wider deinen Nächsten.
9. und 10. Du sollst nicht begehren . . .

Arbeitsbogen 34 (Auferstehung/ewiges Leben)

1.

2.

3. Kreidezeichnung von Hans Georg Anniès

Aufgabe für Zuhause: ➡

(Arbeitsbogen 34/2)

1. Lies aus dem Begleitbuch „Komm und sieh!" die Seiten 90-92 durch: „Auferstehung der Toten und das ewige Leben".
2. Bearbeite danach die folgende Aufgabe:

   Der Vater Deines Freundes Michael ist mit 45 Jahren an Krebs gestorben. Du erhältst die Nachricht von seinem Tod, als Du gerade im Krankenhaus liegst, weil eine Blinddarmoperation unumgänglich wurde. Da Du bei der Beerdigung nicht dabeisein kannst, um Deinem Freund Michael in dieser schweren Situation zur Seite zu stehen, schreibst Du ihm aus dem Krankenhaus einen Brief, um ihn zu trösten.

   Welchen Inhalt wird Dein Brief haben? Schreibe den Brief hier auf:

Lieber Michael!

Arbeitsbogen 35 (Gebote I)

1. Gottesliebe *und* Nächstenliebe

a)

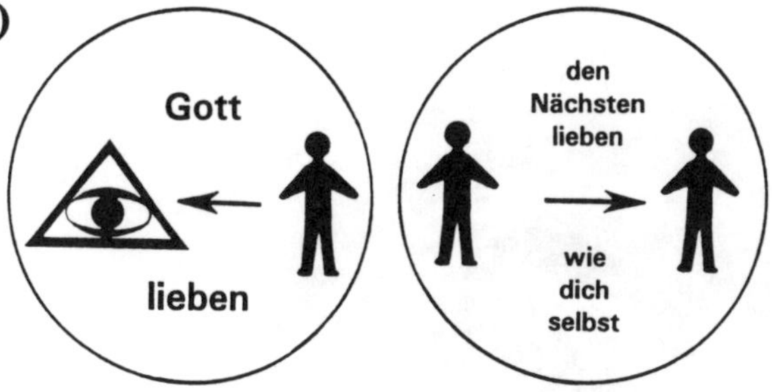

b)

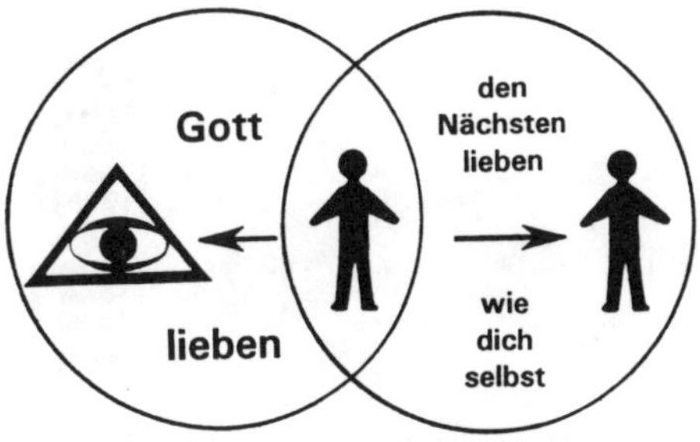

2. Die 10 Gebote

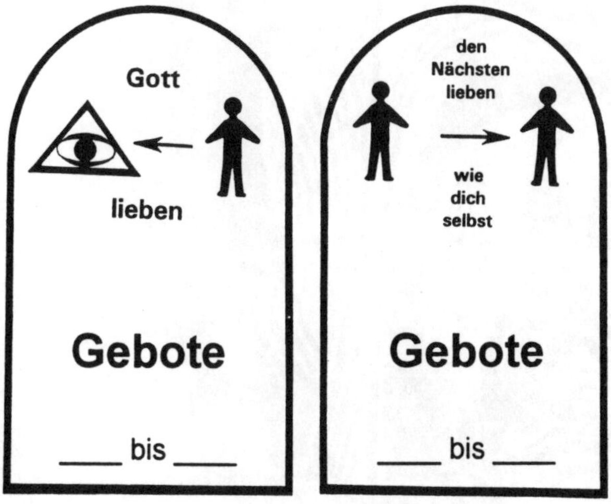

1. Ich bin der Herr, dein Gott. Du sollst nicht andere Götter haben neben mir.
2. Du sollst den Namen des Herrn, deines Gottes, nicht unnütz gebrauchen; denn der Herr wird den nicht ungestraft lassen, der seinen Namen mißbraucht.
3. Du sollst den Feiertag heiligen.
4. Du sollst deinen Vater und deine Mutter ehren, auf daß dir's wohlgehe und du lange lebest auf Erden.
5. Du sollst nicht töten.
6. Du sollst nicht ehebrechen.
7. Du sollst nicht stehlen.
8. Du sollst nicht falsch Zeugnis reden wider deinen Nächsten.
9. und **10.** Du sollst nicht begehren, [was deinem Nächsten gehört].

3. Fragen zu Lukas 10,30–37

① Wie verhalten sich Priester und Levit gegenüber dem Überfallenen?

② Auf Bahnhöfen oder anderswo kommt es vor, daß unschuldige Menschen bedroht oder überfallen werden, *ohne* daß ihnen die in der Nähe befindliche Menschen, die Zeugen solcher Vorfälle werden, zu Hilfe kommen. • Könnt Ihr – vielleicht auch aus eigener Beobachtung – Begebenheiten nennen, wo Menschen die Not anderer übersehen haben? • Könnt Ihr Beispiele dafür anführen, daß Menschen die bekannte Not anderer nicht beachten?

③ Warum verhalten sie sich so?

④ Wie reagiert der Samaritaner auf die Not des überfallenen Juden?

⑤ Warum verhält er sich anders als Priester und Levit?

⑥ Priester und Levit verstehen sich als Diener Gottes. Welche Mahnung enthält Jesu Gleichnis für sie?

(Arbeitsbogen Nr.35/2)

4. Hans Georg Anniès: Das Gleichnis vom barmherzigen Samariter

Aufgabe für Zuhause:

1. Lies aus dem Begleitbuch „Komm und sieh!" die Seiten 93-94 durch: „Die Gebote der Gottes- und Nächstenliebe sind untrennbar".
2. Lerne die 10 Gebote auswendig. Du findest sie auf dem Deckblatt der Arbeitsbögen.

Arbeitsbogen 36 (Gebote II)

Aufgabe für Zuhause:

1. Lies aus dem Begleitbuch „Komm und sieh!“ die Seiten 95-97durch: „Freiheit in Grenzen: die 10 Gebote“.
2. Bearbeite folgende Aufgabe: Streiche die Sätze durch, die Deiner Meinung nach nicht richtig sind:

① Die 10 Gebote wollen den Menschen helfen, im Leben zurechtzukommen.

② Die Gebote zwingen den Menschen Gottes Willen auf.

③ Die Menschen können auch gut ohne die Beachtung der 10 Gebote leben.

④ Die Gebote wollen den Schwächeren vor der Willkür des Stärkeren schützen.

⑤ Es ist leicht, die 10 Gebote zu halten.

⑥ Die ersten drei Gebote wollen uns helfen, den Kontakt mit Gott aufrechtzuerhalten.

⑦ Gott erwartet von uns die genaue Erfüllung der Gebote 1-3 (Gottesliebe), aber die Beachtung der Gebote 4-10 (Nächstenliebe) stellt er uns frei.

⑧ Die Gebote zeigen uns, in welchem Rahmen wir frei und verantwortlich leben können.

⑨ Die Gebote 4-10 können zusammengefaßt werden in dem Satz: „Liebe Gott von ganzem Herzen“.

⑩ Wenn wir an unsre Lebensführung die 10 Gebote als Maßstab anlegen, erkennen wir, daß wir Sünder sind.

Albert Langen

Arbeitsbogen 37 (1. und 2. Gebot)

①[1]

②

Aufgabe für Zuhause zum 1. Gebot:

1. Lies aus dem Begleitbuch „Komm und sieh!" Seite 98 durch: „Das 1. Gebot".
2. Beantworte danach die Frage: Wie gehen wir mit den Gütern unseres Lebens so um, daß wir Gott darüber nicht vergessen?

Aufgabe für Zuhause zum 2. Gebot:

1. Lies aus dem Begleitbuch „Komm und sieh!" Seite 99 durch: „Das 2. Gebot".
2. Achte mit Bewußtsein *einen Tag lang* darauf, wie Du das Wort „Gott" verwendest. „Nützlich" = sachgemäß, oder häufiger auch „unnützlich"?

---

1 Diese Karikatur stammt von Werner „Tiki" Küstenmacher. Alle Rechte beim Claudius Verlag, München. Genehmigung zum Kopieren nur für den Konfirmandenunterricht.

Arbeitsbogen 38 (3. Gebot)

1. Ein Grabstein

2. ①

②

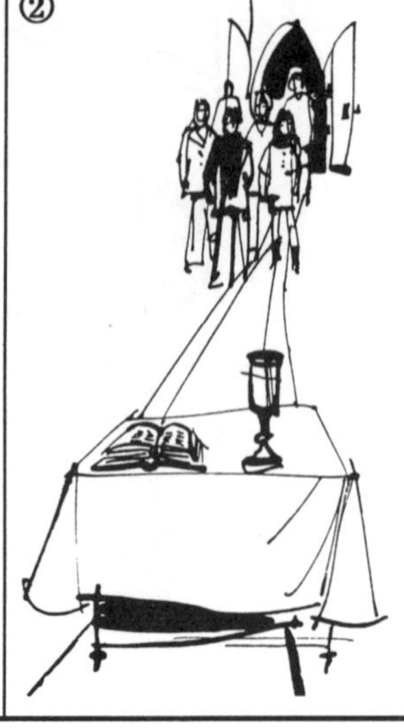

3. Martin Luthers Auslegung des 3. Gebots

Martin Luther legt das 3. Gebot so aus: „Was ist das? Wir sollen Gott fürchten (= ernstnehmen) und lieben, daß wir die Predigt und sein Wort nicht verachten, sondern es heilig halten, gerne hören und lernen."

4. „Blitzgottesdienst" (Werner „Tiki" Küstenmacher)[1]

Aufgabe für Zuhause zum 3. Gebot:

1. Lies aus dem Begleitbuch „Komm und sieh!" die Seiten 99–101 durch: „Das 3. Gebot".
2. Was will die nebenstehende Zeichnung (⇨) im Zusammenhang mit dem 3. Gebot aussagen?

1 Alle Rechte beim Claudius Verlag, München. Genehmigung zum Kopieren nur für den Konfirmandenunterricht.

Arbeitsbogen 39 (4. Gebot)

1. Ein Streitfall

Zwischen Steffen und seinem Vater gibt es Ärger. Der Vater findet, daß Steffens Haare unbedingt geschnitten werden müßten. Steffen hält den Gang zum Frisör für ausgesprochen verfrüht. „Noch heute nachmittag gehst Du zum Frisör!", erklärt der Vater. Steffen gibt Kontra: „Ich bin doch nicht bescheuert. Kann ich mir ja gleich 'ne Glatze schneiden lassen!" So geht es eine ganze Weile zwischen Steffen und seinem Vater hin und her. Schließlich fragt der Vater: „Hast Du nicht im Konfirmandenunterricht das 4. Gebot gelernt: ‚Du sollst deinen Vater und deine Mutter ehren'? Also bitte: Du hast zu gehorchen. Du gehst noch heute zum Frisör!"

2. Martin Luthers Auslegung des 4. Gebots

Martin Luther legt das 4. Gebot so aus: „Was ist das? Wir sollen Gott fürchten (= ernstnehmen) und lieben, daß wir unsere Eltern ... nicht verachten noch erzürnen, sondern sie in Ehren halten, ihnen dienen, gehorchen, sie lieb und wert haben."

3.

Aufgabe für Zuhause zum 4. Gebot:

1. Lies aus dem Begleitbuch „Komm und sieh!" die Seiten 102–103 durch: „Das 4. Gebot".
2. Beantworte dann die Frage: Das 4. Gebot ist eine Art „Generationenvertrag". Was ist damit gemeint?

Arbeitsbogen 40 (5. Gebot)

1. Martin Luthers Auslegung des 5. Gebots

Martin Luther legt das 5. Gebot folgendermaßen aus: „Was ist das? Wir sollen Gott fürchten (= ernstnehmen) und lieben, daß wir unserm Nächsten an seinem Leibe keinen Schaden noch Leid tun, sondern ihm helfen und beistehen in allen Nöten."

2. Hans Georg Anniès: „Das habt ihr *mir* getan"

Aufgabe für Zuhause zum 5. Gebot:

1. Lies aus dem Begleitbuch „Komm und sieh!" die Seiten 103-105 durch: „Das 5. Gebot".
2. Beantworte dann *für Dich* die Fragen: Kennst Du jemanden in Deiner Umgebung, der Deine Hilfe brauchen könnte? Wärest Du bereit, diesem Menschen Deine Hilfe *anzubieten* und ihm zu helfen, wenn er Deine Hilfe in Anspruch nehmen würde?

Arbeitsbogen 41 (6. Gebot)

1. Der Sinn der Ehe nach 1.Mose 2,18 und 2,24

a) 1.Mose 2,18: *Und Gott der Herr sprach: „Es ist nicht gut, daß der Mensch allein sei. Ich will ihm eine Hilfe schaffen, die zu ihm paßt."*

b) 1.Mose 2,24: *Darum wird ein Mann seinen Vater und seine Mutter verlassen und seiner Frau anhangen, und sie werden sein* ein *Fleisch.*

2. Das christliche Eheversprechen

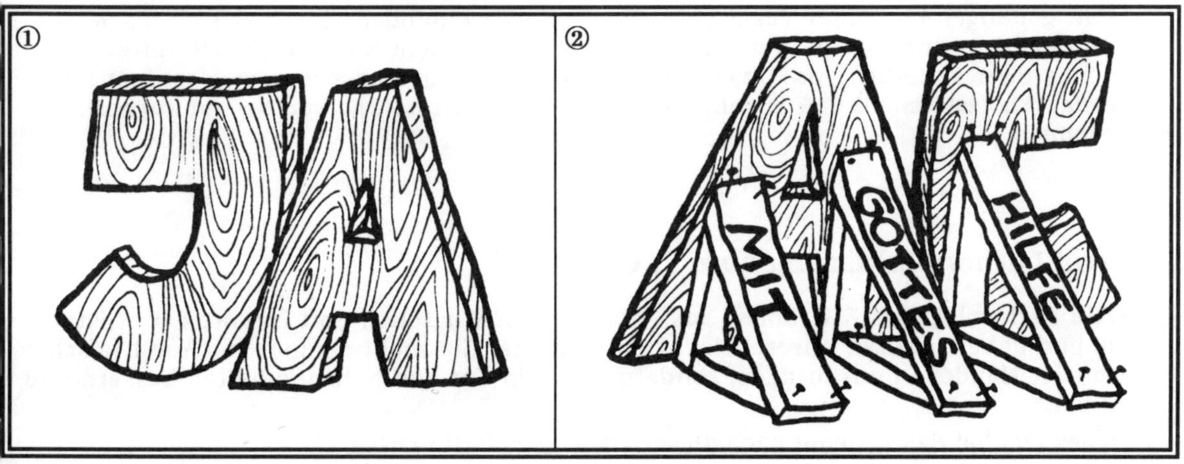

Aufgabe für Zuhause zum 6. Gebot:

1. Lies aus dem Begleitbuch „Komm und sieh!" die Seiten 105-108 durch: „Das 6. Gebot".
2. Beantworte dann die Frage: Was können christliche Eheleute für das Gelingen ihrer Ehe tun?

Arbeitsbogen 42 (7. Gebot)

1. Verstöße gegen das 7. Gebot

① Nach einer Schulfete gehen einige Schüler gegen drei Uhr morgens angetrunken und heiterer Stimmung nach Hause. Es macht ihnen Spaß, bei Autos, an denen sie vorbeikommen, die Antenne zu verbiegen, den Seitenspiegel abzubrechen, die Rückleuchten einzutreten und/oder die Reifen aufzuschlitzen. Niemand bemerkt ihr Treiben. Als die Autobesitzer am frühen Morgen zur Arbeit fahren wollen, entdecken sie die Schäden an ihren Fahrzeugen ...

② Der 17jährige Oliver hat von seiner Großmutter vor drei Jahren zur Konfirmation eine alte, goldene Uhr geschenkt bekommen, die sein Großvater zu Lebzeiten getragen hatte. Oliver trägt die Uhr gerne, weil sie ihn an seinen Großvater erinnert, an dem er sehr gehangen hat. Eines Tages geht Oliver ins Schwimmbad. Bevor er sich ins Wasser begibt, verbirgt er die Uhr seines Großvaters, die nicht wasserdicht ist, unter seinem großen Badetuch. Als Oliver zurückkommt und sich abtrocknen will, muß er mit Bedauern feststellen, daß jemand seine Uhr gestohlen hat. Er hat sie nie zurückbekommen ...

2. Martin Luthers Erklärung zum 7. Gebot

Martin Luther legt das 7. Gebot so aus: „Was ist das? Wir sollen Gott fürchten (= ernstnehmen) und lieben, daß wir unseres Nächsten Geld oder Gut nicht nehmen noch mit falscher Ware oder Handel an uns bringen, sondern ihm sein Gut und Nahrung helfen bessern und behüten."

Welches Ziel hat das 7. Gebot nach dieser Erklärung Martin Luthers?

Aufgabe für Zuhause zum 7. Gebot:

1. Lies aus dem Begleitbuch „Komm und sieh!" die Seiten 108-109 durch: „Das 7. Gebot".
2. Das 7. Gebot ist uns in Form eines *Verbots* überliefert: „Du sollst nicht stehlen!" Formuliere das Gebot zu einer *positiven Aufforderung* um, die den Sinn dieses Gebots kurz und klar zum Ausdruck bringt:

Arbeitsbogen 43 (8. Gebot)

1. Falsches Zeugnis

a) Horst Schulze ist wegen Mordverdachts verhaftet worden. Sein Arbeitskollege Karl Bode wird als Zeuge vor Gericht geladen. Karl Bode kann Hans Schulze nicht leiden. In seiner Zeugenaussage erklärt er: „Ich sah Horst Schulze mit dem Ermordeten unmittelbar vor dem Mord am Bahnhof." Dabei ist sich Karl Bode eigentlich nicht ganz sicher, ob da wirklich Horst Schulze an der Seite des wenig später Ermordeten ging, oder ob das jemand war, der nur so ähnlich aussah. Horst Schulze wird verurteilt, unter anderem auch auf Grund der Zeugenaussage von Karl Bode.

b) Thomas Grimm ist festgenommen worden wegen des Verdachts, an mehreren Kioskeinbrüchen beteiligt gewesen zu sein. Man fand nämlich in seinem in einer Kleingartenanlage gelegenen Gartenhaus auf dem Dachboden einen großen Teil des Diebesguts. Thomas Grimm bestreitet, mit der Sache etwas zu tun zu haben. Er könne nicht dafür verantwortlich gemacht werden, daß andere ohne sein Wissen den Dachboden seines Gartenhauses als Versteck für Diebesgut benutzten. Thomas Grimm wird später freigesprochen aus Mangel an Beweisen. Als er tags darauf an seinen Arbeitsplatz geht, tuscheln einige Arbeitskollegen: „Glaubt Ihr nicht auch, daß er an den Einbrüchen beteiligt war?"

c) In einer Klasse wurde - vermutlich in der Pause - Geld gestohlen. *Bettina* genießt am meisten Ansehen in der Klasse. Sie ist Klassensprecherin. *Karin* beneidet Bettina um ihre Stellung unter den Mitschülerinnen. Zur vermutlichen Tatzeit hat Karin Bettina im Klassenraum gesehen. Als Bettina zur Rektorin unterwegs ist, um den Vorfall zu melden, sagt Karin zu ihren Klassenkameradinnen: „Ich habe zwar nichts weiter gesehen, ich will Bettina auch nicht verdächtigen, aber sie war in der Pause allein im Klassenraum. Man weiß ja nie ..." Die Giftpfeile verfehlen ihre Wirkung nicht. Da kommt Bettina von der Rektorin zurück und betritt den Klassenraum, in dem ihre Mitschülerinnen versammelt sind ...

2.

a)

b)

(Arbeitsbogen 43/2)

3.

DIE 3 SIEBE

Zu Sokrates kam einmal ein Mann und sagte: „Du, höre, ich muß Dir etwas Wichtiges über Deinen Freund erzählen!“

„*Warte ein bißchen*“, unterbrach ihn der Weise. „*Hast Du schon das, was Du mir erzählen willst, durch die drei Siebe hindurchgehen lassen?*“

„Welche drei Siebe?“

„*So höre gut zu! Das erste ist das Sieb der Wahrheit. Bist Du überzeugt, ob alles, was Du mir sagen willst, auch wahr ist?*“

„Das nicht, ich habe es nur von anderen gehört.“

„*Aber dann hast Du es wohl durch das zweite Sieb hindurchgehen lassen? Es ist das Sieb der Güte.*“

Der Mann errötete und antwortete: „Ich muß gestehen, nein.“

„*Und hast Du an das dritte Sieb gedacht und Dich gefragt, ob es nützlich sei, mir das von meinem Freund zu erzählen?*“

„Nützlich? – Eigentlich nicht.“

„*Siehst Du*“, *versetzte der Weise*, „*wenn das, was Du mir erzählen willst, weder wahr, noch gut, noch nützlich ist, dann behalte es lieber für Dich.*“

4. Verantwortliches Reden

In **Epheserbrief 4,29** heißt es: *„Laßt kein faules Geschwätz aus eurem Mund gehen, sondern redet, was gut ist, was erbaut (= hilft und nützt) und was notwendig ist, damit es Segen bringe denen, die es hören.“*

① Welche drei kritischen Maßstäbe sollen wir nach diesem Bibelwort an unser Reden anlegen?

❶

❷

❸

② Welche Wirkung sollte unser Reden haben?

Aufgabe für Zuhause zum 8. Gebot:

1. Lies aus dem Begleitbuch „Komm und sieh!“ die Seiten 109–111 durch: „Das 8. Gebot“.
2. **Martin Luther** legt das 8. Gebot folgendermaßen aus: „Was ist das? Wir sollen Gott fürchten (= ernstnehmen) und lieben, daß wir unsern Nächsten nicht belügen, verraten, verleumden oder seinen Ruf verderben, sondern sollen ihn entschuldigen, Gutes von ihm reden und alles zum besten kehren.“

   Luther legt das 8. Gebot in einem doppelten Sinn aus:

   ❶ Er warnt vor:

   ❷ Er ermutigt zu:

Arbeitsbogen 44 (9. und 10. Gebot)

1. Das 9. und 10. Gebot

9. Gebot: *Du sollst nicht begehren deines Nächsten Haus.* - **10. Gebot:** *Du sollst nicht begehren deines Nächsten Weib, Knecht, Magd, Vieh noch alles, was sein ist.*

____

<u>Aufgabe für Zuhause zum 9. und 10. Gebot:</u>

1. Lies aus dem Begleitbuch „Komm und sieh!" die Seiten 111-112 durch: „Das 9. und 10. Gebot".
2. Beantworte dann die Frage: Welche Hilfe schenkt Gott uns Christen, daß wir zufriedene Menschen werden?

Liedersammlung

Die Lieder sind in der Reihenfolge des Vorkommen im Konfirmandenkurs „Komm und sieh!" aufgeführt.

Liedersammlung Nr. 1

Es steht in deiner Macht, Gott loszulassen

Text: Marie Hüsing – *Melodie:* Hermann Mahnke

2: Du kannst dich gegen Christus frei entscheiden, auf Golgatha entschied er sich für dich! Du kannst sein Wort und seine Kirche meiden, doch immer suchen Wort und Kirche dich!

3: Du kannst dir selber deine Wege suchen, doch hindern kannst du nicht, daß Gott dich führt. Du kannst Gott leugnen, seiner Allmacht fluchen, doch hindern kannst du nicht, daß Gott regiert.

Liedersammlung Nr.2

Herr, du hältst mein Leben ganz in deiner Hand
(nach Psalm 23)

Text und Melodie: Hermann Mahnke

Kumbajah [Spiritual]

Deutsche Fassung: Hermann Mahnke

2. Mancher singt vor dir und ist froh (3 x). – Herr Gott, wir loben dich.
3. Mancher fleht dich an im Gebet (3 x). – Wir bitten: Sei uns nah!
4. Mancher weint vor dir in der Not (3 x). – Herr, wende unsre Not!
5. Schau doch her, mein Gott, schau doch her (3 x)! – Wir rufen, Herr, zu dir.

Englische Fassung:

1. Come by here, my Lord, kumbajah (3 x)! – Oh Lord, kumbajah!
2. Someone's singing, my Lord, kumbajah (3 x)! – Oh Lord, kumbajah!
3. Someone's praying, my Lord, kumbajah (3 x)! – Oh Lord, kumbajah!
4. Someone's weeping, my Lord, kumbajah (3 x)! – Oh Lord, kumbajah!
5. Come by here, my Lord, kumbajah (3 x)! – Oh Lord, kumbajah!

Liedersammlung Nr. 4

Mach uns, Herr, bereit, auf dich zu hören

Text und Melodie: Hermann Mahnke

Liedersammlung Nr.5

Ich glaube an Gott, den Vater

Text und Melodie: Hermann Mahnke

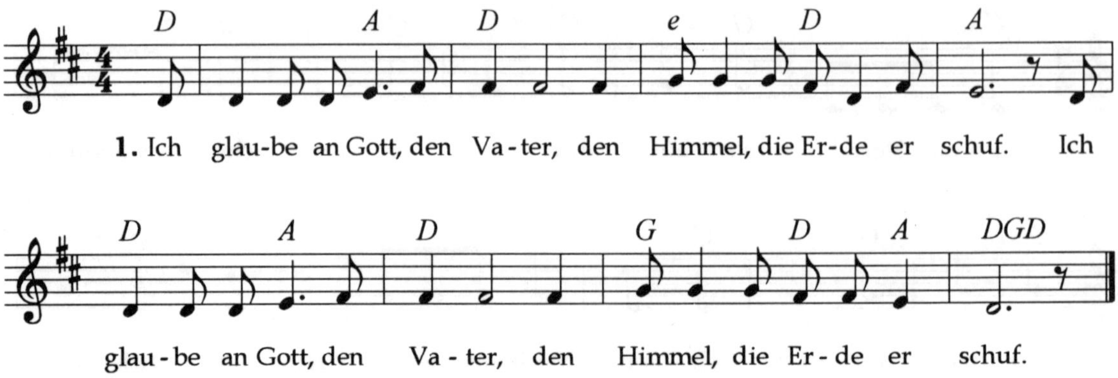

2: Ich glaube an Jesus Christus, er ist Gottes Sohn, unser Herr. Ich glaube an Jesus Christus, er ist Gottes Sohn, unser Herr.

3: Ich glaub', Gottes Geist ist in mir, er macht mich im Glauben gewiß. Ich glaub', Gottes Geist ist in mir, er macht mich im Glauben gewiß.

4: Wir glauben an Gott, den Vater, an Christ, Gottes Sohn, unsern Herrn. Wir glauben an Gott, den Vater, er schenkt uns den Heiligen Geist.

Liedersammlung Nr.6

He's got the whole world in his hands [Spiritual]

Deutsche Fassung: Detlef Rakebrandt / Hermann Mahnke

2. Er lenkt die Erde wunderbar, er schenkt uns Sonne, hell und klar, er gibt uns Regen Jahr für Jahr, er lenkt die Erde wunderbar.
3. Er schenkt uns Glauben Tag für Tag, er schenkt uns Liebe Tag für Tag, er schenkt uns Hoffnung Tag für Tag, er segnet uns an jedem Tag.
4. Er hält mein Leben in der Hand, er hält dein Leben in der Hand, er hält uns Menschen in der Hand, er hält die Welt in seiner Hand.

Englische Fassung:

1. He's got the whole world in his hands (4 x).
2. He's got the son and his father in hin hands (3 x), he's got the whole world in his hands.
3. He's got the mother and her daughter in hin hands (3 x), he's got the whole world in his hands.
4. He's got ev'rybody here in his hands (3 x), he's got the whole world in his hands.
5. He's got the whole world in his hands (4 x).

Kehrt um, so werdet ihr leben (Amos 5,4 / Matthäus 7,7) [Kanon]

Text und Melodie: Hermann Mahnke

Liedersammlung Nr.8

Du ließt das Brot uns wachsen [Kanon]

Text: Sigrid Thomson – *Melodie:* Hermann Mahnke

Was Jesus für mich ist? [Kanon]

Text: Lothar Zenetti – *Melodie:* Hermann Mahnke

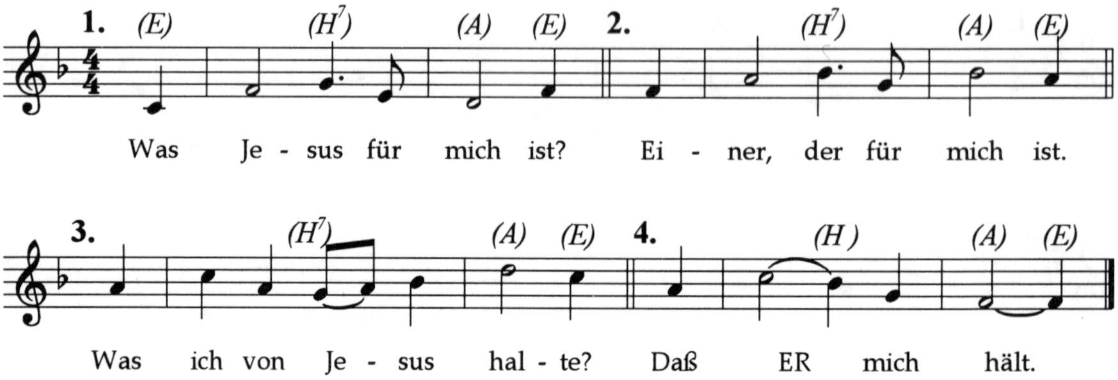

Dein ist das Reich, mach es offenbar (Matthäus 6,13b)

Text und Melodie: Hermann Mahnke

Liedersammlung Nr.11

Kyrie eleison

Text und Melodie: Hermann Mahnke

Liedersammlung Nr.12

Halleluja, Jesus liebt dich

Text: Hermann Mahnke – *Melodie:* aus Amerika; mündlich überliefert

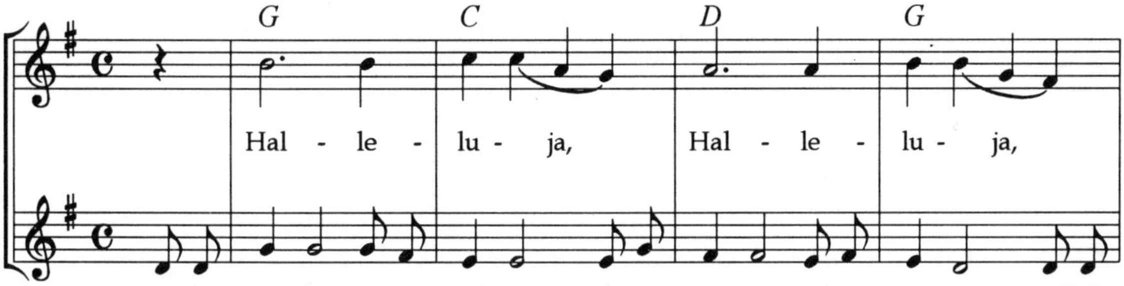

1. Hal-le - lu - ja, Je-sus liebt dich, Hal-le - lu - ja, er ver - steht dich; Halle-
2. Je-su Lie-be kannst du trau-en und auf sei - ne Hil-fe bau-en; Je-su
3. Sei-ne Nä-he froh er - le-ben, sei-ne Lie-be wei-ter - ge-ben; sei-ne

-lu - ja, Je - sus liebt dich, Hal - le - lu - ja, er ver - steht dich.
Lie - be kannst du trau - en und auf sei - ne Hil - fe bau - en.
Nä - he froh er - le - ben, sei - ne Lie - be wei - ter - ge - ben.

Liedersammlung Nr.13

Bleibe bei uns, Herr (Lukas 24,29 / 4.Mose 6,24–26)

Text: Georg Christian Dieffenbach (1853) / Hermann Mahnke – *Melodie:* Hermann Mahnke

Hinweis: In der Reihenfolge **A** – **B** – **A** singen; **B** kann ein Vorsänger vortragen.

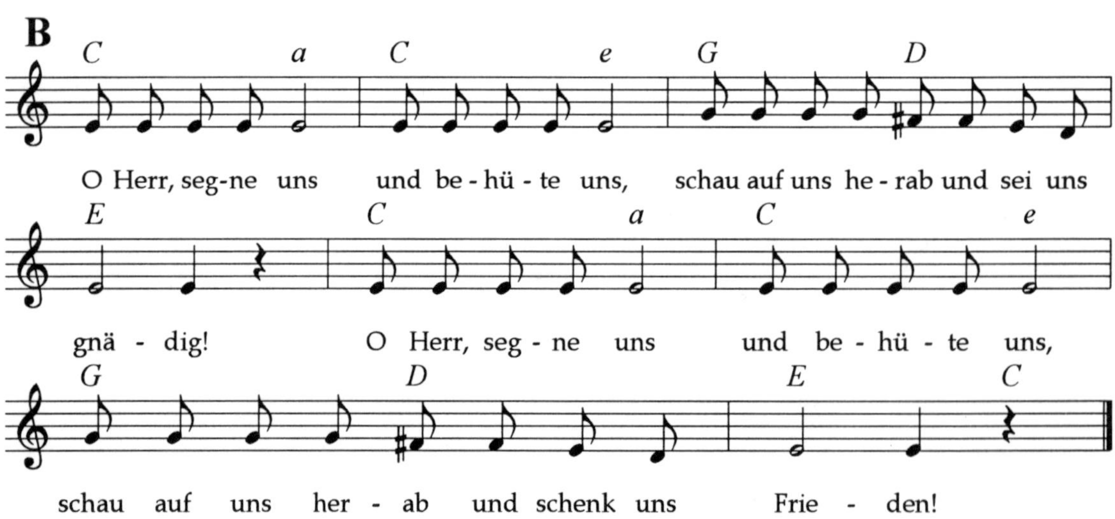

Liedersammlung Nr.14

Sing Hallelujah to the Lord

Text und Melodie: traditional

Deutsche Übersetzung:

1. Sing dem Herrn *Halleluja!*
2. Sing dem König *Hosianna!*
3. Sing dem Lamm Gottes *Komm wieder!*
4. Jesus ist König und Herr des Alls.

Friedenskanon (Johannes 20,19)

Text und Melodie: Hermann Mahnke

O Herr, mache mich zum Werkzeug deines Friedens

Text: Franz von Assisi zugeschrieben – *Melodie:* Hermann Mahnke

Hinweis: Der Refrain wird wiederholt. Zu Beginn: **A / A**; danach: wie am Ende einer Strophe angegeben. Die Strophen können von einem Vorsänger gesungen werden.

Refrain:

Strophen:

2: Daß ich Hoffnung wecke, wo man verzagt. Daß ich Licht anzünde, wo es dunkel. Daß ich Hoffnung wecke, wo man verzagt. Daß ich Freude bringe, wo der Schmerz wohnt. **(A / B)**

3: Daß nicht Trost ich suche, trösten möcht' ich, und daß ich verstehe meinen Nächsten. Daß nicht Trost ich suche, trösten möcht' ich, lieben können den, der mir begegnet. **(B / B)**

4: Denn wer läßt und hingibt, zugleich empfängt. Wer sich selbst vergißt, der wird auch finden. Wer verzeiht dem andern, dem wird verziehn. Wer da stirbt, erwacht zum ewgen Leben. **(B / A)**

Herr, deine Liebe wird mich nie verlassen

Text: Neufassung des Liedes „Herr, deine Liebe ist wie Gras und Ufer"
von Hermann Mahnke – *Melodie:* Lars Åke Lundberg (Rechte: Strube Verlag, München)

1. Herr, dei-ne Lie-be wird mich nie ver-las-sen, Herr, nur bei dir, da
2. Du schenkst mir Freiheit, um mich selbst zu fin-den, Frei-heit, aus der ich
3. Herr, du ver-stehst mich, wenn ich an dir zweifle, doch niemals läßt du
4. In dei-ne Hän-de leg ich, Herr, mein Le-ben, ich bit-te dich, mach

hab ich ein Zu-haus. Frei bin ich, da zu wohnen und zu ge-hen,
et-was ma-chen-kann. Du schenkst mir Freiheit, ich kann mich ent-scheiden,
aus den Au-gen mich. Herr, du bist bei mir, lei-test mei-ne We-ge,
mich zu dei-nem Kind. Herr, schenk mir Glauben, daß ich bei dir blei-be,

frei bin ich, Ja zu sa-gen o-der Nein. Herr, dei-ne Lie-be
ob ich vor dir mein Le-ben füh-ren will. Herr, dei-ne Lie-be
du schenkst mir Zei-chen, daß du bei mir bist. In dei-ner Nä-he
daß ich er-ken-ne: DU nur bist der Herr. Herr, dei-ne Lie-be

wird mich nie ver-las-sen, Herr, nur bei dir, da hab ich mein Zu-haus.
wird mich niemals zwingen, Herr, nur bei dir, da hab ich mein Zu-haus.
fühl' ich mich ge-bor-gen, Herr, nur bei dir, da hab ich mein Zu-haus.
wird mich nie ver-las-sen, Herr, nur bei dir, da hab ich mein Zu-haus.

Liedersammlung Nr.18

Schaue mich an, Gott, erkenne mein Herz (Psalm 139)

Text und Melodie: Hermann Mahnke

Hinweis: Die Strophen können von einem Vorsänger gesungen werden.

Refrain:

Strophen:

2: Von allen Seiten umgibst du mich, Herr, hältst über mir deine Hände. Flög ich ins Weltall, so bist du mir nah. Du bleibst mein Gott auch im Tode.

3: O Herr, wie schwer ist es, dich zu verstehn und deine Allmacht zu fassen! Doch dir vertrau ich, denn du bist bei mir, auch wenn ich dich, Herr, nicht sehe.

4: Du, Herr und Schöpfer, hast mich einst als Kind / im Mutterleibe gebildet. Du, Herr, sagst „Ja" zu mir, das macht mich froh. Herr, laß mich dankbar dir leben.

Quellenverzeichnis

In diesem Verzeichnis sind nur die Quellen angegeben, die nicht bereits im Text der Unterrichtsentwürfe, der Arbeitsbögen oder der Liedersammlung aufgenommen wurden. Die Herkunft von Materialien aus den Stundenentwürfen, die dann auch in den Arbeitsbögen (abgekürzt: AB) wiederkehren, wird gewöhnlich nur einmal belegt, wobei die Unterrichtsentwürfe mit Seitenzahlen und die Arbeitsbögen mit Nummern angeführt werden.

1. **Grafiken von Hans Georg Anniès** (Angabe nach Vorkommen in den Arbeitsbögen): AB 6 Bild 19; AB 7 Bilder 1.3-4.6-15.17; AB 9 Nr.6; AB 10 Nr.1; AB 12; AB 15 Nr.5; AB 17 Nr.4; AB 18 Nr.3; AB 19 Nr.8; AB 21 Nr.3; AB 22 Nr.2; AB 23 Nr.1, 2 und 5; AB 24 Nr.2 Bilder 1-4; AB 25 Nr. 5; AB 26 Nr.3; AB 28 Nr.1 und 3; AB 32 Nr.3; AB 33 Nr.5; AB 34 Nr.3; AB 35 Nr.3; AB 40 Nr.2.

2. **Grafiken anderer Künstler:** S.63: „Abel“: von Jürgen Burghartz, „Die Bibel meditieren. Ein Bilderzyklus“, Herder Verlag, Freiburg 1974. - S.65: „Verlorener Sohn“: von Heinrich Schröder, © Verlag Wort im Bild, Hammersbach. - S.129: „Pharisäer und Zöllner“: von Friedrich Diehl.

3. **Karikaturen und Zeichnungen von Werner „Tiki“ Küstenmacher:** S.41 (= AB 9), 150 (= AB 38) und AB 10: „Himmlische Bilderbögen über Gottes Bodenpersonal“, Claudius Verlag, München 1982, 1996[17]. - S.148 (= AB 37): „Geistliche Höhenflüge. Der himmlischen Bilderbögen dritter Teil“, Claudius Verlag, München 1986, 1994[9]. - S.51 (= AB 13): „Glaube ist ... Sechzig biblische Antworten für Anfänger und Fortgeschrittene, Claudius Verlag, München 1993, 1996[4]. - S.154: aus: Brief der Landessynode der Ev.-Luth. Kirche in Bayern vom 27. 11. 1980 an junge Christen zum Thema „Ehe und Familie“.

4. **Material aus: „Druckfertige graphische Vorlagen Bd. I-VI“, Evangelischer Werbedienst, Stuttgart 1979-1991:** S.45, 116 oben, 126 und AB 7 Bild 18: Bd. I. - S.143 oben (1. Bild): Bd. II. - S.117, 143 oben (3. Bild), 151 und 156: Bd. III. - S.64 und 122: Bd. IV. - S.157 und Anhang zu AB 3: Bd. V. - Weitere Materialien vom Evangelischen Werbedienst Stuttgart: S. 34 und S.41 rechts unten.

5. **Zeichnungen:** S.79 und 130 Mitte (3. Bild): Aktion „In jedes Haus“, Schwelm o.J. - AB 6 Bilder 17 („Krone“), 20 („Zerstörung Jerusalems“), 21 („Kyrossiegel“) und 22 („Taube“): von Gustel Koch. - S.51 oben links, 56, 104, 143 unten und 144: von Uta Mahnke. - S.34: „Ps 23 in Schaf“: vom Osteroder Kirchenfest 1980. - S.77, 130 Mitte (1. Bild), 133, 148 rechtes Bild, 150 (Bilder 1 und 2): von Kurt Schmischke, aus: Ruth Maier, „Konfirmiert - informiert“, Agentur des Rauhen Hauses, Hamburg 1974 o.J.

6. **Bildgeschichten von Ekkehard Stier:** S.81 und AB 20 Nr.5 und 6: Bildfolge zum „Gleichnis vom barmherzigen König und seinem unbarmherzigen Knecht“ (Mt 18,21-35). - AB 8 Nr.4: Bildfolge zum „Gleichnis vom verlorenen Schaf“ (Lk 15,1-7). - AB 21 Nr.1: Bildfolge zu Lk 19,1-10: „Jesus sucht Zachäus auf“.

7. **Texte:** S.45: „Wagemut und Zagegeist“: aus: Heinz Gerlach, „Gott und die Welt“, Verlag Lydia Gerlach, Marburg 1984 S.10. - S.47: „Spuren im Sand“: Herkunft unbekannt. - S.52: „Ein moderner Mensch“: Herkunft unbekannt. - S.119-120: „Die Geschichte von der Kirche im Sarg“: Herkunft unbekannt; die handschriftliche Textvorlage wurde vom Verfasser stark überarbeitet und gekürzt. - S.120: Gebet „Herr, erwecke deine Kirche“: aus China. - AB 33 Nr.6: „Allgemeines Beichtgebet“, aus: Evangelisches Gesangbuch Nr. 801 (etwas erweitert).

8. *Sämtliche nicht näher kenntlich gemachten Texte stammen vom Verfasser. Die Diagramme, Abbildungen, Schautafeln und Landkarten wurden nach Entwürfen des Verfassers zu großen Teilen von Cornelia Stern in druckfertige Form gebracht.*